Gisela Steinhauer, geboren 1960, ist Moderatorin bei *WDR 2* (»Sonntagsfragen«), *WDR 5* (»Tischgespräch«) und bei *Deutschlandfunk Kultur*. Für ihre journalistische Arbeit wurde sie u. a. mit dem Kurt Magnus Preis, Radio Journal Rundfunkpreis und dem Deutschen Radiopreis ausgezeichnet. Sie lebt in Köln und Berlin.

GISELA STEINHAUER

Der schräge Vogel fängt mehr als den Wurm

Von Menschen mit Mut zum Neuanfang

WES🕇END

Mehr über unsere Autoren und Bücher:
www.westendverlag.de

Die Deutsche Nationalbibliothek verzeichnet diese Publikation in
der Deutschen Nationalbibliografie; detaillierte bibliografische Daten
sind im Internet über http://dnb.d-nb.de abrufbar.

ISBN: 978-3-86489-920-1
Überarbeitete und erweiterte Taschenbuchausgabe 2023
© Westend Verlag GmbH, Frankfurt/Main 2021
Umschlaggestaltung: Buchgut, Berlin
Satz: Publikations Atelier, Dreieich
Druck und Bindung: CPI – Clausen & Bosse, Leck
Printed in Germany

Inhalt

Vorwort

Wann entscheidet sich, ob man ein Lebensbejaher, ein Lebensverneiner oder ein Lebensvertrödler wird? Wovon hängt es ab, ob ich das Leben als kostbare Leihgabe oder als drückende Last sehe? Oder ganz grundsätzlich: Was soll ich überhaupt mit diesem Leben anfangen, um das ich nicht gebeten habe? Die Frage klingt vielleicht merkwürdig, unbequem, aber sie ist unabweisbar, wenn man am Ende nicht dastehen und sagen will: Mein Leben? Aus Dummheit versemmelt!

Über eine sehr lange Zeit wusste ich selber nicht, was ich wollte und welchen Sinn die ganze Veranstaltung »Leben« haben könnte. Dabei war die Grundausstattung hervorragend.

Ich wuchs in einem Drei-Generationen-Haus auf. Im Erdgeschoss: vier kleine Zimmer, Küche, Bad, Eltern. Die weibliche Führungskraft bestand zu 100 Prozent aus Herz, mein Vater zu 100 Prozent aus Reiselust. Meine Mutter behauptete hartnäckig, dass Papa von »Zigeunern und Marketenderinnen« abstamme, während mein Vater die Familie meiner Mutter als rheinische Katholiken kennenlernte, die feierten, dass es nur so krachte, und den Dauerzustand der Erbsünde mit drei »Gegrüßet seist du, Maria« aus dem Beichtstuhl fegten.

Im ersten Stock wohnten meine Großeltern väterlicherseits. Meine Oma war äußerst fidel, fit im Fechten, erstklassig beim Skat und eine begeisterte Karnevalistin, die mit ihren Geschwistern an Weiberfastnacht gerne einen draufmachte. Mein

Opa hingegen, Schreinermeister mit Atemnot – aber die Ernte 23 immer griffbereit am Ohr –, schloss an den Karnevalstagen die Werkstatt und unternahm pfeifende (das lag an der Lunge) Spaziergänge auf der Aachener Karlshöhe.

Im zweiten Stock konnten wir vier Kinder uns austoben. Lautstärke: Oft über dem Pegel. Wir teilten alles, auch die Windpocken. Als Jüngste profitierte ich sehr davon, dass mir die älteren Schwestern Steine aus dem Weg räumten: Bahn frei für die Disco ab zwölf Jahren (aber nur in den Sommerferien und nur in Begleitung der Geschwister!), freie Fahrt für Karnevalsfeten in Kneipen ab 14 (aber nur bis zur Unkenntlichkeit verkleidet und mit doppeltem Geleitschutz!), Urlaube an der Nordsee ab 16 ohne Eltern (aber nur mit den älteren Freunden!).

In unseren Zimmern bogen sich die Bücherregale, auf denen auch noch die Schallplattenalben Platz finden mussten, denn Zuhören war meine Passion. Ich konnte noch lange nicht lesen, da war ich schon in der Lage, den Arm unseres kleinen grauen Plattenspielers zu bedienen, die Nadel korrekt auf die erste Rille zu platzieren und mir mithilfe von Hans Paetsch den »kleinen Muck« oder »Kalif Storch« ins Kinderzimmer zu holen. Hans Paetsch, damals der Märchenonkel der Nation, lullte mich mit seiner Stimme wohlig ein und ist für mich einer der größten Hörspiel- und Synchronsprecher. Später als Journalistin hätte ich ihn gerne getroffen, zumal er am gleichen Tag Geburtstag hatte wie ich. Ich hörte beim Zimmeraufräumen die Langspielplatte »Pünktchen und Anton«, erzählt von Erich Kästner, so oft, dass ich noch heute den Anfang auswendig aufsagen kann. Ich hörte die Ariola-Kinderschallplatten mit dem »Froschkönig« und »Märchen aus 1001 Nacht«, samtig-dunkel vorgelesen von Annette von Aretin. Schöne Stimmen begleiteten mich durch meine Kindheit, auch die warme Stimme meiner Mutter. Wenn sie für uns backte, saß ich bei ihr auf einem Holzschemel an die Küchenwand gelehnt, baumelte mit den Beinen, beobachtete, wie sie den buttrig-schweren Teig für Marmorkuchen in dunkelbraun und hellbeige teilte, hoffte auf die Quirlstange mit Dunkelbraun zum Abschlecken und hörte zu, während Mama von ihrer Kindheit erzählte, auf einem Dorf in der Jülicher Börde, wo für sie nichts richtig schön gewesen war, weil sie sich um ihre acht Geschwister kümmern musste.

Wenn es keinen Kuchen gab, aß ich beim Lesen bergeweise Nuss-Schokolade, und noch heute lege ich mich in düsteren Stunden mit dem zerfledderten *Takatukaland* aufs Sofa, freue mich über die vergilbten Seiten mit den braunen Flecken und träume mich zurück ins Kinderparadies.

Die Großeltern brachten uns Radfahren und Canasta bei; sie hatten als Erste einen Farbfernseher, in dem wir Indianerüberfälle in bunt sehen konnten, und sie waren die ersten Rentner, die in Can Picafort auf Mallorca überwinterten. Wenn wir erkältet waren, bekamen wir heißen Rotwein mit Zucker und Eigelb oder wurden mit Klosterfrau Melissengeist abgeschossen. Wenn Oma uns mit der glühenden Brennschere Locken ondulierte, stank die ganze Bude nach verbrannten Haaren. Wenn Opa in der Waschküche Hühner schlachtete, roch der Keller nach Blut und wir Kinder schlichen uns nach dem finalen »Gaak« hinunter, um die letzten Blutspuren, die der Wasserschlauch nicht erwischt hatte, im Kanal versickern zu sehen.

Unsere Lebensweise, drei Generationen unter einem Dach, darunter zwei ganz normale Ehepaare, nicht geschieden, wurde im Laufe der Jahre zum Auslaufmodell, ist inzwischen aber wieder stärker nachgefragt, weil den Leuten zu viel Scheidung, Patchwork- und Regenbogenfamilie auch nicht mehr passt.

Mein Fundament fürs Leben war also im Prinzip fabelhaft, nur merkte ich das nicht immer. Ich war oft unwirsch, langweilte mich schnell, wenn wieder ein Buch ausgelesen und das nächste noch nicht in Sicht war. Ständig war ich auf der

Suche nach – ja wonach eigentlich? Abwechslung. Highlights. Extremen. Neuen Eindrücken. Erkenntnissen. Leitbildern. Ich war gierig nach Neuem, nach dem Unbekannten. Aus einem ausgeprägten Freiheitsdrang heraus schloss ich mich weder festen Cliquen noch Vereinen an. Ich feierte mal mit denen, mal mit diesen, mochte auch die schrägen Vögel und die Unangepassten und fühlte mich in den Kreisen der Lacoste-Pullunder genauso wohl wie bei den Parka-Trägern, die meistens nach Moschus oder Patschuli rochen.

Mein größtes Talent? Zuhören können. Mein zweitgrößtes? Gerne fragen. Ich werde hellwach, wenn Menschen gut erzählen können: Kurioses, Fremdes, Erschreckendes. Und es drängt mich, immer weiter nachzufragen, Menschen zu ergründen, merkwürdige Handlungen zu verstehen, verrückte Ideen zu begreifen, mitzufühlen und mich in andere hineinzuversetzen.

Nebenbei: Das alles könnte ich jetzt auch konsequent gendern, aber ich mag diese Großes-Binnen-I-Verrenkungen nicht so gerne und konnte bisher noch nicht davon überzeugt werden, dass Gender-Sternchen Einfluss auf unseren Umgang miteinander haben. Mögliche Lösung: Ich respektiere drollige Sprechpausen, liebe Gender*Innen, und ihr respektiert meine Art zu sprechen.

Wo war ich?

Ach ja: Zuhören und fragen. Das rettete mich aus meiner Planlosigkeit und wurde mein Beruf. In 30 Jahren habe ich für zahlreiche Medien einige Tausend Menschen interviewt – die kurzen Drei-Minüter fürs Radio jetzt mal nicht mitgezählt – und das Verblüffende war: Je mehr Leute und Lebensentwürfe ich kennenlernte, desto mehr dehnte sich mein Fassungsvermögen aus. Ich erfuhr, was alles möglich und lebbar ist. Ich lernte, dass Einsamkeit für den einen eine Qual, für den anderen Glück bedeuten kann; dass Geld dem einen wichtig, dem anderen völlig egal ist; dass sich fast alles von sehr vielen

Seiten betrachten lässt. Das hat mich vorsichtig gemacht. Oft saß ich im Staun-Modus vor meinen Gesprächspartnern, hörte gebannt zu und vergaß, zu urteilen. Ganz sicher, vorschnell zu urteilen.

Von denen, über die ich am meisten gestaunt habe, erzähle ich hier. Ich habe sie in diesem Buch zusammengebracht, weil ich der festen Überzeugung bin, dass der eine oder die andere darunter ist, der oder die vielleicht eine Stütze beim Nachdenken über die Grundfragen sein könnte.

Am Ende werden Sie unter anderem einem Schreiner aus Bochum-Stiepel begegnet sein, der zum Ritter geschlagen wurde; Sie werden die Enkelin vom Bambi-Erfinder Felix Salten kennen, die in Nepal ein Hilfswerk gründete; Sie werden einen U-Boot-Kommandanten getroffen haben, der Schamane wurde; eine Wüstenführerin, die vorher Bembel getöpfert hat, und einen Kunstfälscher, bei dem selbst die Oma nicht echt war. Auch er hat mich tief beeindruckt.

»I am here and my monk is with me.«
Der Mönch, der das Eingangsmantra zur
Meditation sang, sah aus wie Danny DeVito in
Safran. Ein kleiner Mann mit glattrasiertem
Schädel, rundem Mondgesicht und eindring-
lichen dunkelbraunen Augen. Von meinem bordeauxfarbenen
Kissen aus verfolgte ich aber vor allem Dannys nackte braune
Füße, denn ich saß im Schneidersitz, den Kopf gebeugt, um
nachdenken zu können. »Iamhereandmymonkiswithme« lei-
erte Danny.

Die Entscheidung zur Ayurvedakur auf Sri Lanka war genau
richtig gewesen. Ölmassagen, bittere Naturmedizin, scharfes
Gemüse unter Palmen am Indischen Ozean – noch nie hatte
ich mich in so kurzer Zeit so gut erholt.

»Iamhereandmymonkiswithme.« Mönch Danny vom Bentota-Fluss schlurfte bei 35 Grad über den blank gewienerten
Betonboden der Dachterrasse, und sein Körpergeruch mischte
sich mit dem Duft der süß-herben Räucherstäbchen und des
Kokosöls, das eine kleine Flamme vor den drei Mini-Buddhas
nährte.

Mir tat das Kreuz weh. Schneidersitz ist nicht meine Spezia-
lität, wie Sitzen überhaupt. Nichts macht mich nervöser, als still
zu sitzen, am allerschlimmsten ist es in Konferenzen.

Konferenzen hatte ich in den letzten Monaten beim Radio so
oft erlebt, dass ich schon immer ganz hibbelig wurde, wenn es
auf 10.00 Uhr zuging, wenn sich die Türen öffneten und viele
Kreative an den Konferenztisch traten: Die blitzschnellen Leute
vom Sport, menschgewordene Bundesligatabellen, die alle Ergebnisse seit der Erfindung des Fußballs auf dem Schirm hatten; die Wirtschafts-Experten – »Ich erklär euch den Dax später

mal ausführlich« – oder die Kolleginnen von der Kultur, die hoffnungsvoll in die Runde fragten: »Sollen wir was zur Neuinszenierung von Così fan tutte machen?« Oft antwortete die Runde: »Och nö. Lass uns lieber eine Höreraktion planen.«

Die Arbeit als Moderatorin für die unterschiedlichsten ARD-Sender und Redaktionen war grandios. Die Stimmung überall fabelhaft. Der Input riesig. Ich arbeitete schnell, gern und viel. Aber zweimal im Jahr große Pause war auch nett.

Danny DeVito, der Buddhist, der im gleichmäßigen Schritt an der Stirnseite des Raumes hin- und herging, hatte uns ermahnt, während der Meditation nicht an die Vergangenheit und nicht an die Zukunft zu denken.

Die Erste, die mir beim absichtslosen Nicht-an-die-Vergangenheit-Denken in den Sinn kam, war Lea Wyler.

Bambi, Bordsteinschwalben und ein tibetischer Lama

»Wenn ihr mir nicht erlaubt, Schauspielerin zu werden, stürze ich mich in die Limmat!«

Schon als Kind hatte Lea Wyler erstens einen ausgeprägten Hang zum Dramatischen und zweitens keine andere Wahl: Ihr Großvater, Felix Salten, war der Erfinder vom scheuen Rehlein Bambi, stand aber gleichzeitig im Ruf, der Verfasser der pikanten Lebensgeschichte von Josefine Mutzenbacher zu sein, »einer Frau voller Lust und Begierde«, wie es im Wien der Kaiserzeit hieß. Lea fühlte sich dem niedlichen Reh so nahe wie der lasterhaften Prostituierten. Sie wollte auf die Bühne, egal ob als unschuldiges Kitz im Weihnachtsmärchen oder als verruchtes Weib.

Ich war auf sie aufmerksam geworden, als ich einen Fotoband über »Frauenräume« durchgeblättert hatte. Darin Porträts von Frauen, die außergewöhnlich waren und sich auch außergewöhnlich eingerichtet hatten: Über Lea Wylers Bett mit einer gold-grün-blau-roten Patchworkdecke spannte sich ein Baldachin aus feinsten Tüchern und Saris, darunter befand sich ein Wandbehang aus Tibet. In ihrem Arbeitszimmer stand hier und da eine Klangschale, es gab Wimpel, Gebetsfähnchen, Räucherwerk und Buddha-Statuen. Im Wohnzimmer-Blumenkübel hockte ein nepalesisches Pärchen aus Holz und blickte sich verliebt an. Auf dem dunkelbraunen Schreibtisch wartete ein Riesenstapel Papier darauf, abgearbeitet zu werden.

Als wir uns in ihrem Elternhaus in Zürich trafen, hatte sie sich soeben von dieser Einrichtung getrennt. Denn sie war gerade in einer Aufräumphase ihres Lebens.

»Ich hatte plötzlich das Bedürfnis, meine Wurzeln zu spüren«, sagt Lea und schüttelt mir am Eingang herzlich die Hand. Sie verliert nicht viel Zeit mit Förmlichkeiten, bietet mir in der Küche voller unausgepackter oder noch nicht eingepackter Kisten einen Kaffee an. Schnell sind wir beim »Du«.

Ich betrachte sie genauer. Schwarze, leicht gewellte, kinnlange Haare, vom Pony bis zur Nase eindeutig Kleopatra, gespielt von Liz Taylor. Leas Augen funkeln so sehr, dass sie ihr etwas Schalkhaftes geben. Wenn sie lacht, lachen vor allem die Augen. Die Lippen sind voll, das Kinn flieht, die Rundungen zeugen von allzeitiger Genussbereitschaft.

Lea führte mich durch das große Haus – eine Baustelle, auf der die Holzfußböden abgeschliffen wurden – zu ihren Anfängen. Mit jedem Möbelstück war eine Anekdote verbunden, an jeden Teppich waren Erinnerungen geknüpft. Wir standen vor dem riesigen Schreibtisch ihres Vaters, um uns herum Bücherregale aus braunem Holz, braune Wandschränke mit Messingknöpfen, Kerzenständer, Leuchter, Menoras, gerahmte Familienfotos. Es sah aus wie in einer Theaterkulisse.

Leas Mutter, Anna Katharina Rehmann-Salten, eine österreichische Schauspielerin, hatte in Wien unter Max Reinhardt gespielt und war mit dem Schweizer Schauspieler Hans Rehmann verheiratet gewesen. Nach dessen Tod heiratete sie 1944 den Anwalt Veit Wyler, einen überzeugten Zionisten. Während des Naziterrors hatte er jüdischen Familien aus Deutschland Schweizer Pässe besorgt. Das Paar bekam zwei Töchter. Lea wurde 1946 geboren. »Wie mein Großvater Felix Salten konnte meine Mutter wunderbar Geschichten erzählen. Eigentlich spielte sie meiner Schwester Judith und mir die Geschichten vor.«

Die Wylers waren gläubige Juden. Am Schabbat mussten die Kinder in der Bibel lesen und den Text ins Hebräische übersetzen. Aber die Familie führte auch ein großes offenes Haus mit regelmäßigen Besuchen von berühmten Künstlern und Kreativen, Friedrich Dürrenmatt zum Beispiel, Wissenschaftlern und Schauspielern; Abende mit viel Wein und Philosophie. In Lea wuchs der Wunsch, in den großen Theatern der Welt aufzutreten.

»Meine Eltern waren sehr großzügig und lebten ihre zupackende ›Hands-on‹-Mentalität mit viel Herz und Humor. Bei uns tauchten auch die Clochards auf. Sie kamen aus dem Wald am Sonnenberg die Straße herunter um die Ecke. Ich erinnere mich an einen alten Mann mit zauseligem Bart, der mitten im Winter an unserer Tür klingelte und fragte: ›Haben Sie etwas im Garten zu arbeiten?‹« Auch solche Leute wurden bei Wylers nicht nur aufgenommen, sondern wie geehrte Gäste behandelt. Sie saßen mit am Tisch und verließen ihn mit vollen Bäuchen:

»Es läuteten gebückte Menschen an der Tür. Aber wenn sie gingen, lächelten sie und schienen drei Zentimeter gewachsen zu sein. Meine Eltern haben jedem geholfen; mein Vater meinte immer, das Schicksal habe sie schon genug geschlagen.«

Wir stiegen die Treppe hoch, vorbei an weiteren Stühlen, Sesseln, Kisten – *work in progress* bis ins Dach. Auch dort Bücher, Ordner, Papiere, Gerümpel. Das muss sie alles noch streichen lassen, dachte ich, und nebenher ihr Leben ordnen. Wie schafft sie das? Ob sie möglicherweise wie ich alles am liebsten gleichzeitig macht? Auf Tausende Zettel Notizen kritzelt und To-do-Listen erstellt, die sie dann nicht mehr findet? Oder ist sie von der Klarsichthüllen-Fraktion? Jeder Vorgang bekommt sein eigenes gelochtes Plastikmäntelchen und damit nichts verrutscht, wird das Ganze im Leitz abgeheftet? Mein Blick fiel auf eine verbeulte Schreibtischlampe, Art déco. »Ist die schön«, sagte ich. »Möchtest du sie haben?«, fragte Lea und ergänzte:

»Die ist von meinem Opa.« Ob ich eine Art-déco-Lampe von Felix Salten wolle? Das hatte sie jetzt nicht wirklich gefragt? Doch, hatte sie. Seither steht die Lampe, so verbeult wie sie war, auf meinem Schreibtisch in Berlin und erinnert mich an einen Schriftsteller von Weltruf und seine Enkelin mit Hollywoodambitionen.

Lea blieb der Sprung in die Limmat erspart; sie durfte Schauspielerin werden. Aber bevor sie die Schauspielschule in England besuchte, wollte sie für ein Jahr in einen Kibbuz. »Auf keinen Fall in der Schweiz bleiben, heiraten, Kinder kriegen.«

Wir stiegen hinunter ins Erdgeschoss, räumten im Wohnzimmer ein paar Kartons zur Seite, schoben zwei Sessel zusammen und zeichneten das Interview auf.

Nach der Matura beschloss Lea als Mitglied des »Israelitischen Jugendbunds« nach Israel auszuwandern. Veit Wyler, der die Zeitung *Das neue Israel* herausgab, war eng befreundet mit Israels Außenministerin und späteren Ministerpräsidentin Golda Meir und hatte sie gebeten, auf seine jüngste Tochter aufzupassen. Wieder so eine Geschichte, die ganz en passant erzählt wurde. Was hätte ich darum gegeben, Golda Meir kennenzulernen, die erste und bisher einzige Frau an der Spitze Israels. Die Kettenraucherin mit der kleinen Perlenkette, ewig in Wollstrümpfen und Khaki-Kleidern, von der Israels Staatsgründer Ben Gurion gesagt haben soll: »Der einzige Mann in meinem Kabinett ist Golda Meir.« Lea schlug zu ihr eine sehr persönliche Brücke.

»Ich fühlte mich wie eine Freiheitskämpferin. Ich dachte, ich sei meinem Volk etwas schuldig, und war der festen Überzeugung, dass alle nur darauf warteten, mit mir ihr Land aufzubauen.« Aber niemand wollte die Freiheitskämpferin Lea Wyler haben. Deshalb zog sie zunächst nach Haifa zu ihrer Schwester, dann in einen Kibbuz, um Ivrit zu lernen, die wiederbelebte Sprache des jüdischen Volkes.

Im Juni 1967 brach der Sechstagekrieg aus. Mit einer überraschenden Offensive gegen Ägypten, Syrien und Jordanien wollte Israel einem befürchteten Angriff der arabischen Staaten zuvorkommen.

Wylers waren außer sich vor Angst um ihre Tochter und riefen bei Golda Meir an. Die Außenministerin kümmerte sich trotz aller Kriegshektik und internationaler Spannungen um Lea und beschwor sie, unverzüglich in die sichere Schweiz zurückzukehren. Die aber weigerte sich:

»Mein Platz ist hier! Ich will meinem Land dienen. So wie du es tust. Und all die anderen!«

»Ich passe auf dich auf und werde dich verstecken«, wetterte Golda.

»Ich will nicht versteckt werden, ich will kämpfen.« Sirenengeheul unterbrach ihren Streit.

Außer Lea waren alle im Luftschutzkeller. »Ich will nicht versteckt werden, ich will an die Front!«

Lea hatte sich in den Kopf gesetzt, in den Süden des Landes zu fahren, um mit den anderen zu kämpfen. Sie stand als Tramperin »trottelig allein am Straßenrand im Minirock mit tiefem Dekolleté« und wartete auf eine Mitfahrgelegenheit. »Der Einzige, der hielt, war ein Lastwagen. Vorne voll besetzt mit gut aussehenden, braun gebrannten Soldaten. Hinten ein Anhänger, auf dem eine Rakete befestigt war.« Wie Münchhausen auf der Kanonenkugel setzte sich Lea rittlings auf die Rakete, umarmte das Geschoss und fand die ganze Sache wunderbar abenteuerlich.

Und ich? Verbeugte mich in Gedanken vor dieser filmreifen Leistung. Denn ich habe durchaus einen Hang zur Theatralik. Wenn wir in den Sommerferien für sechs Wochen nach Zeeland fuhren, spazierte ich durchs ganze Haus, verabschiedete mich mit einem Kopfnicken von meinen Puppen, warf den Blumen im Garten Kusshände zu und rief »Tschüss Schaukel, tschüss Weiher, tschüss Salamander!« Den Hasen, von dem ich mich hätte verabschieden können, hatten wir zu Tode gestreichelt und zu viel Twist mit ihm getanzt (beim Hasentwist nimmt man den Hasen an den Vorderläufen hoch und bewegt diese im 4/4 Takt schwungvoll von links nach rechts. Aus Liebe zum Tier wurde der Tanz bereits Ende der 60er-Jahre bei uns nicht weiter tradiert). Unter lauter Verbeugungen nahm ich also Abschied vom Haus, um dann nach drei Stunden Fahrt den Strand der holländischen Nordsee zu begrüßen und mich im Sand zu mehlen, während Papa unter reger Teilnahme der anderen Camper meine Geschwister anschnauzte und schimpfend das Vorzelt aufbaute, dessen Stangen von Jahr zu Jahr weniger wurden.

Die Vorstellung von Lea als Freiheitskämpferin auf der Rakete gefiel mir außerordentlich. Wie sie da als einzige Frau unter einem Trupp verschwitzter Soldaten durch die Hitze fuhr, um sich dem Feind entgegenzustellen, fest davon überzeugt, von großem militärischen Nutzen zu sein, das hat alles, was ein Drama braucht. Nur war es leider kein Theaterstück, sondern Realität.

»Die Sirenen heulten, wir sprangen vom Truck ab, warfen uns in den Graben«, erzählte Lea. Aber nichts geschah. Kein Angriff. Niemand wurde verletzt. Alle Mann (und Lea!) wieder rauf auf den Lastwagen. Der setzte seine Fahrt fort.

Am nächsten Kibbuz wurde sie abgeladen, »aber auch die hatten nicht auf mich gewartet«. Also weiter. Abermals an die Straße gestellt, in der Hoffnung auf eine weitere Chance. »Der Nächste, der hielt, war ein Kühlwagen. Darin lauter Eis und eine halbe Kuh, an die ich mich klammerte, während wir bei 40 Grad Mittagsglut durch die Wüste rumpelten.« Immerhin blieb die junge Frau so gut konserviert.

Endlich gelangte sie zu einem Kibbuz, wo sie bei der Orangenernte helfen konnte. Allein unter Frauen, denn die Männer waren alle im Krieg. »Ich war 21, hatte keine Ahnung und keine Angst und fand alles in diesem Kibbuz aufregend.« Die Ernte wurde eingebracht, der Krieg gewonnen.

Am Ende ihres Jahres in Israel kehrte Lea zurück nach England und machte ihre Ausbildung an der Schauspielschule. Sie spielte an Theatern in England, der Schweiz und wieder in Israel, aber nur hier fühlte sie sich wirklich zu Hause. Hier wollte sie bleiben, bezog eine Wohnung, bekam ihren Traumjob: »Das beste Theater am Ort, das Haifa Municipal Theatre, bot mir eine Stelle an. Drei Hauptrollen auf Hebräisch.«

Doch dann kam der Anruf, der ihr Leben veränderte: Veit sagte ihr, dass ihre Mutter an Krebs erkrankt sei. »Ich überlegte keine Sekunde, rief im Theater an, bat die Kollegin, die Stelle für mich freizuhalten, und flog zurück nach Zürich.«

Anderthalb Jahre dauerte das Sterben, ein langer Todeskampf, bei dem Lea nichts anderes tun konnte, als sich zu kümmern und ohnmächtig zuzusehen, wie sich ihre Mutter dem Tod entgegenquälte. Als die Mutter endlich erlöst wurde, brach eine Welt zusammen. »Wenn du jemanden so liebst, ist alles andere nicht mehr wichtig. Ich wusste ja nichts vom Tod und war nicht darauf vorbereitet, dass meine Mutter sterblich war.«

An dieser Stelle entstand eine lange Pause in unserem Interview. Wir schwiegen einfach. Lea schaute aus dem Fenster. Ich dachte daran, wie ich nach dem Unfalltod meiner Mutter regelrecht versteinert gewesen war. Ich hatte einfach nicht sprechen können und es qualvoll gefunden, mit Freunden oder Verwandten reden zu müssen, die Anteil nahmen und mich trösten wollten. In Zeiten großen Kummers bin ich am liebsten alleine und vergrabe mich.

Irgendwann beendete Lea die Pause. Der Tod ihrer Mutter sollte sich als tiefe persönliche Zäsur erweisen, als der Beginn düsterer, schwerer Wochen und Monate. »Die Trauer griff nach allem und breitete sich vollständig aus.« Lea brach die Kontakte zu ihren Freunden ab, verweigerte Essen und Trinken. Hängte die Theaterkostüme und den Traum vom Hollywoodstar an den Nagel und versank in Depressionen. »Ich konnte nicht akzeptieren, dass ich dem Tod gegenüber so machtlos gewesen war. Ich fand keinen Ausweg aus dem Tunnel, sollte ins Sanatorium für psychisch Kranke eingeliefert werden.«

Inmitten aller Verzweiflung, unruhiger Nächte, ergebnisloser Grübeleien erinnerte sie sich eines Tages an den tibetischen Meditationsmeister und Arzt Akong Tulku Rinpoche, den sie vor vielen Jahren kennengelernt hatte. Lama Rinpoche hatte in den 60er-Jahren in Schottland das erste tibetisch-buddhistische Kloster Europas gegründet. Seine Anhänger waren begeistert von seiner Energie, seinen Heilmethoden, seiner Ausstrahlung.

Leas Pilgerreise mit Lama Rinpoche 1979 nach Indien und Nepal veränderte alles. »Diese Reise mit ihm war sehr bestimmend für den Rest meines Lebens. Ich wollte in seiner Gegenwart sein, da war jemand, der die Tiefen der menschlichen Seele verstand. Ich konnte all diese Sprüche nicht mehr hören: Lea, die Trauer geht vorüber. Lea, du bist ja noch jung. Alle diese Banalitäten, die ja wahr sind, sagte er nicht. Er führte mich mit Rückgrat durch die Phase.«

Jeder der Mitreisenden musste zu seinen Reisekosten eine Spende in derselben Höhe einbringen. Lea hatte kein Geld, keine Stelle, keine Zukunft, nichts. Wollte aber unbedingt mit. Die Schauspielerin jobbte als Übersetzerin und Synchronsprecherin. Als sie losfuhren, hatte sie das Geld für die Indienreise beisammen. »Für die Reise in ein anderes Leben.«

Rinpoche führte sie nach Bodhgaya, an den Ort, wo Buddha erleuchtet wurde. »Ein Kraftplatz. Aber da waren auch unendlich viele Bettler.« Millionen Menschen pilgern jedes Jahr nach

Bodhgaya. »Es war so absurd: Drinnen beteten wir um Erleuchtung, und draußen hoffte eine kilometerlange Schlange von Bettlern auf ein paar Almosen.«

Statt weiter im Mahabodhi-Tempel zu meditieren, konzentrierte sich Lea auf die Bettler. »Ich ging die Straße entlang und kaufte Brot. Plötzlich kamen alle auf mich zugestürmt. Sie zerrten an mir, riefen mir zu, ihnen das Brot zu geben. Diese Menschen hatten wirklich Hunger.« Lea musste mit ansehen, wie sich ein Kind, eine alte Frau und ein Hund um ein Stück Brot stritten. Der Hund gewann, und Lea schämte sich für das Chaos, das sie angerichtet hatte.

»Weißt du, ich kenne Hunger nur von all den Diäten, die ich gemacht habe; ich weiß, wie das ist, wenn man den ganzen Tag ans Essen denkt, aber dieser Hunger in Indien hatte ja völlig andere Ursachen und Dimensionen.«

»Was war denn die Folge dieser Reise?«, fragte ich.

»Ich wollte mein Leben mit Sinn füllen. Ich hatte die Wahl: entweder in Antidepressiva und Selbstmitleid zu versinken oder etwas zu tun, was anderen hilft.«

Noch in Indien nahmen ihre Pläne Gestalt an. Als die Pilgergruppe Nepal erreichte, war das Hilfswerk *Rokpa* so gut wie gegründet.

»Wir gingen durch eine Gassenküche in Kathmandu, als mir plötzlich das Theaterstück einfiel, das meine Mutter geschrieben und mit meiner kleinen Schwester und mir aufgeführt hatte: ›Meine Kinder sind es‹, eine Erzählung über ein Kinderdorf mit lauter Waisen in Israel.«

Lea spielte den Jungen Uri, die Hauptrolle. Natürlich. Einen Straßenjungen aus Tunis, löchrige Hose, zerfetztes, schmuddeliges T-Shirt, wilder Typ. »Ich hatte die Geschichte von dem Straßenjungen ganz vergessen, bis ich auf die Straßenjungen in Nepal traf und plötzlich kam mir Uri in den Sinn, und ich verstand, warum ich den so gut gespielt hatte.«

Ein Jahr später gründete Lea Wyler mit Lama Rinpoche *Rokpa* und begann damit, in Nepal Kinder von der Straße zu holen. Ihr Anspruch? Helfen. Etwas von dem Guten zurückgeben, das sie bekommen hatte.

Veit Wyler arbeitete in seinem Anwaltsbüro die Statuten aus, während Lea Leuten auf die Nerven ging. Sie sammelte Geld, wo immer es ging, sprach nicht mehr über Mode, Schönheit, Theater, sondern nur noch über *Rokpa*.

»*Rokpa* bedeutet *Hilfe* oder *Freund*. Als ich anfing, waren alle passenden Namen schon vergeben, da habe ich einen tibetischen Namen gewählt, der gut im Ohr klingt.«

Sie sammelte und sammelte, verlor dabei alte Freunde, fand neue. Unternehmer unterstützten sie, Medienschaffende, unzählige Privatspender. Irgendwann hatte sie die erste Million zusammen.

Nach dem Interview freundeten wir uns an. Ich durfte mit Lea die Ostertage im Berghaus der Wylers in Celerina, Graubünden, verbringen; durfte in ihrem früheren Kinderzimmer – rundherum duftendes Zirbenholz – schlafen und erkundete die Landschaft. Während ich wandern ging, arbeitete Lea für *Rokpa*. Abends trafen wir uns zum Raclette; morgens besorgte ich Brötchen und Butter-Gipfeli. Für das Geld, das ich für Engadiner Nusstorte ausgab, hätte die Suppenküche in Kathmandu eine Woche lang ihre Gäste versorgen können, aber es war herrlich, mit Lea auf dem Sofa zu lümmeln, den Weihnachtsfilm »Tatsächlich Liebe« zu schauen und die Rundungen aufzufüllen.

Für mich hat Lea Maßstäbe gesetzt, wenn es darum geht, in Krisenzeiten die Nabelschau zu überwinden und den Blick auf größere Zusammenhänge zu lenken; auch andere Menschen ins Auge zu fassen. Einfach einmal die Perspektive zu wechseln, wenn ich auf der Stelle trete, hilft fast immer.

Heute war ich auf der Homepage von *Rokpa*. Unfassbar, was Lea in 40 Jahren auf die Beine gestellt hat: Tausende Projekte in Tibet, Nepal, Afrika. Die Klassiker: Schulen und Krankenstationen. Dazu ein Kinderhaus, ein Gästehaus, Unterrichtsräume für Frauen-Workshops, Nähkurse, Ausbildung im Hotelfach. Dann habe ich mir die Videos angesehen: Lea mit Hammer und Meißel auf der *Rokpa*-Baustelle; Lea bei der Vorbereitung zum *Rokpa*-Benefizkonzert mit dem Harfenisten Andreas Vollenweider; Lea *on stage* beim Spendensammeln. Lea Wyler ist noch immer eine fabelhafte Schauspielerin mit einer großartigen Bühnenpräsenz und überzeugenden Auftritten. 2019 war sie mit den Straßenkindern auf Europatournee mit einem Theaterstück über *Rokpa* – in der Rolle ihres Lebens.

.

»Iamhereandmymonkiswithme«, singsangte Danny vom Bentota-Fluss. Warum hatte ich es eigentlich wieder einmal so weit kommen lassen, dass die Bereifung runter war und ich nur noch auf den Felgen fuhr? Wie schaffen es andere, ihre Jahresenergie so zu verteilen, dass für jeden Monat gleich viel Strom bleibt und sie deshalb ganz entspannt am Ende Silvester feiern? Ich kenne keine Dämmerung, sondern bin entweder hellwach oder kippe völlig erschlagen ins Bett.

Von diesen Extremen wollte ich mich durch Ayurveda kurieren lassen, denn Ziel der flutschigen Heilmethode ist es, den Menschen ins harmonische Gleichgewicht zu bringen. Mit Hilfe von wohltuendem, warmem Öl. Sehr viel Öl. Dass die Frisur nach jeder Anwendung im Eimer war und die Sommerkleider nach der Kur entsorgt werden mussten, wusste ich bei meiner Ankunft noch nicht.

Zur Begrüßung gab es im Resort ein kühles Fruchtgetränk mit Strohhalm und dekorativem Gebamsel, dann war auch schon Sprechstunde mit Vermessung: Größe, Gewicht, Blutdruck, Puls; ein Blick in die Augen und zack! sollte klar sein, welches der drei Doshas, also Lebensenergien, in meinem Organismus die Nummer eins war.

Zur Orientierung: Der Vata-Typ ist begeisterungsfähig und lebhaft, mag keine Kälte, geht schnell und hat Probleme mit der Verdauung; Pitta-Menschen denken präzise, neigen zu Perfektionismus, sind eigenwillig, ungeduldig, können viel essen und erfreuen sich eines regelmäßigen Stuhlganges; Kaphas haben ein ausgeglichenes Gemüt, arbeiten geruhsam, bestechen durch ein ausgezeichnetes Langzeitgedächtnis und wissen, weshalb Pippin der Jüngere nach dem Aquitanien-Feldzug 742 Krach mit seinem Bruder bekam; Kaphas können immer und überall tief und fest schlafen und sind kaum aus der Fassung zu bringen. Bei mir diagnostizierte der Ayurveda-Arzt eine Fifty-Fifty-Mischung aus Vata und Pitta, verschrieb mir einen Sud, den ich abends vor dem Schlafengehen trinken sollte, und schickte mich durch den Palmengarten mit den großen Steinbuddhas zur ersten Ölung in den Behandlungstrakt.

Es roch fantastisch nach einer herb-süßen Duftnote in dem kleinen Raum, der ganz in Orange gehalten war. An den vier Ecken der Behandlungsbank lagen Hibiskusblüten, und zwei athletische junge Männer in grünen Polohemden warteten darauf, meine verspannten Muskeln in Öl zu tauchen und synchron durchzuwalken. So muss sich ein Salatblatt fühlen, wenn es mit Omega 3 veredelt wird. Obwohl mir kein Fitzelchen Kapha attestiert worden war, döste ich sofort ein und träumte mich weg.

So wie das von nun an auch bei jeder Meditation mit Danny passierte. Es war mir unmöglich, seinen Anweisungen zu folgen und an nichts zu denken. Langsam schob sich Sir Hugo ins Bild.

Sir Hugo – der Ritter aus dem Regenwald

»Berghuser's Kemenade« stand auf dem Bronzeschild vor seinem Anwesen in Papua-Neuguinea. Ein freundlicher Willkommensgruß.

Hugo Berghüser stammte aus Bochum-Stiepel, sah mit seinem weißen, gezwirbelten Bart aus wie Kaiser Wilhelm II, und sammelte in der Kellerbar seines Hauses in Port Moresby Fahnen aus den Pazifik-Kriegen, die nach Jahren im feuchtwarmen Tropenklima schlaff und fadenscheinig von den Standarten hingen. In seinem Wohnzimmer hielt er einen toten Tiger, im Garten zwei lebendige Krokodile und im Teich eine stattliche Anzahl von Ochsenfröschen, die nachts einen Heidenlärm machten.

Als ich ihn kennenlernte, gab er mir gar nicht erst die Hand, sondern wirbelte mich durch die Luft und rief: »Kleine, auf dich hab ich mein Leben lang gewartet.« Ich war leicht verwirrt, fand die Art der Begrüßung aber durchaus originell und fühlte mich sofort wohl. Später sollte sich herausstellen, dass Hugo für Luftnummern jeglicher Art bekannt, beliebt, manchmal berüchtigt war.

Es war ein kleiner Ruhrgebiets-Kotten, in dem der Mann mit den buschigen schwarzen Augenbrauen als letztes von fünf Kindern im Oktober 1935 zur Welt kam. Im Garten wurde Gemüse gezogen, in den Ställen grunzten Schweine, im Hof scharrten Hühner. Dorfleben im Pott.

»Vater starb früh, Mutter zog die fünf Kinder alleine auf und als Kind habe ich always hart gearbeitet«, erzählt Hugo in seinem Deutsch-Englischen-Südsee-Mix und beißt ins Würstchen.

Nach sechs Jahren Schule und einer Schreinerlehre hielt ihn nichts mehr in Deutschland. »Handwerker werden überall gebraucht, und einem deutschen Schreiner macht so schnell keiner was vor.«

Mit 22 fasste er den Entschluss auszuwandern. Er bestieg im März 1958 in Bremerhaven ein Schiff, das ihn ans andere Ende der Welt bringen sollte. 1288 Passagiere waren an Bord der *Skaubryn*. »1800 Pfund hatte ich für die Überfahrt nach Australien zusammen, but wir hatten 'nen Schiffsbrand, die Skaubryn ging unter, alle wurden gerettet.«

Keine Panik. Kein Drama. Hugo reportiert – nach Ruhrgebietsart – cool und sachlich. Abenteueralltag eben. Hugo und die anderen Passagiere in ihren Rettungsbooten wurden von der *City of Sidney* aufgenommen, später dann von der *Roma* ins australische Melbourne gebracht.

Worüber andere stundenlang schwadroniert hätten, das fasst Hugo in 30 Sekunden zusammen. Ein bisschen dunkelgelber Senf bleibt an seinen Schnurrbartspitzen hängen.

Ich traf ihn mehrfach. Zunächst als ich für das Hilfswerk MISSIO unterwegs war, dann fürs Radio, später drehten wir für die WDR-Serie *Menschen hautnah* eine Reportage über Sir Hugo, den Ritter aus dem Regenwald. Bei jeder Begegnung imponierte er mir mehr, weil er zupackte, statt sich zu beklagen. Weil er nicht darauf wartete, dass er versorgt wurde, sondern sein Leben selbst in die Hand nahm. Und weil ihm völlig egal war, was andere über ihn dachten und erzählten.

Als Modellschreiner hatte sich der Schiffbrüchige zunächst in Melbourne versucht, stieß dann zu Goldgräbern und Opalsuchern in Canberra und wählte schließlich den Südseestaat

Papua-Neuguinea, damals noch unter australischem Protektorat, zur neuen Heimat. »Für die Australier war ich eher ein Mensch dritter Klasse, der schlechtes Englisch mit hartem Akzent sprach und nicht dazugehörte. Die Papua New Guinees haben mich sehr freundlich aufgenommen.«

Hugo arbeitete als Polier auf den Baustellen der Hauptstadt Port Moresby, *Pot Mosbi,* wie man auf Pidgin sagt. Er machte sich einen Namen als entschlossener, couragierter Typ. Auch als Kopfverdreher? Könnte ja sein bei diesen Toffifee-Augen. »Nee. Hier gab's die native protection ordinance. Wenn du als Weißer was mit 'nem einheimischen Mädel hattest und das nicht anständig behandelt hast, flogst du raus ausm Land.« Eine heikle Bedingung für Hugo, den *charmingboy.* Denn er wollte ja bleiben.

Dorfleben kannte er schon aus Stiepel. Mit Gemüse im Garten, Hühnern, die scharren, und Schweinen, die grunzen. Mit einem Unterschied: »Schweine sind in Papua-Neuguinea ein Statussymbol! Zahlungsmittel, Heiratsgabe, Tauschobjekt. Wer viele Schweine hat, hat's geschafft.«

Aber so ganz alleine eine Schweinezucht aufziehen? 1962 reiste Hugo zurück nach Deutschland und ging auf Brautschau. »Die Nachbarskinder sind immer die einfachsten.« Ach Hugo!

Meine Nachbarskinder in Aachen hießen Mariele, Karl und Peter. Auch hier wurde geheiratet. Die Hochzeitsgesellschaft schob zwei Klappstühle vor die Rosenbeete in unserem Garten, auf denen Peter und ich Platz nahmen. Ich trug zu meinen aufgeschundenen Knien ein hellblaues Sommerkleid und ein Krönchen, das ordentlich in den Haaren zog, weil das Befestigungsgummi so spannte; Peter war in eine quer gestreifte blau-weiße Tischdecke gehüllt und hatte von meiner Schwester Birgit ein großes halbes Deko-Osterei auf den Igel-Kopf gesetzt bekommen, Mariele mit den Zöpfen hielt den Sonnenschirm als Baldachin über uns. Die anderen umstanden das Brautpaar und spielten viel Volk in Lederhosen. Ich war sechs. Peter acht. Später entschieden wir uns für andere Partner.

Hugo Berghüser verliebte sich in das Nachbarmädchen Christa. Sechs Monate später war Hochzeit, dann kam Mark auf die Welt. »Unser Plan war: Wir gehen für zwei Jahre nach Papua-Neuguinea, kehren dann wieder zurück nach Stiepel.«

38 Jahre später sitzt mir Christa im Wohnzimmer ihres Hauses in Port Moresby gegenüber. »Hugo war immer sehr mutig, der hatte immer neue Ideen, und ich habe einfach mitgemacht.« Christas Stimme ist leise, freundlich, zurückhaltend und sie klingt, als sei ihr die lange Pazifik-Geschichte mit Hugo immer noch nicht so ganz geheuer. Christa Berghüser ist das, was man unter einer durch und durch patenten Frau versteht und im Laufe der Jahre wuchs mein Respekt vor ihr immens. Denn ohne Christa, das stand für mich fest, wäre Hugos Imperium nicht möglich gewesen.

Zwölf Säue und ein Eber, australischer Import, waren der Start für eine Schweinefarm mit schließlich 6 000 Tieren. Gut verarbeitet und herzhaft gewürzt liegen die in der populären Metzgerei von Hugos Einkaufszentrum in der Hauptstadt; auf den Schildchen in der Kühltheke steht »Liverwurst fine« oder »Papuan Knackwurst«.

Statt weiter ihrem Beruf als Fotografin nachzugehen, lernte Christa, Fleisch in Schweinedärme zu füllen, und bildete gleichzeitig Einheimische in der Kunst des Wurstmachens aus. Der nächste Schritt war klar: Zu einer Schweinefarm mit Wurstfabrik gehört eine Produktionsstätte für Konserven. *Berghüsers Corned Beef* aus der hauseigenen Fabrik fand reißenden Absatz.

Hugo hatte das Land mit dem Adler im Wappen gegen das Land mit dem Paradiesvogel in der Flagge eingetauscht. Ein

Land, das heute acht Millionen Einwohner zählt, aber nie ein Gefühl nationaler Einheit aufbauen konnte. Kein Wunder bei den mehr als 700 Stammessprachen, die es hier gibt. Das Leben dieses unüberschaubaren Völkergemischs auf der zweitgrößten Insel der Welt wird nachhaltig von Zauberei und Ahnenkult geprägt.

»Man muss Pionier sein, um hier leben zu können, und man braucht starke Nerven«, gibt Hugo zu. »Deutsche Kolonialherren haben versucht, die Neuguinees in 100 Jahren von der Steinzeit in die Moderne zu führen. Das konnte nicht klappen. Bis heute erwarten wir zu viel von den Einheimischen. Wie willst du einem 'ne Wurstmaschine erklären, wenn du ihm nur ein paar Wochen Zeit lässt to understand, wofür man in Deutschland Jahre braucht?«

Aus Hugo wurde ein *big man:* begütert, mächtig, energisch, umsichtig. Mit viel Sinn fürs Geschäft. Er baute ein Sägewerk auf, mit angeschlossener Schreinerwerkstatt, wurde Ausbilder und Arbeitgeber im großen Stil.

Für den Film »Sir Hugo – der Ritter aus dem Regenwald« drehte unser kleines Team (Kameramann, Tontechniker, ich als Autorin), wo immer es ging: Wir fuhren mit Hugo durch Täler und Schluchten in den Regenwald, wo die Bäume für seine Holzfabrik gefällt wurden. Wir ließen uns seine *Regenbogen-Siedlung* zeigen, 130 Holzhäuser auf Pfählen, jedes in einer anderen Farbe, die er für die Einheimischen gebaut hatte. Wir besichtigten mit ihm das spektakuläre Parlamentsgebäude von Papua-Neuguinea in Waigani, einem Stadtteil von *Pot Mosbi;* das Wahrzeichen der Stadt mit dem spitzen Giebel und den reichen Mosaikverzierungen, das dem Stil eines *Maprik Haus Tambaran* nachempfunden war – also einem Geisterhaus aus der Provinz Ost-Sepik. Hugo zeigte uns seinen Abgeordnetensitz, »denn um richtig in der Politik mitmischen zu können, musst du dich auch mal wählen lassen.«

Wir erlebten ihn im Schweinestall und bei Cocktailpartys, hier wie dort absolut souverän, und ließen uns beim Barbecue in seinem Garten zwischen den Ochsenfröschen und Krokodilen die Mentalitäten der Südseebewohner erklären. In den Highlands, dem Hochland von Goroka, filmten wir die Cultural Show mit Tanzgruppen aus allen Teilen der Insel: traditionelle Trachten, Federschmuck, Körperbemalung in grellem Gelb, Blau, Rot. Nasenschmuck aus feinen Knochen oder Muscheln einmal quer durch die Scheidewand. Trommeln, Gesang, Spektakel. Wir filmten. Lady Christa fotografierte. Wir filmten auch das. »Manchmal denke ich, ich hätte bei der Fotografie bleiben sollen, statt immer Hugo zu unterstützen.« Sie lächelte wehmütig, als sie das sagte.

1989 wurde der Bergmannssohn Hugo Erich Berghüser aus Bochum-Stiepel von einem Vertreter der britischen Krone für seine Verdienste um das Land Papua-Neuguinea zum Ritter geschlagen.

Im Wohnzimmer posiert Sir Hugo für uns auf dem Tigerfell (mit Kopf!) neben dem Bild der (jungen!) Queen, unter dem ausgestopften Wasserbüffelkopf an der Wand im Schmuck seiner Insignien: Schwert, Orden, Smoking.

»Welche ritterlichen Tugenden erfüllst du, Hugo?«

»Ehrlichkeit und Tapferkeit.«

Das kommt wie aus der Pistole geschossen. Gekonnt ist eben gekonnt. Denn als Mitglied des Parlaments von Papua-Neuguinea hatte Sir Hugo immer mal wieder eine Knarre in der Tasche.

»Braucht es manchmal die robuste Form, um politische Interessen durchzusetzen?«

Hugo schmunzelt: »Ich war der troubleshooter. Gab's irgendwo ein Problem, hieß es: Hol mal Hugo! Ich habe always schnell decisions gemacht, schnell aufgeräumt.« Geschossen hat er aber nie.

Eigentlich wollte Sir Hugo in Papua-Neuguinea alt werden. Aber dann zog es ihn nach Deutschland zurück. Christa war lange vor ihm gegangen. Auch die beiden Kinder.

Neulich habe ich in Stiepel angerufen und mit Christa gesprochen, Hugo war in Port Moresby. In Bochum hat er Land, das seine Vorfahren verkaufen mussten, zurückgekauft und ein originelles Haus gebaut, mit einem Turm, der als Museum dient. Kunstwerke aus der Südsee. Masken, Muschelgeld, Schmuck. Kunsthaus Kemnade. Hugos Vermächtnis. Bald wird er 85. Und es wäre schön, wenn er mich noch einmal durch die Luft wirbeln könnte.

»Iamhereandmymonkiswithme.« Ich wechselte die Stellung, schälte meine tauben Beine aus dem Schneidersitz und fragte mich, wie speziell die Gewebestruktur von Mönchen und Yogis beschaffen sein muss: Warum schlafen denen nicht die Füße ein, wenn sie stundenlang meditieren?

Meditation ist fester Bestandteil jeder Ayurvedakur genauso wie Yoga und die öligen Massagen. Man kann das gut finden oder nicht, kann es ablehnen oder ausprobieren, aber dass man sich regelrecht in Rage darüber reden kann, erfuhr ich erst, als ich eine Sendung darüber gemacht hatte. Die Wucht, mit der die Ayurveda-Ärztin, die ich eingeladen hatte, von einigen Anrufern beschimpft wurde, die Euphorie, mit der andere sie begeistert verteidigten – beides war mir unverständlich. Solche Emotionsausbrüche gingen ja weit über das normale Maß hinaus. Woher kam eine solche Wut, warum so ein Gekeife, wieso die Empörung? Eine Dauer-Empörung, die ich nur aus Deutschland kenne. Ständig jammert oder meckert jemand. Mundwinkel hängen, Gesichter sind grimmig, morgens beim Autofahren geht das Gebrüll schon los: »Fahr doch, du Idiot!« Ungeduldige Leute im Supermarkt; schimpfende Fahrgäste im Zug; rücksichtslose Telefonierer, die – auch im Ruheraum der Deutschen Bahn – laut ins Handy plärren. Wüste Beschimpfungen bis zum Abend.

Während der Corona-Zeit sprachen alle vom möglichen Wandel in unserer Gesellschaft. Wir waren hingerissen von der Hilfsbereitschaft, dem Respekt, der Freundlichkeit. Abende lang klatschten wir tosend Beifall fürs Pflegepersonal, verschickten gerührt Videos von singenden Italienern auf Bal-

konen, boten den gehbehinderten Nachbarn an, für sie einkaufen zu gehen (alles außer Klopapier – das war aus). Wir
riefen bei Leuten an, die wir noch aus der Tanzschule kannten, weil sie uns plötzlich in den Sinn kamen und wir Zeit
hatten, über die Qualität von Freundschaft nachzudenken. Die
Richard David Prechts saßen bei den Markus Lanzens im pu-
blikumsfreien Studio und philosophierten über die möglichen
Chancen gesellschaftlicher Veränderung (werden wir jetzt netter zueinander?), während eine Welle großer Freundlichkeit
über das Volk schwappte – abgesehen von denen, die sich im
Supermarkt ums Klopapier kloppten. Die russische Schriftstellerin Gusel Jachina schrieb in der *Berliner Zeitung*, dass die
Pandemie »wie eine Impfung gegen Aggression« wirke. Ich
hatte da meine Zweifel.

Die überraschende Harmonie ist längst schon wieder Geschichte, und die neue Duldsamkeit ist von der alten Dauer-
nörgelei weggeschubst worden. Nun sitzen sie wieder da, die
Motzer, meckern, maulen und brüllen weiter aus dem Autofenster: »Fahr doch, du Arsch!« Die Heftigkeit, mit der Menschen aus dem geringsten Anlass aufeinander losgehen, macht
mir Angst. Die Radikalität und Aggressivität, mit der Fahrrad-
fahrer, Autofahrer, Rollerfahrer, Motorradfahrer, Vespafahrer,
Fußgänger, Aluhüte, Aktivisten jeder Richtung, die eigene
Meinung vertreten, notfalls mit Gewalt, verbaler oder realer
Gewalt, hinterlässt bei mir vollkommene Ratlosigkeit. Wie soll
man sich wehren, wenn jemand ausrastet? Vor allem, wenn er
davon überzeugt ist, im Recht, nein mehr noch: im Besitz der
einzig gültigen Wahrheit zu sein?

Man kann sich ein Beispiel an meiner Freundin Iris nehmen. Die radelte an einem Sommersonntagnachmittag am
Rheinufer entlang nach Hause. Es war heiß, es war ein schöner
Tag, alle machten Ausflüge, bevölkerten den Leinpfad, und die
meisten ignorierten die Hinweisschilder, die den Radweg vom

Spaziergängerweg trennen. Auch Iris. Als sie zum Campingplatz kam, stellte sich ihr ein schwitzender Hundebesitzer in den Weg: kein Hemd, dafür viel feuchter Bauch, mit ordentlich Tattoos drauf, kurze Hose, Latschen, ein sehr großer Hund links, ein noch größerer rechts. Iris wich dem Mann in letzter Sekunde aus und wollte weiterradeln, als der Bauch schrie:

»Du alte Fotze, ich hol dich vom Rad! Hier ist ein Fußgängerweg!«

Iris stieg in die Bremsen. Fuhr einen Meter zurück, bis sie auf Hundehöhe war. »Wie bitte?«

»Hau ab, du blöde Kuh, sonst lass ich meine Hunde los!«

»Was haben Sie gerade zu mir gesagt?«

Jetzt meldete sich vom Campingstuhl aus die ebenfalls gut genährte Frau des freundlichen Hundehalters und krakeelte: »Ist doch wahr! Du fährst mit deinem Scheißrad auf dem Fußgängerweg!«

Stimmte. Aber wieso deshalb gleich das ganz große Besteck der Beleidigungen auffahren? »Sie haben recht«, sagte Iris, »das ist nicht korrekt, aber müssen Sie mich deshalb so anschnauzen?«

Die Hunde zerrten an der Leine und kläfften. »Mit dir rede ich gar nicht weiter!« rief der Mann.

»Aber ich mit Ihnen«, erwiderte Iris, »und ich habe eine gute Idee. Ich rufe nämlich jetzt mal die Polizei und zeige Sie an wegen Beleidigung«.

Die Frau auf dem Campingstuhl kam in Fahrt: »Du hättest fast meinen Mann umgefahren!«

Noch während sie im Hintergrund randalierte, wählte Iris die 110, schilderte ihr Problem und begann zu lachen, weil der Polizist fragte: »Finden wir Sie da, wo gerade so geschrien wird? Wir kommen.«

Das Ende vom Lied? Verwarnung für Iris. Anzeige für den Hundebesitzer.

Ich fand Iris klasse, denn ich wäre weitergefahren, hätte mich über den Typen geärgert, aber es viel zu lästig gefunden, mich mit ihm anzulegen. Zumal er ja prinzipiell im Recht war. Aber warum sofort der Frontalangriff? Warum direkt die unterste Schublade aufreißen und die prolligsten Schmähworte rausholen? Warum sind wir so aggressiv und rücksichtslos geworden? Ich möchte verstehen, woran das liegt, aber es fällt mir zunehmend schwer, Ursachenforschung zu betreiben. Dass sich Menschen – aus welchem Grund auch immer – zurückgesetzt fühlen, kann doch nicht die Erlaubnis dafür sein, ihren Hass anonym ins Internet zu kübeln. Vielleicht initiiere ich mal die Sympathie-Kampagne für ein höfliches Miteinander: »Danke!« – »Bitte!« – »Tür aufhalten.« Ergänzt durch den Vorschlag: »Bitte leise sprechen. Und vorher Zähne putzen.« Das wäre immerhin ein Anfang. Bis es so weit ist, werde ich mich bemühen, weiterhin eher zuzuhören, als zu reden. Und über manches neue Phänomen zu staunen.

Das Schamanen-Auge von Gitano

Als mir Angelica zum ersten Mal von Uli Gottwald erzählte, war ich der festen Überzeugung, dass der eine Meise hat.

Es ging um Gitano, Angelicas altes Pferd mit einem schwer lädierten Auge, das dem behandelnden Tierarzt bereits viel Geld eingebracht hatte. Keine Salbe, keine Pille, keine Tropfen, keine Akupunktur hatte etwas bewirken können. Tausende von Euro waren auf dem Konto des Tierarztes gelandet, aber das Pferd sah nicht mehr viel. Sein Auge blieb krank; Gitano drohte zu erblinden und war in Gefahr, womöglich aus vollem Lauf gegen den Zaun des Paddocks zu donnern.

Da hörte Angelica von dem Schamanen aus Bonn, und sie bat ihn, zum Stall zu kommen. Samt Rassel und heiliger Feder.

Uli Gottwald rasselte das Pferd ein, indem er indianergleich um das Tier herumtänzelte. Er bat die Götter in der Körperseelenwelt um ein gesundes Auge, pflanzte das dem Pferd ein, machte ein bisschen Hokuspokus, wedelte mit der heiligen Feder und fuhr mit 50,00 Euro Honorar nach Hause. 50,00 Euro!

Und Gitano konnte wieder sehen.

Als der Schamane ein paar Wochen später zu mir ins Studio kam, war ich immer noch skeptisch, hatte aber die voreilige Einschätzung, es mit einem Spinner zu tun zu haben, schon abgelegt. Denn in der Zwischenzeit hatte ich mich intensiver mit dem Thema beschäftigt. In allen Kulturen hat es Druiden, Heiler, Hexen, Medizinmänner und Schamanen gegeben. Was sollte falsch daran sein, in diese Welt einzutauchen und mir erklären zu lassen, was Gottwald in seinen überfüllten Seminaren mit Titeln wie »Heilbehandlung mit Big Mama« machte?

Dann scannten mich im Februar 2012 diese Augen: Robert Redford! Oder, je nach Lichteinfall, ein Husky. Durchdringend. Ganz klar. Das Gesicht hatte der Schamane aus Bonn offenbar oft ins Wetter gehalten: gebräunt und gegerbt. Dunkles Polohemd, trainierter Körper, Jeans. Kein Lederstrumpf, nicht einmal Mokassins. Was hatte ich erwartet?

Wenn Uli Gottwald spricht, geht es den Menschen wie den Pferden. Sie werden schwach. Innerhalb kürzester Zeit – so Angelicas Schilderung – hatten alle Pferde in ihren Boxen die Köpfe hängen lassen, wie beim Entspannungsyoga ihre Muskeln in den Ruhemodus geschaltet und waren eingedöst.

Die gleiche Wirkung übte der Mann auf mich aus. Ich fühlte mich durchschaut und wurde schläfrig. Gottwald schien zu ahnen, dass da eine Skeptikerin vor ihm saß, die sich zwar für Schamanismus interessierte, aber durchaus bereit war, über alles zu lachen und das meiste anzuzweifeln. Rassel und heilige Feder? Na dann mal her damit.

Der Techniker hinter der Scheibe startete die Aufnahme.

»Herr Gottwald, was ist ein Schamane?«

»Ein Schamane ist ein Brückenbauer in andere Wirklichkeiten. Einer, der Antworten auf Dinge gibt, die nicht auf den ersten Blick erklärbar sind. Einer, der in der Seelenwelt bei Verstorbenen Rat und Hilfe findet.«

Aha. Mir wurde warm. Das passiert mir oft, wenn ich lachen möchte, aber nicht darf. Was erzählte der da von Seelenwelt? Ich kniff mir mit dem rechten Daumen in die Schwimmhaut zwischen linkem Daumen und Zeigefinger.

Mit 18 Jahren, 1971, war Uli aus Solingen zur Marine gegangen. Erstes U-Boot-Geschwader; Minensucher; schließlich Kommandant. 32 Jahre auf See hatten aus ihm einen freien

Geist gemacht, aber mit Familienanschluss. Das musste scheitern. Selbst als er aus dem U-Boot auftauchte und ins Verteidigungsministerium wechselte, war nicht mehr viel zu retten. Die Ehe zerbrach. Aber wie konnte sich überhaupt die Kombination aus freiem Geist und eiserner Disziplin entwickeln? Kommandos geben und innerlich neue Ufer suchen? Wie ging das?

»Manchmal, wenn man nachts auf der Brücke steht und nur den Sternenhimmel über sich hat, kommt man schon ins Grübeln.«

Noch während seiner Marinelaufbahn machte Gottwald eine Ausbildung zum Reiki-Meister. Ich nenne es Infrarotbehandlung durch Handauflegen. Der japanische Reiki-Begründer Usui Mikao würde es anders nennen, aber das wunderbare Ergebnis zählt: Wärmestrahlung und Entspannung.

»Herr Gottwald, was passiert in Ihren Seminaren?«

»In meinen Seminaren lade ich zu schamanischen Reisen ein. Dafür ziehe ich mir die Schuhe aus und gehe auf Socken mit meiner Rassel um die Teilnehmer herum, damit ein Schutzkreis entsteht. Dann bitte ich jeden, sich sein Krafttier vorzustellen. Denn jeder von uns hat ein Krafttier.«

»Kann das auch ein Dackel sein?«

»Nein. Es muss immer ein wildes Tier sein.«

»Welches ist Ihres?«

»Meine Krafttiere sind die Eule und der Adler. Die Eule symbolisiert den Lehrer, der viele verborgene Dinge sehen kann. Und der Adler schärft den Blick und schenkt geistige Freiheit.«

Aha. Krafttiere. Ich warf dem Techniker hinter der Glasscheibe einen Blick zu. Er erinnerte mich an Pu den Bären. Keine Option für mich. Welches Krafttier sollte ich wählen? Vielleicht den Fuchs.

Ich bin leider kein Einstein, aber ich hatte es sehr oft geschafft, mit List und Ausdauer meine Ziele zu erreichen. Während die Bescheidwisser um mich herum in die Gegend wummerten, was für Pfundskerle sie doch seien, die der Welt schon zeigen würden, wo die Hämmer hingen, schlich ich an ihnen vorbei und dachte mir in stillen Ecken schöne Überraschungen aus. Damit war ich immer gut gefahren.

Fuchs also.

»Was wünschen sich die Menschen von der Eule Uli Gottwald?«

»Manchmal wünschen sie sich, neue Kräfte sammeln zu können. Dann helfe ich ihnen, Blockaden zu lösen, indem ich sie durch Trommeltöne in den Alpha-Zustand versetze, also auf eine Bewusstseinsebene zwischen Wachsein und Schlafen führe. Die Gehirnfrequenz beträgt dann zwischen 7 und 14 Hertz. So finden sie ihren Kraftplatz und tiefe Entspannung.«

Ich wurde zunehmend ernst. Denn das klang nicht sonderlich esoterisch. Ob ich mir nun beim Zumba in meinen unkoordinierten Hopsern die Seele aus dem Leib steppe, beim Workout kleine Hanteln stemme oder mich beim Yoga in die Kobra schiebe – alles dient dem Wohl des Körpers und des Geistes. Warum dann nicht mithilfe der *Healing Drum* vom Ex-U-Boot-Kommandanten zu neuen Kräften kommen?

»Schamanismus ist älter als alle Religionen, frei von Dogmen und entwickelte sich mit dem Erwachen des Bewusstseins«, hatte Gottwald erklärt.

»Und wie war das nun mit Gitano?«

»Mit dem habe ich eine Reise gemacht. Es gibt die Körperseelenwelt, aus der ein Schamane Organe beschaffen kann. Beim Lehrer der oberen Welt, einer Art Organ-Seelen-Verwalter, habe ich mir die Erlaubnis für ein neues Auge geholt und das dem Pferd eingepflanzt.«

Jetzt fing der Techniker an zu lachen. Rasseln und heilige Federn, Handauflegen, Reiki, U-Boot-Geschwader und ein neues Pferdeauge waren wohl doch zu viel für Pu, der täglich mit Dezibel, Sinuswellen und dem ohmschen Gesetz hantierte.

Währenddessen merkte ich, wie sich mein Bild von Gottwald änderte. Dieser Mann hatte eine 180-Grad-Drehung geschafft. Er hatte die Präzision, die zur Beherrschung eines U-Boots nötig war, und die Klarheit der Befehlskette, die für reibungslose Abläufe an Bord sorgte, ausgetauscht gegen schamanisches Federspiel und Kontakte mit den unsichtbaren Wesen einer oberen Welt. Uli aus Solingen, der sich als Teenager für ein soldatisches Leben auf den Weltmeeren entschieden hatte, fand später eine ganz andere Antwort auf die Frage nach dem Lebenssinn und entschied sich für einen völlig neuen Pfad. Der mochte absurd oder grotesk wirken, aber es war sein Weg. Ich fand das höchst respektabel.

Mit 50 Jahren quittierte Gottwald seinen Job bei der Marine und widmete sich nunmehr als Reiki-Meister ganz dem Schamanismus. Hawk, ein Medizinmann aus Nordamerika, baute ihm seine Trommel mit dem Namen *Big Mama* und weihte ihn ein in die Geheimnisse der Heilbehandlung. Gottwald erklärte mir, dass jede Seelenwelt drei Ebenen habe: eine untere, eine mittlere, eine obere. »Für die Germanen zum Beispiel war das der Weltenbaum, die Welten-Esche *Yggdrasil*, mit Wurzeln, Stamm und Krone, also Vergangenheit, Gegenwart, Zukunft.«

Auf diese drei Bewusstseinsebenen kann man als Schamane mit seinem Krafttier gezielt gehen und Hilfe holen.

»Ein Schamane bleibt im Hier und Jetzt, ist nicht völlig losgelöst, steht aber mit dem anderen Bein in der anderen Welt, bittet um Inspiration, Unterstützung, Kraft.«

Das mochte das rationale Verständnis überfordern. Aber warum sollte das nicht stimmen? Felszeichnungen und Steinritzungen in Australien, Sibirien, Amerika und Europa dokumentieren, dass Schamanismus die älteste spirituelle Tradition der Welt ist und alle Völker ihre Brückenbauer, also Schamanen, Druiden, Hexen oder Medizinmänner, um Rat gefragt haben.

Mit welchem Recht wollte ich mir anmaßen, einem Menschen übersinnliche Fähigkeiten abzusprechen oder auch nur in Zweifel zu ziehen? Ob man es nun die Gabe des zweiten Gesichts, Schamanismus, göttliche Offenbarung oder christliche Mystik nennt – es hat immer und überall Menschen gegeben, die überirdische, vielleicht sogar »göttliche« Erfahrungen gemacht haben. Darüber hinaus gibt es Bauern, die mit ihren Wünschelruten Wasseradern unter dem Schlafzimmer erspüren und ihr Bett in die andere Richtung stellen; Feng-Shui-Spezialisten, die schlechte Energien in Räumen wahrnehmen; Priester, die mit Weihrauchfässern böse Geister aus Häusern vertreiben, oder Friseure, die Haare passend zum Sternzeichen schneiden. Ich hatte sie alle in meinen Sendungen interviewt. Und alle schienen auf ihre Art recht zu haben. In ihrer Welt. Vielleicht auch darüber hinaus.

Der Ex-U-Boot-Kommandant Uli Gottwald war offensichtlich ein Mann mit besonderen Begabungen. Was mich von ihm und seiner Mission restlos überzeugte: Er war kein Beutelschneider, der versuchte, mit mysteriösem Geplapper den Gutgläubigen Geld aus der Tasche zu ziehen.

Die Sendung mit Uli Gottwald hatte ein enormes Hörerecho. Er schrieb mir:

>>Liebe Frau Steinhauer,
Sie hatten ja so recht – ich kann mich vor Anfragen kaum retten. Ihre Sendung ist sehr beliebt und hat wohl viele Stammhörer. Die Resonanz ist sehr positiv und viele melden sich nun. Meine Seminare und Behandlungstermine in der nächsten Zeit sind ausgebucht.
Ganz liebe Grüße
Uli<<

Die Sendung brachte mir auch meine erste offizielle Programmbeschwerde ein. Das sind Briefe oder Mails von empörten Hörern, die sich gar nicht erst die Mühe machen, an die Moderatorin einer Sendung zu schreiben, sondern sich direkt an die Intendanz wenden. Tenor der Mails: Was für einen Scheiß sendet Ihr denn da?

Die Intendanz stand hinter mir und der Sendung. Denn sie wusste, dass viele andere Hörerinnen und Hörer offen sind für neue Sichtweisen.

Noch einmal sollte ich Schamanenpost bekommen. Nachdem mir im September 2012 für meine Sendung *Sonntagsfragen* in der Kategorie »Bestes Interview« der »Deutsche Radiopreis« verliehen worden war, schickte mir Uli Gottwald eine Mail:

»Nachträglich, liebe Gisela,
noch herzliche Glückwünsche zu Ihrem Preis.
Es hat mich so gefreut, als ich hörte, dass Sie nominiert sind.
Dann stand für mich auch gleich fest, dass Sie ihn bekommen, das merkt man als Schamane halt.
Bei mir melden sich immer noch Hörer, die von Ihrer Sendung schwärmen und mich nun kennenlernen möchten.
Da haben Sie echt was ausgelöst.
Ich bin Ihnen so dankbar.
Uli«

»Iamhereandmymonkiswithme.« Ein letztes Mal leierte Danny im Prozessionsschritt sein Mantra herunter. Ob er vielleicht ein wiedergeborener Schamane aus früheren Jahrhunderten war? Oder damals Krafttier mit Geweih, heute Mönch im safrangelben Mönchsgewand? Jetzt blieb Danny stehen und bimmelte mit einem Glöckchen. Ganz zarte Töne. Er lud uns ein, dem An-nichts-gedacht-zu-Haben (na ja) noch ein bisschen nachzuspüren.

Es wurde ganz still. Ich blieb auf dem Rücken liegen, winkelte die Beine an, schaukelte nach links und rechts und dachte an die finale Stille. Grabesruhe. Für mich steht fest, dass ich verbrannt werden möchte. Staub zu Staub. Eine saubere Sache, wenn man von den Emissionswerten absieht. Die Asche soll dann am Strand von Cadzand verstreut werden. Das war und ist mein Sehnsuchtsort in Zeeland, an dem wir als Kinder jahrelang alle Sommerferien verbrachten und an den ich flüchte, wenn es ans Eingemachte geht.

Meine Schwester hatte bei einer Kaffeefahrt nach Maastricht herausgefunden, dass Einäscherungen in den Niederlanden billiger sind. Warum viel Geld für Eiche rustikal raushauen, wenn es doch auch die Billigurne tut? Über das Sterben und die Bestattungsart wurde bei uns zu Hause immer mal wieder gesprochen. Wir wussten früh, wie sich unsere Eltern und Geschwister ihre Beerdigung vorstellten, was überaus praktisch und lebensnah war. Meine Eltern hatten sich ihre Grabstätte zusammen ausgesucht, meine Mutter hatte höchstpersönlich ihr Totenhemd ausgewählt und festgelegt, dass es eine Auferstehungsmesse geben sollte. Dass zu dieser Messe dann alle kamen, die eigentlich zu ihrem 80. Geburtstag eingeladen

gewesen waren, hat sie von oben vermutlich mit Freude beobachtet. Nach ihrem Unfall. Eine Autofahrerin hatte sie an
einer Fußgängerampel übersehen. Wenige Stunden später
starb meine Mutter.

Aus meiner Rückenlage hatte ich freie Sicht in den Himmel,
schickte ein Küsschen hoch und dachte an die, die nicht mehr
leben.

Fritz Roth lebte vom Tod

»Jetzt sitze ich nicht beim Japaner, sondern in der Schweiz. Habe mich aus dem Jesuitenkloster geschlichen und sitze bei einem guten Glas Wein und Essen und freue mich, dass ich lebe und trinke darauf, dass es Menschen wie Ihnen gut gehen möge, auch wenn das Leben sie gerade fordert.«

Die SMS von Fritz Roth kam am 5. November 2010. Zwei Jahre später war er tot. Seither lehnt er bei mir an der Wand; also eigentlich sein Bild. Es steht auf dem Heizkörper neben meinem Schreibtisch, aber muss man alles immer so genau nehmen? Also: Er lehnt vor meinem Schreibtisch an der Wand und schaut mir zu.

Fritz Roth nahm auch nicht alles so genau. Er wurde dadurch bekannt, dass er sich über die strengen Bestattungsregeln in Deutschland hinwegsetzte. Ich kann mich nicht erinnern, wann wir uns zum ersten Mal begegnet sind, aber ich weiß, dass mich diese Begegnung so beschäftigt hat, dass ich ihn wiedersehen wollte, den Trauerredner, Dipl.-Kfm. Fritz Roth e. K. (eingetragener Kaufmann) und sein *Haus der menschlichen Begleitung* in Bergisch Gladbach.

Die Gelegenheit dazu bekam ich, als er einwilligte, mit mir ein *Tischgespräch* für WDR 5 zu führen.

Man kurvt eine Weile herum, bis man die Kürtener Straße 10 erreicht. Der Weg zum Privatgelände des Bestattungsunternehmens Pütz-Roth führt über eine enger werdende Straße vorbei am Friedwald über die Straße mit den akkurat verlegten, grauen Pflastersteinen – bis zum Parkplatz. Und kaum steigt man aus dem Auto, ist da schon dieser Zauber, dieser besondere Geist, diese friedliche Atmosphäre, die einen in die Welt führt, vor der wir uns normalerweise fürchten. Weil da Endstation ist. Oder nicht. Je nach Blickwinkel und Bekenntnis.

In Sekunden nimmt einen das *Haus der menschlichen Begleitung* gefangen. Statt Straßenlärm erklingt Vogelgezwitscher, statt Abgasen weht saubere Waldluft, statt Musik aus dem Autoradio – Stille. Hier ist also last exit.

Auf dem Weg zur Eingangshalle dachte ich darüber nach, warum Roth diesen Ort *Haus der menschlichen Begleitung* genannt hatte. Waren die normalen Bestattungen mit handelsüblichen katholischen Priestern, mit evangelischen Pfarrerinnen oder mit Trauerrednern jeder Couleur für ihn denn nicht menschlich? Was hatte ihn an herkömmlichen Beerdigungen so gestört, dass er alles anders machen und Farbe unters Schwarz mischen wollte – gemäß seinem Wahlspruch: »Das letzte Hemd ist bunt«?

Als ich das Haus betrat, spürte ich schon die Antwort: eine Melange aus Wellnesshotel und Ruheoase, klösterlicher Stille und Ayurvedakur, große Fenster, viel Sonnenlicht, ein paar Kerzen, dicke Teppiche, die den Schall schlucken, und eine freundliche junge Frau, die mich in eine Bibliothek führte, in der ich auf Fritz Roth warten sollte, den Mann, der mir dann Sätze sagte wie:

»Wenn wir Menschen dem Tod entziehen, werden sie unmündiger für das Leben. Wenn ich geboren werde, kommen Hände, die sagen: Gib mir den Kleinen auch mal. Wenn ich tot bin, kommen Zylinderträger um die Ecke geschossen. Ich möchte nicht von Rentnern beerdigt werden, die im Nebenjob Särge tragen. Sondern von Händen, die einen auch im Leben gehalten haben.«

Fritz Roth: eine Mischung aus Genussmensch und Benediktinermönch. Mit lebensfroher Leibesfülle, Halbglatze, grauweiß meliertem Dreitagebart. Dazu schmale randlose Brille, eher vorne auf der Nase als dicht vor den blassblauen Augen, kräftiger Händedruck, starke Bass-Stimme. Er hätte Priester werden können, zog aber das Kostüm des Karnevalsprinzen von Bergisch Gladbach dem Ornat vor. Das war er nämlich auch: jederzeit zum Feiern und Lachen bereit.

Der Junge, der mit vier Schwestern auf einem Bauernhof im rheinischen Eikamp aufgewachsen war, studierte BWL, wurde (in einer mich nachdenklich machenden Reihenfolge) erst Unternehmens-, dann Trauerberater, weil er den Betrieb des Schwiegervaters übernommen hatte. In 30 Jahren revolutionierte Roth die Bestattungsszene. Er ermunterte Angehörige und Freunde von Verstorbenen, kreativ zu werden und ihre Trauer ganz persönlich auszudrücken.

»Der Tod ist wie ein Erdrutsch. Wenn er kommt, können Sie nur hoffen, dass da eine Hand ist, die Sie hält.«

Roth war für Tausende trauriger Menschen genau diese Hand.

Unser *Tischgespräch* begann mit einer Führung durch das Haus. Wir gingen in die Kellerräume mit den beigen Bodenfliesen, wo in der Werkstatt unterschiedlichste Hölzer darauf warteten, ausgewählt, zum Sarg geschreinert und individuell gestaltet zu werden: von den Kindern bemalt, von den Erwachsenen mit einem Text beschrieben. Mein Blick fiel auf einen Sarg, auf dessen Längsseite in einer Blumenwiese ein Mann neben einem grün-violetten Fahrrad stand, beschienen von einer Riesensonne, umschwirrt von einer imposanten Vogelschar. »Der Vater der Kinder ist vergangene Woche tödlich mit dem Rad verunglückt«, sagte Roth. »Die Kleinen sind fünf und sieben Jahre alt.«

Roth führte mich in den Abschiedsraum mit den orangefarbenen Stoffstühlen, vielen Kerzen und einem riesigen goldenen Gong an der Wand – für die buddhistischen Abschiedszeremonien? Wir betraten Räume mit Korbsesseln und grünen Polsterkissen – für lange Gespräche? Gingen in einen weiteren Andachtsraum mit einem großen roten Perserteppich, ringsherum Korbsessel, an der Wand wieder ein gigantischer Gong. Das Ganze glich eher einem urgemütlichen Ruheraum als einer Leichenhalle und ich begann zu verstehen, womit Fritz Roth Kritiker gegen sich aufgebracht hatte.

Draußen auf dem weitläufigen Gelände setzte sich die »neue Freiheit in der Sterbekultur«, wie Roth das nannte, fort: Steinskulpturen, Buddhafiguren, bunte Blickfänge wie die flachen Holzbretter, dicht beieinander, senkrecht in der Erde stehend, mit Herzen, Regenbögen und Abschiedssymbolen bemalt. Dann die rot angestrichene »Villa Trauerbunt«, ein Holzhaus, ganz allein für trauernde Kinder, die dort spielen und sich Zeit für den Abschied nehmen können.

Grab-Steine lagen am Fuß der Bäume, manche nicht viel größer als Flusskiesel mit dem Namen der Verstorbenen.

Fritz Roth ließ den Blick den Baum hinaufgleiten und wieder hinab auf den Stein an der Wurzel.

»Uns werden die Toten gestohlen. Wir haben viel zu viele Experten, die sich um alles kümmern. Der Arzt stellt den Totenschein aus. Dann kommt der Bestatter. Der Pastor erzählt mir, im Himmel ist Kirmes. Und dann kommen die guten Freunde, die ja genau wissen, was ich zu tun habe: Kopf hoch! Das Leben geht weiter! Und die Krönung: dass der Gesetzgeber mir vorschreibt, wie ich mein Kind zu beerdigen habe.«

Nach Roths Überzeugung war der Tod der beste Lehrmeister für bürgerlichen Ungehorsam. Deshalb ist es Roth zu verdanken, dass wir inzwischen eine andere Kultur im Umgang mit Sterben und Abschiednehmen kennen: nämlich aus der Trauerfeier eine Lebensfeier zu machen.

Wenn ich darüber mit meinem 94 Jahre alten Vater rede, zuckt der nur die Schultern und lächelt, denn zu seiner Kinder-

und Jugendzeit war das, was heute als revolutionär gilt, gang und gäbe: Die Toten wurden zu Hause aufgebahrt, damit sich alle von ihnen verabschieden konnten. Danach die feierlichen Exequien, zum Einzug das Lied »Wir sind nur Gast auf Erden«, zum Schluss: »Großer Gott wir loben Dich!« Anschließend Beileidsbekundungen am Grab und ab zum Leichenschmaus, wo Anekdoten über den Verstorbenen erzählt und letzte Neuigkeiten ausgetauscht wurden: »Weißte, wer auch tot ist?«

Finales Schnäpschen. Dann ging das Leben weiter.

Fritz Roth hat die alten Traditionen wieder wachgerufen und neue möglich gemacht. Er hat gekämpft: gegen Behörden, Verordnungen, hartnäckige Widerstände der Traditionalisten. Er zeigt mir den Sarg einer jungen Frau, die gerne gereist ist und deren Freunde den Sarg mit Szenen aus aller Welt bemalt haben. Er deutet auf die Urne aus Ton, die er jemandem mitgeben wird, der die Asche der Partnerin im Meer verstreuen möchte. Er erzählt von seiner Trauerakademie, in der sich Musiker, Schriftsteller, Künstler, Ordensleute auf ihre Art mit Tod und Trauer auseinandersetzen. Und er führt mich auch auf den Platz, an dem im Sommer nicht nur Trauerfeiern, sondern auch Konzerte stattfinden. Und noch mehr: Lyrik- und Theaterabende, Lesungen, Auftritte von Solokünstlern, Kabarettisten. Mit Hanns Dieter Hüsch hatte Roth zur Matinee »Vom Essen + Sterben« eingeladen.

»Wird der Lebensgenuss größer, wenn der Tod zum Alltag gehört?« will ich von ihm wissen. Roth lächelt. »Och, der Lebensgenuss war bei mir immer schon groß. Wahrscheinlich ist er bewusster geworden.«

Im Laufe der Jahre gingen wir manchmal miteinander essen. Immer gut. Immer bedauerte ich zutiefst, als Autofahrerin nur ein Glas Wein trinken zu dürfen. Immer wurden es lange Abende, weil die Gespräche so schön waren. Aber viel zu selten. Wir sprachen über die Trauer-Symposien, die im *Haus der menschlichen Begleitung* stattfanden, und über die »Jahreskünstler«, die von Roth unterstützt wurden.

»Sie dürfen ein Jahr lang unsere Arbeit im Bestattungshaus begleiten und ihre Arbeiten präsentieren. Wir erstatten das Material und zum Teil auch noch andere Kosten.«

Wir sprachen über die Ausstellung »Ein Koffer für die letzte Reise« und darüber, was wir in unsere Koffer packen würden. Wir redeten über die deutsch-jüdische Dichterin Mascha Kaléko und Roths Lieblings-Kaléko-Satz: »Den eigenen Tod, den stirbt man nur, doch mit dem Tod der anderen muss man leben.« Wir sprachen über unsere Familien und unsere Pläne. Zu seinen gehörte eine Reise entlang der Seidenstraße.

Dann wurde Roth krank. Wir schickten uns SMS-Nachrichten.

27. August 2012:

»Bin zurzeit in Essen in der Klinik, testen ein neues Verfahren, SIRT, in dem nukleare Kügelchen über die Blutbahn auf die Tumore angesetzt werden. Hoffentlich klappt dieser Weg, nachdem die bisherigen Chemoversuche nicht so erfolgreich waren. Habe aber Zuversicht. Und dabei helfen mir die Gedanken, dass wir uns bald treffen werden.«

17. September 2012

»Lieber Herr Roth,

unser Gespräch ist mir noch lange nachgegangen. Wenn Sie von der Seidenstraße zurück sind, wenn Sie die Behandlung hoffentlich gut überstanden haben, und wenn wir uns dann endlich am 1. Okt. wiedersehen, würde ich gerne mit Ihnen überlegen, ob wir für den 7. Okt zum Erntedank eine Sendung über den Dank machen sollen. Aber nur, wenn Sie Kraft und Lust dazu haben. Ich denke an Sie und drücke die Daumen für alles, was kommt.«

18. September 2012
»Liebe Frau Steinhauer,
über das Thema Dankbarkeit können wir gerne reden, zumal
es in meiner jetzigen Lebenssituation ein zentrales Thema ist.
Wir müssten dann aber das Gespräch aufzeichnen, denn
ab dem 3. Oktober bin ich auf der Seidenstraße. Diese Woche
habe ich erst mal meine Nuklearbehandlung, von der
ich mir soooooviel verspreche. In Vorfreude auf unser
Wiedersehen schicke ich Ihnen die herzlichsten Grüße
Fritz Roth«

21. September 2012
»Der nukleare Eingriff hat gut geklappt, muss noch 2 Tage in
Isolation liegen, bin voller Hoffnung, dass es diesmal hilft,
habe hoffentlich heute einen Geburtstag der besonderen Art.
Bis zum Wiedersehen strahle ich Sie an.«

Im Oktober 2012 gingen wir das letzte Mal zusammen essen.
Es schmeckte nichts so gut wie sonst. Wir wussten beide, dass
die Uhr tickte, und packten so viele Themen wie möglich auf
den Tisch. Wir überlegten, welche Musik zu unseren Beerdigungen gespielt werden sollte. Pavarotti, Tommy Engel oder
doch die Höhner? Karnevals- oder Jazzmusik?

Bei ihm wurde es dann Purple Schulz. Und ein paar karneva-
listische Standartenträger paradierten in voller Montur in den
Altenberger Dom.

14. November 2012
»Freue mich auf unsere gemeinsame Sendung Samstag
in Berlin, liege zurzeit aber noch im Krankenhaus in Essen.
Habe Schmerzen an der Galle und die Blutwerte sind
nicht so toll. Aber wir bekommen alles in den Griff und ich
werde zu 1 000 % am Samstag rechtzeitig im Studio sein.

Die anderen Termine müssen wir aber für später planen,
denn nach der Sendung bin ich schon verplant und zwei
Sendungen sind mir jetzt etwas viel. Freue mich
sehr auf ein Wiedersehen.«

Am 17. Nov. 2012 sahen wir uns zum letzten Mal in Berlin.
Zwei Stunden Interview, Call-In-Sendung mit Hörerbeteiligung zum Thema Sterben, bei Deutschlandradio Kultur. Am
nächsten Tag war er noch Gast bei Günther Jauch, und ich
empfinde es bis heute als große Ehre, dass Fritz Roth sein letztes Radiointerview mir gegeben hat.

Meine Redakteurin schrieb:

19. November 2012
»Liebe Gisela,
es war eine höchst beeindruckende Sendung – aber auch,
weil ihr beide überzeugend wart. Das hat auch die HörerInnen animiert, ebenfalls sehr offen zu erzählen. Es war ja
auch für dich sicherlich nicht einfach. Und auch, wenn es
Roth sich nicht hat anmerken lassen – ich habe schon auch
gehört, wie sehr es ihn angestrengt hat. Man kann
einfach nur für jeden Tag dankbar sein ...
Sei gedrückt! Sus«

Susanne hatte recht. Ich war zutiefst dankbar für die Begegnung mit Fritz Roth, und als wir uns zum Abschied feste in den
Arm nahmen, wusste ich, dass es das letzte Mal war. Er hatte
enorm an Gewicht verloren, die Augenpartien waren gelb.
Lange würde er nicht mehr bei uns sein. Er fehlt mir – so wie
seine klugen Gedanken:

»Wenn einer stirbt, bricht alles zusammen, was wir geplant
und sortiert haben. Ich werde mit etwas konfrontiert, was nicht
ersetzbar ist. Da bricht meine oft so trügerische Lebensbilanz

zusammen, und ich stehe vor einem Scherbenhaufen, weil wir auch dachten, wir hätten noch so viel Zeit (Ovid), und ich möchte Mut machen, nicht auf diesem Scherbenhaufen sitzen zu bleiben, und kann vielleicht etwas entdecken, was mir helfen kann, mein Leben ganz anderen Perspektiven zuzuführen. Zeit haben, Wert von Gemeinschaft, der Wert von Lebensraum, und dann hat der Tod auf einmal eine ganz andere Energiequelle, Lebensquelle, eine ganz andere Inspiration. Leider bleiben wir heute in Deutschland viel zu oft auf diesem Scherbenhaufen sitzen. Das ist die größte Energieverschwendung, dass wir dem Tod keine Heimat geben.«

Ich glaube, Fritz Roth hätte sich prächtig mit meiner Mutter verstanden, die – als hätte sie den Unfall geahnt – dem Tod längst die Heimat bereitet hatte, von der Roth sprach. Mama hatte das Holz für den Sarg ausgewählt, mit uns Kindern das Erbe besprochen, die Beerdigung geplant. »Damit das auch wirklich schön wird«, hatte sie damals gesagt. Möglicherweise traute sie uns nicht so ganz zu, das Finale nach ihren Vorstellungen auszurichten und auch den Sieg über den Tod so zu feiern, wie sie immer gefeiert hatte: groß!

Am 22. November 2012 kam Roths letzte Nachricht.

»Leider sieht es zurzeit nicht gut aus, denn neben den Tumoren sind Probleme der Leberdurchblutung, aber vor allem ein Totalausfall der Nieren eingetreten. Wenn das bis morgen nicht besser wird, sind Noteingriffe schon geplant. Meine Zeit liegt in einer größeren Hand und diese Zeit durfte ich mit wunderbaren Menschen erleben, zu denen auch Sie gehören. Und dafür bin ich dankbar. Ich danke Ihnen auch für unsere Begegnungen in Respekt und Ehrlichkeit. Und hoffe, dass ein Kaffeetermin bald nachgeholt werden kann.

Drei Wochen später starb er. Mit 63 Jahren.

Als Fritz Roth am 13. Dezember 2012 im Altenberger Dom verabschiedet wurde, konnte ich leider nicht dabei sein, weil ich in Berlin auf Sendung war. Nachmittags rief mich ein Kollege an, der zu den rund 2 000 Gästen gehört hatte, die an der Lebensfeier – knallrot lackierter Sarg, knallrotes Blumenherz, ein Kerzenmeer und viel Musik – teilgenommen hatten. »Du machst dir keine Vorstellung, was da los war. Der Dom knallvoll, anschließend alle Mann auf mehrere Gaststätten verteilt zum Essen und Trinken – das wird dem Roth gefallen haben. Und das Schönste: Zum Schluss haben wir alle eine CD mit eurer Sendung bekommen.«

Sein letztes Radiointerview, das zweistündige Gespräch im Deutschlandradio Kultur, als Erinnerung für alle, als große Ehre für mich. Fritz Roth wird noch lange auf meinem Heizkörper stehen.

P.S. 2019 lernte ich Eric Wrede kennen. In seinem Buch *The End* erzählt der ehemalige Musikmanager, wie er eines Abends auf einer Autofahrt im WDR ein Gespräch mit Fritz Roth gehört hatte. Danach war ihm klar geworden: Ich steige aus dem Musikgeschäft aus und werde Bestatter. Wie Wrede mir erzählte, war das Gespräch, das er gehört hatte, das WDR-5-*Tischgespräch*, mein Interview mit dem klugen Inspirator, der mir jeden Tag zuschaut, wenn ich am Schreibtisch sitze. Ist es nicht fantastisch, was gute Gespräche bewirken können? Dass Eric Wrede später in meinen *Sonntagsfragen* von seinem Bestattungsunternehmen *lebensnah* erzählte, versteht sich wohl von selbst.

Wie Frau Schneidewind auf Hiob traf

»Liebe Frau Steinhauer,

die Aufnahme der *Sonntagsfragen* im Januar mit meinem Mann war ein ganz besonderes Erlebnis. Manchmal flüstert das Glück leise: ›Du bist dran‹. So fühlt sich das gerade an. Endlich, denn die zurückliegenden Jahre fühlten sich ganz anders an.«

So begann die sehr lange Mail von Carola Schneidewind, deren Mann Roger ich in meinen *Sonntagsfragen* interviewt hatte, weil er sich nach 35 Jahren als Angestellter mit einer Eventwerkstatt in Detmold selbstständig gemacht hatte. Name: »Alles Roger!« Konzept: Upcycling alter Möbel und Nachhilfe in Handarbeit. Leute, die ihr IKEA-Regal alleine aufbauen möchten, aber noch nie einen Schraubenzieher in der Hand gehalten haben; Menschen, die mit verstopften Spülen kämpfen, weil für solche Kleinigkeiten kein Klempner kommt, oder Kunden, die sich ihren eigenen Sarg zimmern wollen, sind bei ihm genau richtig. »Alles Roger!«

Nach unserer Sendung war Roger tagelang damit beschäftigt, Telefonate entgegenzunehmen, Mails zu beantworten, Termine für Workshops zu machen, endlich durchzustarten, wie er sagte. Und Carola schrieb mir diese lange Mail, in der sie in Stichworten von den vielen Verhängnissen in ihrem Leben erzählte.

Als ich zu Ende gelesen hatte, wusste ich, dass ich eine bemerkenswerte Frau kennenlernen würde. Eine, die zu den Frauen gehört, die nur deshalb nicht auffallen, weil sie keinen

Wind um sich machen. Weil sie sich im Hintergrund halten. Weil sie den anderen mit ihren traurigen Erfahrungen nicht die Stimmung vermiesen wollen. Ich schrieb ihr zurück: »Darf ich Ihre Geschichte veröffentlichen?« Antwort: »Ja, ich möchte sehr gerne mit Ihnen über meine Erlebnisse sprechen. Denn ich hoffe immer, dass es dem ein oder anderen ein wenig hilft, wenn ich darüber rede. Dann hat mein Erleben und Aushalten einen Sinn gehabt.«

Auf der Fahrt in den Teutoburger Wald überlegte ich, wie ein Mensch so viel Kummer verkraften kann, wie ihn Frau Schneidewind offensichtlich ertragen musste. Und warum manche Menschen die volle Ladung abkriegen, während andere munter durchs Leben spazieren und so gut wie keine Blessuren davontragen, weil sie vom Schicksal allenfalls mal sanft angerempelt werden.

Carola Schneidewind kam mir vor wie Hiob. Der wohlsituierte Mann aus der Bibel, der »reicher war als alle, die im Osten wohnten« (na gut, das traf auf Frau Schneidewind in Ostwestfalen-Lippe vermutlich nicht zu) und der die nach ihm benannten Botschaften ertragen musste (da stimmte der Vergleich traurigerweise, zumindest im übertragenen Sinn): Alle seine Kinder (wir reden von sieben Söhnen und drei Töchtern) starben, das gesamte Vieh (wir reden von 7 000 Schafen, 3 000 Kamelen, 500 Joch Rindern und 500 Eselinnen) verbrannte oder wurde gestohlen.

Immer wieder bekam Hiob einen drauf. Wurde zu allem Elend auch noch richtig krank, mit allerlei Geschwüren und Abszessen. Er bezog Prügel von allen Seiten, obwohl er so fromm und gottesfürchtig war, pausenlos Brandopfer darbrachte und niemandem etwas Böses tat – wenn man übermäßigen Reichtum jetzt mal nicht als schweres Delikt deklariert.

Hiob steckte einen Schicksalsschlag nach dem anderen ein. Zwar haderte er mit Gott, aber trotzdem rief er nach all den

Zumutungen: »Ich weiß, dass mein Erlöser lebt.« Gruselig. Was für eine Botschaft! Da wird einer verdroschen und meint immer noch, seinem Schöpfer dafür danken zu müssen? Hau mich bitte ganz feste, denn das Leiden stärkt meine Resilienz!? Das kann man so sehen. Ich sah es anders. Allerdings nur 413 Kilometer und fünf Stunden lang. Dann erreichte ich Detmold Pivitsheide.

Emma und Oskar, die Mischlinge, bellten an der Haustür um die Wette. »Wie schön, dass Sie da sind!« sagte Carola Schneidewind. Wir nahmen uns bei der Begrüßung spontan in die Arme. Das fühlte sich besser an als Händeschütteln. Die Hunde sausten ins Wohnzimmer, das in einen wunderschönen Wintergarten mit Blick in den Garten und ein dahinter liegendes Feld überging, und legten sich neben das hellgraue Sofa. Kaffee, Apfel-Mandel-Kuchen, Wasser, ein bisschen Smalltalk. Dann nahm ich den Notizblock zur Hand. Die Hunde spitzten die Ohren, als wollten sie Protokoll führen. Mir gegenüber saß eine charmante Mittfünfzigerin, dickes, lockiges Haar, grau-blaue Augen, offener Blick. Sie holte Luft. Wo soll man anfangen, wenn man so oft vom Leben herausgefordert worden ist? Oder doch eher vom Tod.

Carola Schneidewind war in Bad Salzuflen aufgewachsen. Behütete Kindheit, herzensguter Vater, gläubige Mutter. Mit Begeisterung spielte sie als Jugendliche Volleyball, lernte bei einem Turnier in Dortmund Aplerbeck ihren Mann Roger kennen. Damals Zeitsoldat, Panzerkommandant Leopard II. »Unser Volleyballturnier war am 21. Juni 1987. Am 27. Juni waren wir ein Paar.« Und sie sind es bis heute. Topteam Schneidewind. Alle Achtung. Das hätte auch schiefgehen können.

Die Lebensplanung sah für Carola neben der Hochzeit eine Arbeit als Bankkauffrau, ein Haus, Kinder, Hunde vor. Das mit der Hochzeit, dem Job, dem Haus und den Hunden klappte. Roger, der eine Ausbildung zum Holzmechaniker gemacht hatte, fand eine gute Anstellung bei einem Küchenhersteller. Die erste Zeit verlief noch ungetrübt. Aber dann begann in den 1990er Jahren Carolas Leid. »Es fing mit massiven Beschwerden im Bauch und im Rücken an.« (Fehl-)Befund: »Darmverstimmung und Verspannungen«. Ärztlicher Rat: »Ruhe und Rückenschule«. Drei Jahre lang sind die Schmerzen ihr ständiger Begleiter. 1995 wird sie schwanger. Verliert das Kind. Eileiterschwangerschaft. Not-OP. Der Kinderwunsch bleibt. Das Paar entscheidet sich für eine künstliche Befruchtung. Viele Untersuchungen stehen an. Viele Medikamente. Alles läuft nach Plan. Aber die Beschwerden im Bauch nehmen zu. (Fehl-)Befund: »Nervöser Magen«. Dazu kommen brennende Schmerzen im Gesicht und auf der Haut. (Fehl-)Befund: »Sensibilitätsstörungen«.

Der Alltag ging weiter. Allerdings wurden die Schmerzen von Monat zu Monat heftiger. Und die Diagnosen vielfältiger: »Verdacht auf Stirnhöhlenentzündung«, »Blockade LWS«, »Verdacht auf Multiple Sklerose«. Carola raffte sich jeden Tag auf, biss die Zähne zusammen, ging arbeiten, ging einkaufen, spielte Volleyball, feierte mit Freunden. Sie schluckte Tabletten, bis sie irgendwann nicht mehr zu Partys mitging und auch keine Volleyballturniere mehr besuchte.

Inzwischen schmerzte der ganze Körper. Es folgten Untersuchungen bei Neurologen. Der erste empfahl ihr, sämtliche Amalgamfüllungen aus den Zähnen entfernen zu lassen. Der zweite verordnete Akupunktur. Die Beschwerden nahmen Fahrt auf. Carola machte trotzdem Überstunden und sah ihre Aufgabe darin, das Leben mit diesen chronischen Schmerzen irgendwie zu bewältigen. Aber es ist natürlich schwer, eine Krankheit anzunehmen, deren Namen man nicht kennt. Trotzdem gewann die Zuversicht irgendwann die Oberhand. 1998 wurde Carola wieder schwanger. »Wir freuten uns maßlos.« Vorsichtig, ganz vorsichtig machte das Paar Pläne. Wie sollte das Kinderzimmer aussehen? Wer würde Pate werden? Wie würde ein Kind das Leben verändern?

Beim Ultraschall stellte sich heraus, dass gleich drei Kinder darauf drängten, in Detmold auf die Welt zu kommen. Aber die Vorfreude auf die Familie hielt nur ein paar Wochen an. Mit 30 Jahren erlitt Carola Schneidewind eine Fehlgeburt. »Ich verlor unsere Drillinge. Es war schrecklich.«

Stille. Die Gastgeberin schenkt Kaffee nach. Ich schaue auf den großen grauen Deko-Frosch zwischen den zwei Zimmerpalmen und durch das Fenster auf die Holzhütte im Garten. An deren Tür baumeln ein paar weiße Schlittschuhe. »Sind die Schlittschuhe von Ihnen?« Carola nickt. »Die gehören zu einer anderen Zeit.« Mein Blick wandert zurück zum Frosch. Kürzlich hat mir jemand erzählt, dass Frösche Glück, Freude und Erfolg bringen sollen. Das war mir neu, erklärt aber die Anwesenheit des Froschs im Wohnzimmer von Schneidewinds. Nach allem, was sie durchgemacht hatten, hätte dort mindestens eine ganze Froschfamilie hocken müssen.

Warum hat Unglück die Eigenschaft, seine Kumpel zu rufen, damit auch die noch eine Schippe auf den Berg werfen, während sich das Glück dünne macht?

Carola nimmt den Faden wieder auf. »Zwischendurch habe ich mich gefragt: Warum ich? Was habe ich falsch gemacht, dass ich das Unglück so anziehe? Aber natürlich habe ich darauf keine Antwort bekommen.«

Nach der Fehlgeburt wurden die Beschwerden im Gesicht und auf der Haut unerträglich. Die Lymphknoten schwollen an. Jetzt schmerzten auch die Knochen noch schlimmer als vorher. »Das sind die Nerven«, sagte eine Ärztin. »Haben Sie Stress?« Verordnung: »Rheuma-Einreibung«, »Progressive Muskelentspannung nach Jacobsen«, »Krankengymnastik«. Die Massagen beim Orthopäden waren eine einzige Qual. »In Amerika wäre ich mit den vielen Fehldiagnosen Multimillionärin geworden.« Sie lacht. Und dann sagt sie ganz leise. »Wenn Roger abends nach Hause kam, saß ich weinend auf dem Sofa. Sobald ich in der Zeitung die Todesanzeigen las, dachte ich: Die haben es besser als ich.« Die Ärzte verschrieben immer neue Medikamente, keins wirkte.

Unterdessen hatte sich Roger in seiner Firma zum Abteilungsleiter hochgearbeitet. Während er sich um Preiskalkulationen, Mitarbeiterführung, Montageabwicklung und Terminkoordination kümmerte und dabei unentwegt darüber nachdachte, wie er seiner Frau helfen könnte, ging die von einem Arzt zum anderen. Heute erinnert sie sich an diese Zeit als die dunkelste in ihrem Leben.

Die Tortur ging weiter. Zig Arzttermine, Hunderte Blutuntersuchungen lagen hinter ihr. Irgendwann platzte dem Hausarzt der Kragen: »Wissen Sie eigentlich, was das alles kostet? Sie fahren auf einer vierspurigen Autobahn. Verlassen Sie die an der nächsten Ausfahrt! Sie sind gesund! Wann wollen Sie mir das endlich mal glauben?« Er stellte eine Überweisung an einen Facharzt für Neurologie und Psychiatrie aus, mit dem Bescheid: »Verdacht auf somatische Störung mit wechselnden Parästhesien« – Missempfindungen der Haut.

Carola wusste nicht mehr weiter. »Ich verstand einfach nicht, warum niemand etwas fand.« Sie ging dazu über, nur noch sehr guten Freundinnen und Freunden von ihrem Zustand zu erzählen, weil sie spürte, dass sie vielen mit ihren Krankheitsgeschichten auf die Nerven ging. Um nicht alle Kontakte abzubrechen, machte sich Roger zu den Festen alleine auf den Weg. »Aber im Prinzip haben wir im Laufe der Zeit so gut wie alle unsere Freunde verloren.«

Nach acht Jahren quälender Ungewissheit und heftigster Schmerzen seit den ersten Symptomen stellte ein Onkologe im März 1999 endlich die richtige Diagnose: Morbus Hodgkin. Lymphdrüsenkrebs. »Ich weiß nicht mehr, wie ich damals von der Arztpraxis nach Hause gekommen bin. Ich weiß nur noch, dass ich während der ganzen Autofahrt geschrien habe.« Als Roger Schneidewind an diesem Abend spät nach Hause kam, verlor seine Frau völlig die Fassung. An dieser Stelle Grüße an den Hausarzt.

Menschen, die die Diagnose »Lymphdrüsenkrebs« erhalten, leben im Schnitt noch fünf Jahre. Carola kalkulierte mit erheblich weniger Zeit. »Ich fühlte mich dem Tod so nahe, dass ich schon die Lieder für meine Beerdigung ausgesucht hatte. Und ich erinnere mich, dass ich bei ALDI eine Rolle Geschenkpapier ins Regal zurücklegte, weil ich nicht damit rechnete, Ostern noch zu erleben.«

Doch dann siegte der Überlebenswille: Was, wenn es doch klappt? Was, wenn der Krebs besiegt werden kann? »Ich stand schon an der Kasse, bin dann aber nochmal zurückgegangen und habe das Geschenkpapier gekauft.«

Intuitiv die richtige Entscheidung. Bei den Folgeuntersuchungen stellte sich heraus, dass das Knochenmark vom Krebs nicht befallen war. Die Chemo und die Bestrahlung schlugen an. »Als mir bei der ersten Chemo der Zugang gelegt wurde und dieses knallrote Zeug durch meine Venen floss, ging eine regelrechte Welle durch meinen Körper, und ich hatte zum ersten Mal nach Jahren keine Schmerzen mehr.« Auf den Feldern begann gerade die Rapsblüte, für Carola Schneidewind war das ein Symbol für ihren erneuten Aufbruch. Und wie erlebte ihr Mann das? »Der musste natürlich meinen kahlen Kopf ertragen, auch meine Stimmungsschwankungen, aber er war die ganze Zeit über an meiner Seite.« Außerdem hatte Roger seiner Frau versprochen, dass *er* am Ende das Licht ausknipsen würde. Westfälischer Humor nach Lipper Art.

Am 11. August 1999, ausgerechnet am Tag der Sonnenfinsternis, fand die letzte Bestrahlung statt. Wäre man esoterisch veranlagt, könnte man in dieses Datum allerhand hineingeheimnissen, etwa in der Art: Während die Sonne vom Neumond verdeckt und es dadurch auf der Erde dunkel wurde, ging dieselbe Sonne für Carola Schneidewind auf. Also, wenn das mal nicht symbolträchtig ist! Obwohl ich gestehe, dass mir diese Deutung eine Spur zu gefühlsselig ist. Aber ich war auch noch nie ernsthaft krank und musste mich noch nie ins Leben zurückkämpfen. Also geschenkt.

»Können Sie mit Esoterik etwas anfangen, Frau Schneidewind?« »Durchaus. Einige Zeit nach dem Abschluss meiner Krebstherapie habe ich nach der spirituellen Bedeutung einer Sonnenfinsternis gesucht und gelesen, dass sie die beste Zeit ist, das Leben und sich selbst zu überdenken. Es passieren so viele Dinge zwischen Himmel und Erde, die nicht zu erklären sind. Mir wurden in schlimmen Situationen Menschen geschickt, die mir das Leben gerettet haben – wie der Onkologe, der meine Odyssee beendete. Ob Gott das getan hat oder eine andere Kraft, weiß ich nicht.«

Nach der überstandenen Therapie schöpfte Carola Schneidewind, damals 31, neuen Mut. In dieser Zeit wurde die Detmolder »Frauenselbsthilfe Krebs e. V.« ein wichtiger Teil ihres Lebens. Sie, die selbst viel Zuwendung und Verständnis gebraucht hätte, wandte sich anderen zu. Inzwischen arbeitet sie seit vielen Jahren im Leitungsteam. »Als meine Freundin nach langer Krebserkrankung im Hospiz starb, bin ich zur Hospizarbeit gekommen. Was ich dort über Leben und Tod lernte, hat mir sehr geholfen.«

Der Kniff besteht vielleicht darin, den Tod als Teil des Lebens zu akzeptieren. Denn je mehr man sich gegen seine Anwesenheit sträubt, desto überrumpelter ist man, wenn er dann unangemeldet auftaucht. Also gilt: den Tod immer mit auf die Party einzuladen, auch wenn man ihn nicht so richtig leiden kann und er einem am Buffet hartnäckig die Ohren volllabern will. Am besten weist man ihm einen Platz hinten an der Garderobe vor dem Klo zu. Da kann er sich dann in Stillarbeit mit sich selbst beschäftigen. Oder aber die Hardcore-Variante: den Tod als Ehrengast einladen und mitfeiern lassen.

Carola Schneidewind wehrte sich also nicht länger gegen ihr Schicksal, sondern versuchte es anzunehmen. »Aber was hat damals darüber hinaus Ihren Lebensdrang geweckt?«, möchte ich wissen. Die Antwort kommt blitzschnell: »Die Fürsorge meines Mannes und meines Vaters. Und auch wenn es jetzt sehr kitschig klingt: deren Liebe.«

Diese Liebe wurde allerdings weiterhin auf eine harte Probe gestellt. Mann, Hiob! Als seien Fehlgeburten und Krebs noch nicht genug gewesen, erkrankte Carola Schneidewind an Depressionen. Und ihr Mann verlor seinen Job. Noch während Carola in stationärer Behandlung war, wurde bei ihr ein Hirntumor diagnostiziert. Den Befund schickte ihr die Praxis mit der Post ... Erneut: Grüße an die Mediziner.

Spätestens jetzt hätte ich an ihrer Stelle das Handtuch geworfen. Wenn die Hälfte des Lebens aus Krankheiten besteht, wenn man tagaus, tagein hofft, bangt, verzweifelt, wieder hofft, resigniert, gefühlt nur noch zur Belastung für die anderen wird, Stirnrunzeln auslöst, sobald man auftaucht, und es ständig irgendwo weh tut, dann hat man meiner Meinung nach jedes Recht, sich zu verabschieden. Ich hätte mich geschlagen gegeben. Aber das sage ich natürlich nur, weil ich noch nie in der Situation war. Vielleicht würde ich viel mehr am Leben hängen, als ich es jetzt vermute.

Der Hirntumor war gutartig. Im Oktober 2016 wurde sie operiert. Zwei Monate später erlitt Roger einen Burnout. Der Mann, der so viel mit Carola ausgehalten und durchgemacht hatte, war nun selber ausgebrannt und erschöpft. Als Tröster, Ratgeber und Mutmacher vorerst ein Komplettausfall.

Wenige Wochen nach der Hirn-OP, inzwischen war Winter, ging Carola mit ihren Hunden auf dem gefrorenen Feld spazieren, glitt aus, stürzte und konnte sich nicht mehr bewegen. Mehrfach rief sie um Hilfe, aber ein Spaziergänger ließ sie achtlos liegen. »Der war nur wenige Meter von mir entfernt und hat mich auch angeguckt, als ich gerufen habe, aber geholfen hat er nicht.« Bei minus zwei Grad blieb Carola Schneidewind alleine auf dem Feld. Emma und Oskar hatten sich davongemacht, waren auf Hasenjagd. Schließlich hörte eine Anwohnerin die Hilferufe und alarmierte die Rettungsstelle. Im Krankenhaus stellte sich heraus: Schienbeinkopf-Trümmerbruch. Zerschmetterte Knochen. Fixateur am Bein. Zwei OPs. »Beinahe hätten die Ärzte das Bein amputiert.« Gesprächspause. Um irgendetwas zu tun, lege ich meinen Schreibblock zur Seite, greife zur Kaffeetasse und schaue mich im Wohnzimmer um. Behindertengerecht ist das alles nicht. Das riesige Sofa, der große Beistelltisch, die Regale. Als hätte sie meine Gedanken gelesen, sagt Carola: »Ich kam damals mit dem Rollstuhl nicht ins Schlafzimmer, dafür brauchte ich einen Rollator. Dann Badewannenlifter, WC-Erhöhung.« All diese Hilfsmittel kamen ins Haus, Orthesen und Bandagen, die man aus Rehazentren oder Sanitätshäusern kennt, und die auch dann nicht schöner aussehen, wenn man sie farbig gestaltet oder peppig designt. Wenn ein Zuhause zum Kranken-Haus wird, schlägt das zusätzlich aufs Gemüt. Und irgendwann will man nur noch, dass alles vorbei ist. Das Topteam Schneidewind war an seiner Belastbarkeitsgrenze angekommen. Die Partnerschaft bekam Risse. Rogers Firma ging insolvent.

Selbst Hiob hätte jetzt getobt.

Als sich Carola nach vielen Monaten mit ihren Gehhilfen wieder einigermaßen bewegen konnte und einen Termin zur Krebsnachsorge vereinbarte, wurde bei der Untersuchung durch einen Zufallsbefund eine defekte Herzklappe entdeckt – vermutlich eine Folge der Krebsbestrahlung. »Innerhalb von drei Tagen war ich im Herzzentrum von Bad Oeynhausen und wurde operiert. Danach war mein Stecker gezogen. Ich hatte auf dieses Leben keine Lust mehr.«

Die Bilanz nach 49 Jahren: Erste Halbzeit hervorragend. Zweite Halbzeit desaströs. Körperlich und nervlich am Ende. Ratlos. Mutlos. »Alles Roger«? Nix war Roger. Das sind die Momente, an denen man zerbrechen kann. Oder dem allerletzten Funken Hoffnung nachjagt. Frau Schneidewinds Funke hatte einen Namen: Herzzentrum Bad Oeynhausen. »Die Menschen auf meiner Station waren ein Geschenk. Alle! Die Fürsorge, die ich dort erlebt habe, war außergewöhnlich.« Sehr langsam ruckelte sich Carola ins Leben zurück. Intensive Gespräche mit Therapeuten, leise und laute Unterhaltungen mit Roger, der Austausch mit den verbliebenen Freunden – das half. »Im September 2017 wurde ich aus der Rehaklinik in Bad Driburg entlassen. Wir fuhren nach Dänemark. Und als ich oben auf der Düne stand – Emma hat mich das letzte Stück gezogen, sonst hätte ich den Aufstieg nicht geschafft – habe ich mal wieder geweint. Diesmal aus Freude.«

Sie begann wieder zu arbeiten, stundenweise. Anfang 2018 machte sich Roger mit seiner Eventwerkstatt selbstständig. Es begannen entspanntere Zeiten. »Roger hat mir in seiner Halle 50 Quadratmeter Platz eingeräumt, damit ich da mit meiner Frauenselbsthilfegruppe kreativ sein kann. Die Selbsterfahrung an Bandsägen und Bohrmaschinen ist unvergleichlich.«

Corona legte Rogers Werkstatt zwar für eine Weile still, aber dafür ging nach unserem Interview in meinen *Sonntagsfragen* die Post ab. Das Blatt scheint sich zu wenden. Carola ist mehr oder weniger schmerzfrei. Nur noch die Narben an ihrem Körper erzählen von den Horrorjahren. Sie plant ein Sabbatjahr. Dabei wird sich klären, wie der Neuanfang aussehen könnte.

Nach dem Gespräch brachten mich die Schneidewinds in einer kleinen Prozession mit Emma und Oskar zur Tür. Auf der Rückfahrt nach Berlin überlegte ich krampfhaft, wie die

Geschichte mit Hiob endete. Der bekam von Gott als Dankeschön doppelt so viel, wie er gehabt hatte: 14 000 Schafe, 6 000 Kamele, 1 000 Joch Rinder und 1 000 Eselinnen. Ach ja, und Kinder bekamen er und seine Frau auch wieder. Außerdem wurde er 140 »und sah Kinder und Kindeskinder bis in das vierte Glied«. Hollywood hätte sich keinen besseren Gott ausdenken können.

Haben Schicksalsschläge einen Sinn, Frau Schneidewind? »Am Anfang ist es mir schwergefallen, das zu glauben. Und wenn ich meinen Mann nicht gehabt hätte, hätte ich das nicht durchgestanden. Aber ich bin froh, dass ich Krebs hatte. Dadurch bin ich erwachsen geworden. Und heute freue ich mich über Kleinigkeiten und bin dankbar für alle, die mir Mut gemacht haben.«

Vielleicht kann Leid ja doch die Resilienz stärken.

Nach dem letzten Glöckchengebimmel hatte der safrangelbe Danny vom Bentota-Fluss die Kerzen gelöscht, sparsam in die Runde gelächelt und war in seinen Sandalen die Holztreppe der Dachterrasse hinuntergeschlurft.

Ich stöhnte mich aus der Rückenlage in die Hocke, ächzte mich von dort in die Senkrechte. Im Stehen trank ich meinen Wurzeltee, Marke Vata-Pitta, schüttelte einmal alle Glieder durch und dann ging es ab an den Strand zu Wellen und Waranen. Durch den warmen Sand laufen, dem Indischen Ozean zuhören, vor mich hindenken.

Das Ayurveda-Resort, in dem man uns »originalgetreue Ayurvedakuren von höchster Qualität« versprach, gehörte einem Ehepaar: Sie war eine Ärztin aus der Schweiz, er war in Colombo aufgewachsen, hatte Biologie studiert, eine Hotelfachschule besucht und 1990 das (so sagt man) erste Ayurveda-Kurzentrum auf Sri Lanka eröffnet. Kurz vor unserem Besuch war der Pionier gestorben, seine Frau in tiefer Trauer. Die Mitarbeiter schmissen den Laden und waren sehr darum bemüht, uns auf dem Gelände zu halten. Ausflüge in die Umgebung wurden nicht gerne gesehen. Angeblich lief das dem Kur- und Heilprozess zuwider. Das Internet funktionierte so gut wie nie. Vermutlich war das Absicht, damit sich der *digital-detox*-Effekt schnell einstellte.

Die weiß getünchten Gästehäuschen mit ihren roten Ziegeldächern verschachtelten sich im weitläufigen Garten, der offene, zentral gelegene Speisesaal war auf Säulen gebaut. Wo immer man sich aufhielt, wehte ein warmer Wind.

Die Zahl der Gäste hielt sich in angenehmen Grenzen. Es mögen etwa 30 gewesen sein, die am Bentota-Fluss Entspannung suchten. Beim Essen saßen Paare oder Grüppchen zusammen. Es gab aber auch den Singletisch, wo – nicht immer glücklich dreinblickende – Solisten einander kennenlernen konnten. Wir wurden Ohrenzeugen eines Dialogs zweier Frauen:

Die mittelalte, spindeldürre Turbanfrau mit erkennbarer Pilates-Erfahrung saß bereits kerzengerade und leicht verstimmt wirkend am Singletisch, als eine etwa gleichaltrige, aber gut gelaunte, rotgelockte Frau dazukam und höflich fragte: »Darf ich mich setzen?«

»Wenn's sein muss.«

Rotlocke nahm Platz. Beide schwiegen. Am Büfett warteten Salate, Hülsenfrüchte und Gemüse in allen Stadien der Zubereitung, roh, gedünstet, weich gekocht, salzlos und schlaff oder herrlich scharf gewürzt, es duftete himmlisch. Rotlocke bediente sich, ging zum Tisch zurück, kaute. Stumm. Der Turban begann, leise zu stöhnen. Schweigen. Nach wenigen Minuten schob die Pilates-Frau ihren Teller von sich und rief erbost: »Wenn ich dich so kauen höre, kann ich nicht essen.«

Am Ton ihrer Stimme hatte das Personal erkannt: Hoppla, hier stimmt was nicht mit den Solo-Europäerinnen. Die Servicekräfte eilten herbei und beschwichtigten das Mittelalter, während die Lockenfrau ihren Teller nahm, sich hilfesuchend umblickte und von einem freundlichen Schwulenpaar zu sich an den Tisch gebeten wurde. Ich hielt mir meine grüne Ayurveda-Serviette vors Gesicht, lachte ins Leinen und dachte mit Blick auf die leicht Verstimmte an den wunderbaren Rilke: »Wer jetzt allein ist ...« Ich weiß nicht, ob es bei ihr so ausging wie im Herbstgedicht, denn zwei Tage später war sie abgereist. Die Schwulen und Rotlocke wurden jedenfalls ein unbeschwertes Dreigestirn.

Beim Spaziergang am Strand war ich immer gerne allein. Die Gedanken kamen und gingen im Rhythmus der Wellen. Ich malte mir die Weltkarte hinter die Stirn. Wie weit war ich jetzt eigentlich von Deutschland weg? Und wie nah an Indien? Seit wann heißt Sri Lanka nicht mehr Ceylon? Und wie nannte man diese schöne singhalesische Würmchenschrift? Benutzt man die auch in Indien? Wann war ich zum ersten Mal in Indien gewesen?

Helpers of Mary statt Mutter Teresa

30 Jahre war das schon her. Ende der 1980er-Jahre arbeitete ich als Redakteurin der Zeitschrift *Missio aktuell*, die heute *Kontinente* heißt. Dieses Blatt bekommt jedes Mitglied des Hilfswerks MISSIO, so wie jedes ADAC-Mitglied monatlich die *ADAC Motorwelt* bekommt. Wir waren damals unterwegs in Bombay. Auftrag: eine Reportage über die *Helpers of Mary*. Einen Orden, der von Anna Huberta Roggendorf gegründet worden war, einer Eifelerin aus Mechernich. Mit 18 hatte sie ihr Dorf verlassen, um bei den »Töchtern vom Heiligen Geist« Ordensfrau zu werden; mit 23 ging sie nach Indien. In den 1940er-Jahren auf Mission zu sein, hieß, sich für immer von der Familie und der alten Welt zu trennen. Heimaturlaub war nicht vorgesehen. Heftig.

Warum entschieden sich Menschen für so etwas? Was bewog sie dazu, sich ganz in den Dienst einer »göttlichen« Sache zu stellen? Wie groß muss dieser Glaube sein? Wie groß dieser Wunsch nach einem erfüllten Leben, in dem man für andere da ist? Auch Mutter Teresa hatte sich als junge Frau von ihrer Familie verabschiedet. Ging raus aus Skopje in Mazedonien hin zu den Loretoschwestern nach Irland, dann nach Kalkutta. Beide, Mutter Teresa und Anna Huberta aus Mechernich, waren starke Frauen von großer Entschlossenheit und mit beachtlichen Führungsqualitäten. Beide ließen mich erkennen, wie falsch die Klischees über Nonnen sind. Durch sie war mir klar geworden: Klosterfrauen waren keineswegs vertrocknete, weltfremde Jungfern, die gerne in muffigen, ungeheizten Räumen zum Heiland beteten. Die Ordensfrauen, die ich kennengelernt hatte, lebten schon ein selbstbestimmtes, emanzipiertes Leben, als die Frauenbewegung gerade erst in Schwung kam.

(Natürlich habe ich auch die getroffen, die von Mitschwestern und männlichen »Würdenträgern« der Kirche unterdrückt wurden, die sich nie mehr für ein Ordensleben entscheiden würden, die im Kloster gelitten haben. Allerdings waren die in der Minderheit.)

Aber was zog einen nach Kalkutta, in die »Stadt der Freude«, wie sie sich selbst nannte. Denn zum Freuen gab es hier ja eigentlich keinen Grund: viel Dreck, Armut, Elend, räudige Köter, massenhaft Bettler, erbarmenswerte Gestalten. Dennoch wollte ich die Stadt unbedingt kennenlernen. Vor allem natürlich Mutter Teresa. Doch meine Erlebnisse in Bombay hinderten mich daran.

Die *Helpers of Mary* arbeiteten in Dharavi, dem größten Slum Asiens. Ihr Schwesternhaus, *Daya Sadan*, »Haus der Güte«, in dem auch 40 Kinder lebten, lag dicht neben den verpesteten Müllhalden im Süden der Stadt. Zum ersten Mal sah ich wirkliche Armut. *Pavement dwellers*, Bürgersteigbewohner, die auf dem nackten Asphalt schliefen – wenn sie Glück hatten, mit einem Stück Pappe als Unterlage. Ich betrat elende Behausungen, notdürftig mit Wellblech zusammengeschusterte Unterkünfte in Gassen ohne Kanalisation. Es stank höllisch nach Müll und Fäkalien. Die meisten Bewohner von Dharavi waren damals Analphabeten; viele Bettler. Manche verdienten sich mit der Wiederverwertung von Blechdosen ein paar Rupien.

Die Regierung ließ zwar große Teile des Slums an die Kanalisation anschließen und legte Stromleitungen, aber die hygienischen Verhältnisse blieben katastrophal. Im Lauf der Jahrzehnte zogen Tausende Wanderarbeiter vom Land in die

Nachbarschaft. Dharavi blieb eine tickende Zeitbombe für Krankheiten aller Art. Im April 2020 wurde der erste Corona-Fall im Slum bekannt. Die Ausgangssperre verhinderte, dass das Heer der Wanderarbeiter nach Hause fahren konnte. Dann entspannte sich die Lage. Aber nur kurz. Die Armut wurde schlimmer.

Die *Helpers of Mary* unterstützten die Slumbewohner, so gut sie konnten. Es gab eine medizinische Station, eine Weberei mit Nähschule, eine Garküche.

In der ersten Nacht wollte ich unbedingt draußen auf der Dachterrasse schlafen, ohne Moskitonetz auf meiner Pritsche. Ganz Reporterin sein, das wirkliche, echte Dharavi erleben, das nächtliche Rauschen, die Atmosphäre der Stadt. Die Schwestern hatten mich gewarnt: »Gila, don't do that, lots of funny creatures coming at night.« Aber ich wusste es natürlich besser.

Kaum hatte ich mich auf den Bauch gedreht und mir das leichte Betttuch ganz über den Kopf gezogen, ging das Geraschel und Gekribbel los. Ich hörte es aus allen Ecken sirren und knistern, schlief aber irgendwann fest ein. Bis mir – mitten in der Nacht – eine Ratte auf den Rücken sprang. Ich: aus dem Tiefschlaf im Alarmstart senkrecht in den Stand! Die abgeworfene Ratte quiekte und rannte mit all ihren Bakterien davon. Mich überfiel in Sekunden ein unbezwingbarer Juck- und Brechreiz. Ich ließ das rattige Betttuch auf der Pritsche, schlich mich in den Schlafsaal der *Marys,* suchte ein freies Bett. Natürlich wurden davon alle wach.

Gewisper: »Gila, what happened?«

»A rat jumped on me.«

»What?!«

Die ersten Schwestern bissen vor Vergnügen ins Kissen. Bereitwillig räumte eine von ihnen ihr Bett, legte sich neben die Mitschwester, zog das Moskitonetz über sich und lachte sich dem Schlaf der Gerechten entgegen. Nach diesen Erlebnissen in Bombay verschob ich den Kalkutta-Besuch. Bis heute bin ich nicht dort gewesen. Und werde wohl auch nicht mehr hinfahren. Jeder hat seine Grenzen. Und Mutter Teresa lebt nicht mehr.

Plötzlich wurde es rummelig am Strand. Wie aus dem Nichts tauchte aus dem Unterholz der Palmen ein riesenhafter Elefant auf. Der Mahut (Kreuzworträtsel-Freunde sind jetzt klar im Vorteil) dirigierte ihn mit einem Stöckchen Richtung Ozean, während ein Schwarm von zwitschernden Saris durch den Bambushain schwirrte. Dann kamen geschniegelte Fotografen, im Schlepptau ihre Hiwis mit gewaltigen Teleobjektiven und Reflektoren; schließlich eine Schar von Stylistinnen mit Kosmetikkisten voller Tiegel, Tübchen, Quasten und Kämmen. Fotoshooting mit dickem Rüsseltier und dünnen Models am Strand von Bentota.

Ich entfernte mich vom Rummelplatz, lief weiter durchs Wasser und dachte wieder an Indien. Mein Spaziergang am Meer wurde von einem Felsvorsprung gestoppt. Klettere ich da jetzt drüber oder drehe ich um? Ich könnte ja auch auf dem Felsen Pause machen. Ich drehte aus dem Handtuch ein kleines Polster und ließ mich nieder. Über die *Helpers of Mary* hatte ich für den WDR einen Film gedreht. Kalkutta nie kennengelernt. Welcher Schriftsteller war noch mal so oft in Kalkutta gewesen? Hatte sich an den Gegensätzen der Stadt abgearbeitet und sogar ein halbes Jahr dort gewohnt? Jetzt hätte ich gerne das Kapha-Langzeitgedächtnis gehabt. Aber leider bin ich ja kein Kapha. Macht nichts. Eine halbe schläfrige Stunde später fiel es mir auch so wieder ein: Grass! *Zunge zeigen!*

Durstig beim Nobelpreisträger

»Grass mit uns« könnte die Bildunterschrift heißen. Auf dem Foto von links nach rechts: meine Redakteurin Vera, weißes T-Shirt, breiter brauner Gürtel, Jeans und dunkle Jacke. In der Mitte, leicht nach vorne gebeugt, Günter Grass. Graues Hemd, weinrote Strickjacke, sandfarbene Cordhose, darüber ein in die Jahre gekommener rot-brauner Leinenblazer. In der linken Hand hält er die Pfeife. Daneben ich, petrolfarbene Bluse, eingehakt beim bedeutenden, alten Grass. Hinter uns das Bücherregal – und zwei Stunden *Montalk*. Das legendäre Talkformat von WDR 2. Jeden Montag luden wir einen prominenten Gast zum Gespräch. Fast immer live. Aber Grass kam nicht ins Studio, wir fuhren zu ihm. Am 18. Oktober 2006 nach Behlendorf bei Lübeck. Zwei Tage zuvor war er ins 80. Lebensjahr eingetreten, wie er das nannte. Also 79 geworden.

In seinem damals gerade erschienenen Buch *Beim Häuten der Zwiebel* stand der Satz: »Meine Schwester glaubt meinen Erzählungen grundsätzlich nicht« – eine Steilvorlage für mein Interview: Wie viel von dem, was er erzählen würde, durfte ich glauben? Wie sehr seinen Worten trauen?

Man sagte Grass, dem Aufsässigen, der als Schüler seinen Musiklehrer gewürgt hatte, große Qualitäten im Austeilen nach. Im *Spiegel* hatte Hellmuth Karasek über ihn geschrieben: »Der Autor war ein ungebärdiger Brocken, oft auch ein Kotzbrocken, eine Bildhauer-Natur, die, um ihre Kunst zu schaffen, gewaltige Schläge austeilte.« Wie gut war er wohl im Einstecken?

Das Gespräch wurde aus mehreren Gründen zu einem unvergesslichen Erlebnis. Einmal, weil Grass so offen war und so selbstironisch. Dann auch, weil wir tief in sein Leben eintauchen konnten: etwa in die enge Zwei-Zimmer-Parterrewohnung in Danzig, Langfuhrer Labesweg, in der er aufwuchs; wo sich rechts unter dem Wohnzimmerfenster seine Lesenische befand. »Meine Eltern hatten ein Kolonialwarengeschäft. Um den Laden für den Milchverkauf etwas größer zu machen, wurde die Küche verkleinert, aber ich hatte immerhin meine Nische und las alles, was der Bücherschrank meiner Mutter hergab.«

In seiner Leseecke pfriemelte der Junge auch aus den Zigarettenpäckchen von Reemtsma die Gutscheine für »Meisterwerke der europäischen Malerei«, kleine Bilder, die er sammelte.

Wenn der Sohn von der Mutter erzählte, sog er mal nicht nachdenklich an seiner Pfeife, sondern war voll konzentriert, der Blick fast ein bisschen entrückt. »Meine Mutter war eine spottlustige, liebevolle, sehr romantische Person.« Sie tauchte auf die ein oder andere Weise in den Frauenfiguren seiner Bücher auf. Ihr hatte Grass sein Bild »Blaue Astern« gewidmet.

Es war warm an diesem Oktobertag. Als wir in Behlendorf ankamen, war Grass unsichtbar. Seine Frau nahm uns in Empfang, nicht übermäßig erfreut über den vierköpfigen Besuch des WDR mit großem Übertragungswagen. Sie wies uns den Weg zum Garten- und Schreibhaus. Ehrfurchtsvoll blieben Vera und ich im Garten vor der Skulptur »Butt im Griff« stehen, fassten uns bei den Händen, bekamen Gänsehaut: Wow. Ist das verrückt. Wir sind bei Günter Grass, dem berühmtesten lebenden deutschen Schriftsteller, Autor der *Blechtrommel*, Bildhauer und Maler, Duzfreund von Willy Brandt. Literaturnobelpreisträger!

Dann wurde die Technik aufgebaut. Stative, Mikrofone. Kabel wurden verlegt und angeschlossen. Den Technikern im Ü-Wagen lief der Schweiß. Vera und ich waren durstig, weil wir einfach nicht daran gedacht hatten, uns mit Getränken einzudecken. Passt schon. Grass wird uns ja wohl etwas zu trinken anbieten.

Wir gingen ins Schreibhaus. Auch dort warteten keine Gläser auf uns. Übrigens auch kein Grass. »Vera, das schaff ich nicht. Ich kann nicht zwei Stunden reden, ohne was zu trinken.« Ich nahm mir ein Herz und ging zurück ins Wohnhaus. Zu Frau Grass. Sie stand in der Küche. Da saß auch ihr weltberühmter Mann. Bei einer Tasse Tee. Kurze Begrüßung. Dann fasste ich mir ein Herz. »Könnte ich wohl für das Team und mich einen Schluck Wasser bekommen?« Frau Grass nahm ein paar Gläser aus dem Schrank und sagte: »Wasser finden Sie im Schreibhaus. Da gibt's im Bad einen Hahn.«

»Danke. Möchte Ihr Mann vielleicht auch Wasser trinken?«
»Nein, der hat ja seinen Tee.«

Günter Grass erzählte im Interview: »Im *Butt* gibt es die Szene, dass zwei meiner Frauen mit mir beim Essen saßen und sich über meinen Kopf hinweg darüber unterhielten, dass ich eigentlich ein ganz netter Mann sei, aber dringend in Therapie gehöre, um meinen Mutterkomplex behandeln zu lassen.«

Irgendwann schaltete sich Grass ins Gespräch seiner Butt-Frauen ein: »Aber mein Mutterkomplex ist die Quelle all dessen, was ich mache; davon habt ihr doch bisher ganz gut gelebt. Und weil sie nicht nachließen, habe ich gesagt: Auf meinem Grabstein wird stehen: Hier liegt unbehandelt ...« Grass lachte. (Übrigens steht auf seinem Grabstein in Form eines Felsens nur sein Name.)

Dass Grass gegen den entschiedenen Willen seines Vaters Steinmetz, Bildhauer, Schriftsteller geworden war, hatte er seinem unbedingten Ehrgeiz und wohl auch seiner Egozentrik zu verdanken. Der Ehrgeiz imponierte mir. Die Egozentrik nicht. Aber seine Ehrlichkeit: »Ich war egomanisch besessen von der Idee, Künstler und berühmt zu werden.« Im eiskalten Winter 1946/47 verließ Grass seine Eltern, die er nach den Kriegswirren erst kurz zuvor wiedergefunden hatte und die als Flüchtlinge in einer Futterküche untergebracht waren. »Mein Vater hatte für mich eine Stelle als Bürogehilfe gefunden und schlug die Hände über dem Kopf zusammen, als ich ihm sagte, ich wolle auf die Kunstakademie in Düsseldorf.«

Grass, der auf dem Gymnasium in der Quarta sitzengeblieben war und keinen Schulabschluss gemacht hatte, erzählte mir im *Montalk* vom Heizungskeller in der Pariser Avenue d'Italie, wo auf der Olivetti die Blechtrommel entstanden war, während seine Kinder, die Zwillinge Franz und Raoul, schrien oder in unterschiedliche Richtungen wegrannten. »Meine Frau Anna war unterdessen beim Ballett.«

Er erinnerte sich seufzend an sein Erstlingswerk *Die Kaschuben* und den etwas unökonomischen Umgang mit dem Romanpersonal, weil leider schon am Ende des ersten Kapitels alle Helden tot waren. Er ließ die Gruppe 47, Carola Stern, Heinrich Böll und die gemeinsame Zeitschrift *L 76* wiederauferstehen, erzählte von der Altherren-Fußballmannschaft in Wewelsfleth, in der er kurzzeitig spontan als Linksaußen gespielt (und sich ein »vier Tage lang geschwollenes Knie« zugezogen) hatte.

Auch das Fußball-Sommermärchen 2006 war Thema und Trainer Jürgen Klinsmann: »Wie der dem Druck der Öffentlichkeit widerstanden hat, finde ich bewundernswert.« Hier urteilte einer, der wusste, was es bedeutet, den Druck der Öffentlichkeit auszuhalten.

Immer wieder ging seine Pfeife aus. Das Mundstück war schon arg mitgenommen. Immer wieder nahm Grass den silbernen Stopfer zu Hilfe, zündete die Pfeife erneut an, steckte sie in den Mund, nahm sie wieder heraus, weil er ja reden musste. Mein Blick fiel auf das Bücherregal. Gut sichtbar: Conrady – *Das große deutsche Gedichtbuch*. Lyriker war Grass auch. Sein erstes Gedicht hieß »Die Vorzüge der Windhühner«. Mit Tieren hatte er es – zumindest literarisch.

Tagelang hatte ich mich auf unser Gespräch vorbereitet. Von Katz bis Maus so ziemlich alles von ihm gelesen. Die *Lyrische Beute, Im Krebsgang, Die Rättin, Das Treffen in Telgte*. Mein Respekt vor ihm war riesig und mein Ehrgeiz, ihm gute Fragen zu stellen, auch.

Im Sommer war sein autobiografisches Buch *Beim Häuten der Zwiebel* mit einem regelrechten Paukenschlag erschienen. Darin gestand der Wahlkämpfer für zahlreiche SPD-Kampagnen zur Überraschung der Öffentlichkeit, als 17-jähriger Angehöriger der Waffen-SS gewesen zu sein. Das Feuilleton überschlug sich, seine politischen Gegner fielen über ihn her und beschuldigten ihn der Doppelmoral. »GG«, der ewig Mahnende, die moralische Instanz, der gute Blechtrommel-Mensch von Behlendorf – in einer Nazi-Eliteeinheit? Der Schriftsteller, der Helmut Kohl »Geschichtsklitterung« vorgeworfen hatte, weil der Kanzler auf der Kriegsgräberstätte von Bitburg einen Kranz niedergelegt hatte, obwohl dort auch Soldaten der Wehrmacht und Mitglieder der Waffen-SS begraben waren. Dieser Mann war – wie nun bekannt wurde – selber bei der Waffen-SS gewesen? Das lesende Land war erschüttert. Und Grass fühlte sich missverstanden und war verstimmt.

»Mit 15 hatte ich mich freiwillig zur Marine gemeldet, ich wollte zu den U-Booten, wurde aber nicht mehr genommen. Im Herbst 44 bin ich dann wie Zehntausende meines Jahrgangs zur Waffen-SS eingezogen worden. Ich gebe zu, das war kein Schock. Der Schock kam erst, als mir in amerikanischer Gefangenschaft die ersten Bilder von Bergen-Belsen vorgelegt wurden.« Von diesem Moment an wurde Grass zum Frager. Und schämte sich, nicht früher gezweifelt zu haben. »Dieses fehlende ›Warum‹ hat mich nach dem Krieg immer beschäftigt.«

Die öffentliche Kritik, die Häme trafen ihn hart. Es war vom »Literaturbetriebsintriganten« die Rede, einige unterstellten ihm bewusstes Kalkül, eine PR-Maßnahme, um das Buch besser zu verkaufen. Grass-Biograf Michael Jürgs fühlte sich »persönlich enttäuscht« und sprach vom »Ende einer moralischen Instanz«.

Und seine acht Kinder? Wie haben die reagiert? »Die waren einfach fabelhaft. Malte, der Sohn meiner Frau Ute, kam von weither angereist, um meine Frau und mich abzulenken, mit uns Skat zu spielen. Ich hätte das nicht überlebt ohne den Beistand meiner Familie und Freunde.«

Es schien, als käme in diesem Gespräch zum ersten Mal der ganze Grass zum Vorschein, das bekannte Multitalent: Schriftsteller, Bildhauer, Maler. Protestler gegen die Notstandsgesetze. Stimme der Arbeiterklasse. SPD-Unterstützer. Ehrenpräsident des PEN (Poets, Essayists, Novelists). Und auch der private Grass: gerade ganz am Boden, im Widerstreit der öffentlichen Meinung. Aber auch Tänzer, Hobbykoch, Musiker, der mit Franz Witte und Horst Geldmacher, genannt Flötchen, in einer Düsseldorfer Jazzband gespielt hatte. Im »Czikos«. Grass am Waschbrett. Im Familienkreis bekannt für seinen Kopfstand, den er noch im hohen Alter schaffte.

Wir sprachen über Religionen, die für ihn ausgemachter Schwindel waren. Trotzdem Weihnachten feiern mit Krippe und Tannenbaum? Na ja. Schon. Allein wegen der Kinder.

Wir haben zu meiner Überraschung erstaunlich viel gelacht. »Günter Grass, woran mag es liegen, dass Ihr Humor in der öffentlichen Wahrnehmung zu kurz kommt?«

»Vielleicht liegt es daran, dass Journalisten mir Fragen stellen, die mich nicht zum Lachen bringen. Ihnen gelingt das.«

Ich gebe zu: Dieses Lob hat mich sehr gefreut. Vermutlich bin ich leicht rot geworden.

Nach dem *Montalk* schickte mir Grass eine Radierung der Zwiebel. Ich ließ das Bild rahmen und hängte es in meine Küche. Mit dem Geschenk kam ein Brief aus Grass' Büro:

Frau Gisela Steinhauer
WDR
Redaktion RPK
Richartzstraße 6-8

50667 Köln

Lübeck, den 1. Dezember 2006

Liebe Frau Steinhauer,

mit den Zwiebeln möchte ich, in Worten, noch einige Lorbeeren schicken: Ich habe aus vielen Richtungen Lob über Ihre Sendung gehört. Waltraut Grass, seine Schwester, hat die CD, die ich ihr überlassen habe (weil sie mehr als unglücklich war, nachdem sie die Hälfte der eigentlichen Ausstrahlung verpaßt hatte), schon etliche Male verliehen. Das habe ich vorher noch nie erlebt, Sie dürfen es als ganz besonderes Lob werten.

Ihre Arbeit war für uns alle in diesem Jahr ein Lichtblick - danke!

Herzliche Grüße

Brief von Grass' Büro

Bis heute freue ich mich über die Anerkennung eines Mannes, der eher als Raubein bekannt und eingestandenermaßen eitel und selbstbezogen war. Dass Günter Grass selbst Freude an unserem Gespräch gehabt hatte, obwohl ich ihn natürlich auch mit den bitteren und schmerzlichen Aspekten seines Lebens konfrontieren musste, werte ich in der Tat als besonderes Lob. Auch wenn ich am Anfang unserer Begegnung ziemlich durstig war.

Am Strand von Sri Lanka beobachtete ich von meinem kleinen Felsen aus, wie sich das blau-weiße Wasserflugzug näherte, das in regelmäßigen Abständen wohlhabende Touristen abholte und in die umliegenden Resorts brachte. Ich hätte auch Ausflüge mit dem Wassertaxi buchen können, aber mir war so gar nicht nach Tieren, Tempeln, Wasserfällen. Auch nicht nach Schildkrötenfarmen. Vielmehr überlegte ich, wie wohl ein Flughafen für Wasserflugzeuge aussehen mochte. Wo war die Landebahn und wo dümpelten die Einwinker mit ihren roten Kellen? Oder gab es gar keine Einparkhilfe, weil sich keine Wasser-Boden-Lotsen fanden?

Das Flugzeug war bemalt mit der Fauna von Sri Lanka: Elefanten, Echsen, Fische, Vögel. Mungos, Flughunde, Wasserbüffel. Kein Kamel. Wieso kein Kamel? Weil es in Sri Lanka keine Kamele gibt. Hatte ich im Reiseführer gelesen. Angeblich waren mal zwei aus China importiert und in einem Schongebiet angesiedelt worden. Kamele aus China? Konnte stimmen. Oder auch nicht. Wer Zeit hat, über so etwas nachzudenken, entspannt wirklich. Die Ayurvedakur tat ihre Wirkung. Und ich bestieg mein herbeifantasiertes Kamel und reiste in den Sinai.

Bembel in Sharm El-Sheikh

Ediths Gummibärchen wurden bei der Sicherheitskontrolle vom Gepäckband gnadenlos zerquetscht. Anderthalb Zentimeter hohe grüne, gelbe, weiße und rote Glukosefiguren wurden zermalmt zu einer quallenartigen Masse. Und sie verklebten mit ihrem Zucker das Transportband, das prompt zum Stillstand kam. Die wachsende Schlange wurde vom genervten Sicherheitspersonal in die Nebenreihe verfrachtet und musste sich dort wieder hinten anstellen. Jetzt sah ich aus weiter Entfernung Edith mit den Kontrolleuren kämpfen. Und mit ihrem riesigen Rucksack, der so aussah, als sei er für acht Wochen und nicht für acht Tage gepackt.

Acht Tage Sinai. Zu Fuß, auf Kamelen, nur mit Frauen, geführt von der Wüstenführerin Jutta Brasch, die sich nur noch mit einem »t« schrieb, seit sie Hessen verlassen und nach Sharm el-Sheikh, in die Bucht des Scheichs, gezogen war. Ich hatte sie fürs Deutschlandradio interviewt und war so hingerissen von ihrer Art, dass ich sie und ihr Leben in Ägypten unbedingt näher kennenlernen wollte.

Nur mit Frauen zu reisen ist eigentlich nicht mein Ding. Aber die Wüstentour mit Jutta wurde nun einmal nur für Frauen angeboten, und so fand ich mich im Oktober 2003 in einer Gruppe mit vier Lesben, vier Heteras und einer VA (Verdacht auf), wie die Ladys das nannten, sowie Juttas Wüstenhund Sirius wieder.

Jutta Brasch ist eine eher kleine, zähe Frau mit mal blond, mal schwarz gefärbten kurzen Haaren, einem Hang zu bunten Kleidern und vielen kleinen Kettchen an Händen und Füßen. Sie hat sich an den Armen und Beinen Pünktchen, Spinnen und Sternbilder tätowieren lassen. Ihre Stimme ist relativ zart. Sie spricht bedächtig, aber nicht langsam, mit deutlich hessischem Akzent. Zwischendurch entschlüpft ihr schon mal ein arabisches Wort, und sie ist ganz auf »Gender« eingestellt, sodass aus weiblichen Gästen »Gästinnen« werden. Außerdem ist sie die Ruhe selbst. Selbst Gästinnen wie Gummibärchen-Edith können sie nicht aus der Fassung bringen.

Eigentlich schien es nichts zu geben, was sie wirklich in Rage versetzen konnte. Denn »die Wüste klopft weich«, so Juttas Lieblingsspruch.

Meine Hausärztin hatte mich ursprünglich gar nicht mitreisen lassen wollen, denn ich hatte üblen Husten und bekam schlecht Luft. Weil ich aber unbedingt der Stadt und dem Herbst entkommen wollte, verstaute ich die XXL-Packung Antibiotikum im Handgepäck (ich reise nur mit Handgepäck) und wartete am Flughafen auf die anderen Frauen. Isomatte, Schlafsack, dünner Schal, acht T-Shirts, zwei Hosen, eine dicke Jacke, Schlappen, Wanderschuhe – meine rosa Basecap aus dem Newseum Washington D. C. gegen Sonnenstich –, das war's. Und natürlich mein Aufnahmegerät für das WDR-Feature.

So ausgerüstet wurde ich also Zeugin von Ediths Gummibärchen-Desaster am Frankfurter Flughafen und hustete mich der Gruppe entgegen.

»So, liebe Frauen, herzlich willkommen in Sharm El-Sheikh, morgen geht es also los in die Wüste, und ich möchte euch einladen, euch für die Wüste zu öffnen. Wir werden acht Tage draußen unter freiem Himmel sein, draußen kochen, essen, schlafen und uns draußen waschen. Das allerdings eher selten, weil Wasser kostbar ist und wir nicht überall Wasser finden werden.«

Jutta empfing uns in Sharm El-Sheikh auf der Terrasse eines kleinen Hotels am Meer, einem von gefühlt 1,3 Millionen kleinen Hotels, und stimmte uns auf die kommenden Tage ein.

»Wer nicht zu Fuß gehen möchte, wird auf dem Kamel reiten, und da möchte ich sofort mit einem Ammenmärchen aufräumen, nämlich dass frau auf einem Kamel seekrank wird. Kamelreiten ist sehr gut für die untere Rückenmuskulatur, denn man bewegt sich vor und zurück. Der Kamelsattel ist aus Holz geschnitzt, zwei Holzknäufe mit zwei Backen. Das wird mit etwas Weichem unterbaut, und dann kann frau sich an diesen Knäufen festhalten – vor allen Dingen beim Auf- und Absteigen. Dabei muss immer einer der Männer das Kamel halten. Ihr dürft nie, niemals auf- oder absteigen, ohne dass ein Beduine das Kamel hält. Denn wenn ein Kamel Gewicht auf sich spürt, möchte das aufstehen. Und wenn ein Sturz passiert, passiert das immer beim Auf- oder Absteigen. Es gibt ein Zauberwort bei den Kamelen, das heißt ›GIF‹, und das bedeutet: Stopp. Das zweite Zauberwort heißt Hänsel – wie bei Hänsel und Gretel – und das heißt: Ich will absteigen.«

Hänsel wird in den nächsten acht Tagen mein Lieblingswort. Die Schaukelei ist nichts für meine untere Rückenmuskulatur; ich wandere lieber und passe mich dem langsamen Rhythmus der Kamelführer an. Meiner heißt Hasan, trägt einen grünen Burnus zur weißen Kopfbedeckung und ist der festen Überzeugung, dass ich ein bizarres Naturell habe, weil ich mein Mikrofon jedem unter die Nase halte, auch meinem Kamel. Die Tiere transportieren riesige Kühltaschen mit Eisblöcken, Reis, Gemüse, Obst, Wasser, Anmachholz, Decken und natürlich mit unserem Gepäck, eins davon seit der Flughafenkontrolle um 500 Gramm leichter.

Reiseapotheke? Jutta Brasch kennt die unterschiedlichsten Kräuter und hat gelernt, giftige von ungiftigen Pflanzen zu unterscheiden. In ihrer Reiseapotheke befinden sich homöopathische Mittel, Antibiotika, Mittel gegen Sonnenstich und Durchfall. Wenn die nicht helfen, stehen ihr die Beduinen mit ihren Kräuterkenntnissen zur Seite.

Wenn die Kappe zu wenig Sonnenschutz bietet, drehe ich aus meinem dünnen Schal ein Kopftuch, knote es aber nicht wie die britische Königin beim Spaziergang über ihre Ländereien unter dem Kinn, sondern favorisiere die Wickelmethode nach Grace Kelly. Fortan bin ich für die vier Lesben, vier Heteras und eine VA *Grace*.

Jutta Brasch wurde 1958 im hessischen Dieburg geboren, die Eltern betrieben eine Bäckerei. Kleine Brötchen waren aber nichts für sie; sie besuchte die Fachhochschule für Ingenieurwesen, begann ein Architekturstudium, arbeitete parallel in einer Schreinerei, brach das Studium ab und machte eine Keramikerlehre. Jutta stieg in die Bembel-Produktion ein, wurde »Obermeisterin der hessischen Keramiker« und reiste 1986 zum ersten Mal in den Sinai.

Menschen meiner Generation denken beim Bembel sofort an die berühmtesten Zahnlücken im deutschen Fernsehen. Als Kind war es mir ein absolutes Rätsel, warum Leute es schön fanden, samstagnachmittags einem Mann zuzuschauen, der sich in ulkigen Jacken an gemalten Fachwerkhäuschen und langen Tischen vorbeiquetschte und aus dem breiten Mund mit weit auseinanderstehenden Zähnen leicht vernuschelte Schunkellieder purzeln ließ. Sobald der Mann anfing zu singen, klatschte das Publikum im Takt mit, die Oma bei uns zu Hause auch. Opa klopfte immer nur sacht mit der rauen Schreinerhand auf seinen rechten Oberschenkel, der in einer grauen Stoffhose steckte. Heinz Schenk sang aber nicht nur, sondern sprach auch mit Leuten an den langen Tischen, die dann meistens nach dem

Interview wieder sangen, woraufhin alles wieder klatschte und schunkelte. Die Oma auch. Das mit dem Singen war für Schenks Gäste gar nicht so einfach, weil sie außer dem Mikrofon auch noch einen grau-blauen Krug festhalten mussten: den Bembel. Wenn den eine Frau in einem blauen Kleid herbeibrachte, wusste jeder: Gleich ist Schluss mit dem Gerede, jetzt wird wieder gesungen. Der Bembel als freundlicher Rausschmeißer. Genial. Gefühlte Zehntausend Zuschauer saßen Naht an Naht auf Bierbänken, tranken Apfelsaft (zumindest glaubte ich das) und wurden zunehmend heiterer. Angeblich hatte dieser Zustand am Ende jeder Show dem »Blauen Bock« seinen Namen gegeben. Als Schenks Nachlass versteigert wurde, standen lange Menschenschlangen auf der Straße, drängelten sich seine Fans durch die braune Haustür mit der pockigen Milchglasscheibe, nahmen in den schokobraunen Ledersesseln neben dem Wohnzimmerschrank aus massiver Eiche Platz und boten bis zur letzten Autogrammkarte. Angeblich fiel der Hammer für den teuersten Bembel bei 4 000 Euro.

Der Trachtenanzug-Schenk lebte in Wiesbaden-Naurod, eine knappe Stunde von Jutta Braschs Heimatort Dieburg entfernt. Beide verband, dass sie problemlos Worte wie *Zuggerschneck-sche* aussprechen konnten, und natürlich ihre Zuneigung zur Heimat. Jutta wäre wohl für immer in Hessen geblieben, wenn ihre Mutter sie nicht zu einer Wüstensafari eingeladen hätte. »Mein Vater starb, als ich 16 war, die Mutti blieb allein.« Jahre später dann, Jutta war 29, hatte sich als Keramikermeisterin selbstständig gemacht, düsten die beiden im Jeep durch die Wüste. »Ich hätt sofort im Sinai bleiben können«, sagt Jutta, aber ihr damaliger Partner und die eigene Töpferei hielten sie davon ab.

Vier Jahre später ging die Beziehung entzwei, die Mutter starb, Jutta überließ ihre Bembel den Hessen und reiste ab nach Sharm El-Sheikh.

»Es ist ja oft so, dass man irgendwelche Zelte hinter sich ab-
bricht, aber wenn das eine Flucht ist, klappt das net.«

Bei Jutta Brasch war es keine Flucht, sondern ein lang über-
legter Schritt. »Kennst du dieses Gefühl, wenn die Zeit reif ist?
Es gibt Orte, die klingeln, die erzeugen eine Resonanz im Herzen.« Ja, kenne ich.

Aber von der Erkenntnis, dass sich etwas ändern muss, bis
zum Spurwechsel kann es dauern. Denn der inflationäre Im-
perativ »Lebe deinen Traum!« ist nur dann leicht umzusetzen,
wenn einem die Kollateralschäden egal sind. Meistens sitzen
ja andere mit im Boot, das auf die Überfahrt wartet: Partner,
Kinder, alte Eltern. Sie haben ein Recht darauf, mitgenommen
oder zumindest berücksichtigt zu werden.

Manchmal ist den Ich-schmeiße-alles-hin-und-verwirkliche-
mich-Menschen die Krankenversicherung am Ende dann doch
wichtiger als der Triumph, dem Chef endlich die Kündigung
auf den Tisch knallen zu können.

Fast immer waren die Aussteiger, die Neuanfänger, die Welt-
wanderer, die Straßenmusiker, die Chancenergreifer, denen ich
begegnet bin, unabhängige Singles. Fast nie sind sie alleine ge-
blieben, aber natürlich gibt es unter ihnen auch die Freiheits-
Fans, die für ein Leben zu zweit nicht (mehr) zu haben sind.
Wer aus seinem alten Leben in ein neues springt, riskiert viel.
Scheitern inklusive. Es gewinnt eben nicht immer, wer wagt.
Aber was ist die Alternative? Bis zum letzten Atemzug das
»Ach-hätt-ich-doch-Nur«?

Die Obermeisterin der hessischen Keramiker wurde Gästebe-
treuerin im ältesten Gebirge der Welt, arbeitete elf Stunden am
Tag für 300 Mark im Monat. »Unser Term: 30 Tage Arbeit,
zehn Tage frei; in diesen zehn Tagen bin ich immer mit den
Beduinen in die Wüste gegangen. Ich hab Arabisch gelernt
und wie man giftige von ungiftigen Pflanzen unterscheidet.

Beim Guide Hassan schließlich habe ich meinen Job gelernt. Eines Tages stand Hassan morgens auf und sagte zur Gruppe: So, liebe Leut, Juta wird jetzt die Tour für euch beenden! Und da musste ich ran.«

In bestimmten Momenten des Lebens wird wohl jeder von uns den Drang verspüren, für eine Weile alleine sein zu wollen; die Sehnsucht, nichts und niemanden zu sehen und die Einsamkeit zu suchen. Millionen haben diese Empfindungen in Hermann Hesses *Steppenwolf* verkörpert gefunden. Oder sie haben sich gewünscht, so wie Robinson Crusoe auf eine einsame Insel gespült zu werden. Aber erst hier im Sinai begriff ich, dass das wahre Experiment des Zu-sich-selber-Kommens wahrscheinlich nur die Wüstenväter unternommen hatten. Ich dachte an die Bilder von Eremiten, knochige Gestalten mit langen Haaren und Bärten, und an den nackten Einsiedler aus dem »Leben des Brian«. Der arme Kerl hatte 18 Jahre lang stumm in einem Erdloch gehaust und lief nun Gefahr, um seinen Wacholderstrauch gebracht zu werden, weil die Anhänger des vermeintlichen Messias, also Brian, »Sohn des Brian, genannt Brian«, Kohldampf hatten und ihm die Früchte klauten.

Keine Familie, kein Besitz, Askese. Das funktioniert wohl am besten in der Wüste und ein wenig davon vermittelte mir Jutta.

Das erste Reiseziel unserer 15-köpfigen Karawane war das Elias-Plateau. »Der Prophet Elias ist hierhin vor den Priestern des Baal geflüchtet«, erklärte Jutta, wandte sich der 1 000-jährigen Zypresse zu und sagte: »Ich glaub, die schafft's net mehr. Zu trocken.«

Wir rollten unsere Isomatten aus, ließen die Schlafsäcke fallen und packten die Rucksäcke aus. Ediths Überlebensrucksack war zwar um die Gummibärchen erleichtert worden, barg aber immer noch allerlei Survival-Geräte. Ich wollte schon den Schlafsack ausbreiten, als mir einfiel, was Jutta uns eingeschärft hatte: »Wenn ihr euch einen Platz für die Nacht sucht, achtet drauf, dass der Untergrund keine Dornen hat. Packt die Schlafsäcke erst beim Reinkriechen aus, denn hier gibt es nicht nur Schlangen und Skorpione, sondern auch Mäuse und Geckos. Wenn die euren offenen Schlafsack sehen, freuen sie sich über eine neue Höhle, und wenn ihr dann reinkriechen wollt, sagen die: Das ist meine Höhle!«

Wir rieben unsere staubigen Hände mit Ediths Sagrotantüchern ab, bürsteten durch die zerzausten Haare, was allerlei Staub aufwirbelte, und lehnten uns dicht an die mit bunten Teppichen gut gepolsterten Kamelsättel, die die Männer rund ums Feuer verteilt hatten.

Selim, der Koch, trug zur erstaunlich weißen Dschallabija (einem langen Männerhemd, das bis zu den Knöcheln reicht) ausgelatschte Sandalen, ging in die Hocke und bereitete das Abendessen zu. Frisch gekochte Linsensuppe mit Berg-Oregano, dazu frisches Fladenbrot und Malventee, blutdrucksenkend. Wie konnte der hier im Nichts kochen? Jutta: »Die Beduinen buddeln ein Erdloch, schichten Holz aufeinander, warten auf die Glut, stellen einen Topf drauf, dichten den mit Lehm ab, Deckel drauf, Holz nachlegen, warten.«

Bembel-Jutta schlief immer in der Nähe des Kochs, am Feuer, damit wir wussten, wo wir sie fanden, wenn etwas sein sollte. Aber was sollte schon sein? Wir schauten in den Sternenhimmel. Wie zu erwarten, ging es los mit der Frage nach dem Sternzeichen, allerlei Gestaune und Ach-was-Rufe wurden begleitet von Deutungsversuchen.

»Grace, was bist du?«

»Schütze!«

»War ja klar.«

»Wieso?«

»Na ja, die sind weltoffen, freiheitsliebend, humorvoll und nervig.«

»Warum denn bitte schön nervig?«

»Weil sie ständig was Neues machen wollen und den anderen mit ihrem Tatendrang auf den Keks gehen. Außerdem sind sie schonungslos ehrlich und posaunen ihre Meinung gerne mal einfach so raus. Kann super sein, kann aber auch verletzen.«

Ich war verwirrt. Stimmte das? Stieß ich Leute vor den Kopf? Ich? Auf meinem Schlafsack in der Steinwüste liegend, erinnerte ich mich an eine Szene beim ersten gesamtdeutschen Katholikentag in Dresden. Nachwendezeit, Aufbruchstimmung, alle brüderlich und schwesterlich gestimmt. Ich war als Reporterin in Dresden und musste in schneller Folge einen ARD-Beitrag nach dem anderen absetzen. Der Sommer war so heiß, dass der Asphalt auf den Straßen schmolz und ich beim Hin- und Hergerenne zwischen den Veranstaltungsorten und den Containerstudios immer wieder mit den Schuhen auf dem Straßenbelag kleben blieb. In totaler Hektik traf ich auf einen bis zur Tranigkeit gelassenen Tontechniker, der im Schneckentempo seine Tonbänder aufspulte und sortierte. Den raunzte ich aus dem Stand an: »Quickly, quickly! Mann! Komm in die Gänge! Du brauchst doch nicht noch ein Vaterunser zu beten, bevor du den Beitrag überspielst.«

Meinten die Sterndeuterinnen so was? Vielleicht hatten sie recht. Vielleicht wären diplomatische Formulierungen manchmal besser gewesen, etwa: »Dein Arbeitstempo irritiert mich leicht. Könntest du dich bitte ein wenig beeilen?« Das wäre als saubere, konstruktive Ich-Botschaft sicher besser angekommen.

Was mich tröstete: Ich konnte mich schön durchmogeln und meine Ungeduld dem Sternengedöns in die Schuhe schieben, denn der Astrologe Adrian Wellmann hatte für meine Sendung *Sonntagsfragen* mein Horoskop gedeutet und mir erklärt, dass meine »Sonne im ersten Haus« steht. Als ich ihn im WDR-2-Interview fragte, ob das gut oder schlecht sei, lachte er nur und erklärte: »Wenn ein Mensch die Sonne im ersten Haus stehen hat, heißt das, dass Sie als Persönlichkeit etwas anzustoßen haben, dass Sie eine Anregerin sind. Dieses energische Element ist für Ihr Verhalten charakteristisch.« Dä! Also waren die Sterne schuld! Wie praktisch.

Jutta erklärte von ihrem Feuerplatz aus: »In der Wüste wird alles unwichtig, was sonst den Alltag bestimmt. Die Wüste klopft weich. Der Sinai ist ganz anders als andere Wüsten. Er ist das älteste Gebirge der Welt, hier erlebt man Religio im Wortsinn, Rückbindung. Natürlich fragen sich auch die Bewohner der Wüste, wo die Ursprünge liegen, woher die Sterne kommen, wie die Welt entstanden ist. Dazu deuten sie Dattelkerne oder lesen aus dem Feuer. Ich lege Sonnenkarten. Und damit gute Nacht, ihr lieben Frauen.«

Wir drehten uns auf die Seite. Die Kameltreiber warfen Decken über sich. Sirius wachte am Feuer.

Nach einer sehr kalten Nacht brachte Jutta am nächsten Morgen in aller Frühe jeder Gästin einen heißen Tee an den Schlafsack. Eingemummelt in unsere Fleecejacken, deren Ärmel wir bis zu den Fingerspitzen gezogen hatten, wärmten wir die Hände an den Bechern, schlürften Tee und freuten uns auf den Mosesberg. Jutta mischte die Karten. »Das ist seit Jahren mein Angebot an die Frauen. Ich lege die Karten aus, und eine Frau zieht. Edith, mach du heute mal. Was bringt der Tag? Schön mit der linken Hand ziehen, die linke Hand gehört zum Herzen!« Auf Ediths Karte stand: Erlaube Unterstützung.

Wir brachen auf. Ich ließ mein Kamel alleine traben und gesellte mich auf eigenen Füßen zur Wüstenführerin. Natürlich hatte auch Jutta Brasch wie alle Routen-Neu-Berechner Unterstützung gebraucht, als sie Anfang der 1990er-Jahre Deutschland verließ, um nach Ägypten zu ziehen. Ein paar Freunde hatten sie gewarnt. Andere hatten die Luft angehalten, weil sie wussten, dass keine Warnung nutzen würde, wieder andere hatten sie für diesen Schritt bewundert. Der Anfang war hart. Ein muslimisches Land. Eine junge Frau allein unter Beduinen. Chefin von Kamelführern, die vorgaben, ihr Arabisch nicht zu verstehen, die sie bei jeder Gelegenheit auf den Arm nahmen, übers Ohr hauten, sie vorsätzlich in Fallen laufen ließen. Sie einfach »in die Wüste schickten«. Aber Jutta war hartnäckig und durchsetzungsstark. Fähigkeiten, die – der Mythologie nach – frühere Wüstenbewohner angeblich auch der Mondgöttin Sin nachgesagt hatten, auf die (vermutlich) der Name Sinai zurückgeht. Im Laufe der Jahre verschaffte sie sich mit ihrer freundlichen, aber bestimmten Art Respekt. Sie wurde zur Arbeitgeberin für viele Beduinen, weil zu jedem Reisegruppenteilnehmer eben nicht nur das Kamel, sondern auch der Kamelführer gehört, außerdem Köche und Bergführer.

Trotzdem die Frage: Bleibt man bei aller Durchsetzungskraft nicht doch immer nur Gast in einem Land, dessen Kultur sich fundamental von der eigenen unterscheidet? Wie beherzt wehrt sie sich, wenn ihr etwas nicht passt? Wie offen übt sie Kritik, zum Beispiel am Umgang mit Frauen?

»Früher«, sagte Jutta, »war ich wesentlich toleranter. In der Zeit, in der ich jetzt hier lebe, hat sich das geändert. Denn es liegt mir sehr fern, dass die Menschen hier alles in Schwarz und Weiß einteilen. Die wissen genau, was gut und was schlecht ist, weil es so im Koran steht. Ich bin aber jemand, der alles infrage stellt und alles zulässt. Eine Diskussion mit den Menschen hier ist unmöglich, weil die genau wissen: Nur so ist es richtig. Aber wenn ich weiß, dass die Mädchen hier beschnitten werden, dann kann und will ich das nicht akzeptieren.« Mit ihrer Haltung gegen dieses grauenvolle Ritual der Klitorisbeschneidung hat sie sich natürlich nicht nur Freunde gemacht, konnte aber vor sich selbst bestehen. Mein Fazit: Also ist es doch gut, seine Meinung zu sagen! Aber wie man es tut, spielt auch eine Rolle.

Anfangs hatte Jutta ihre kombinierten Wander- und Kamel-touren noch für gemischte Gruppen angeboten. Dabei machte sie die Erfahrung, dass Männer eher das Abenteuer suchen und gerne als echte Machos den Marlboro-Mann geben, während in reinen Frauengruppen viele dabei sind, die die Stille suchen, einen Verlust, Tod oder Trennung, bewältigen möchten oder einfach nur die Natur genießen wollten.

Auf dem langen Marsch dieses Tages erzählte mir Jutta, dass sie in der Wüste zu etwas Göttlichem zurückgefunden hatte. Nach katholischer Erziehung in Schule und Familie hatte sie erst im Sinai gelernt, den Begriff Gnade zu verstehen und sich klein zu fühlen. »Große Weltreligionen sind in der Wüste ent-standen, dem geeigneten Platz zum Philosophieren, dem Ort, um Dinge zu vertiefen. Das hat viel mit der Natur zu tun, mit den Elementen. Die Wüste macht so schön und öffnet.«

Wieder auf unseren Kamelen passten wir uns dem Rhyth-mus der Wüste an. Es war für mich eine Tour wie keine da-vor und keine danach. Die Landschaft forderte viel Aufmerk-samkeit: Geröll, vertrocknete Büsche, tiefe Canyons, schmale Schluchten, immer neue Formationen im Gestein – archaisch. Oft mussten wir absteigen, »Hänsel!«, weil die Schluchten zu eng waren. Unermüdlich ging es über weichen Sandstein oder Granitfelsen. Wir redeten zunehmend weniger. Ich genoss die Lautlosigkeit und wusste: Später am Feuer finden wir noch ge-nug Zeit, miteinander ins Gespräch zu kommen.

»Guten Abend, ihr Frauen, willkommen im Wadi Zalaga. Heute gibt's eine kleine Dusche mit Wasser aus dem Brunnen. Zum Essen frische Okraschoten mit scharfen Rindswürstchen, und dann erkläre ich euch die Struktur eines Beduinenstam-mes.«

Wenn ich heute an die Tage im Sinai denke, höre ich mich im Wesentlichen husten und lachen. Vor allem aber denke ich an die Weite, die Ruhe, die Felsformationen, an eine Landschaft, wie ich sie noch nie gesehen hatte. Ich ziehe meinen Hut – oder wohl doch eher mein Grace-Kelly-Tuch – vor Juttas Lebensweg und ihrem Wechsel von der Tontöpferin zur Wüstenfrau. Und ich denke daran, dass ich randvoll mit Vorurteilen gegenüber reinen Frauengruppen war und dass diese Urteile Tag für Tag weniger wurden. Die Wüste macht wach. Die Wüste klopft weich.

Auf Sri Lanka dämmerte es. Ich lief zum Gästebungalow, wo der Ayurveda-Sud wartete. Das lakritzschwarze Zeug, das sie uns bei der Kur aus kleinen Schnapsgläsern zu trinken gaben, kippte ich jeden Abend in die Büsche. Bei aller Offenheit für uralte Heilmethoden ist meine Bereitschaft zum Gehorsam dann doch nicht so ausgeprägt, dass ich widerspruchslos alles befolge, was mir angeraten wird. Was wusste ich denn wirklich über die Zusammensetzung des Zaubertranks, der mich schlückchenweise ins körperlich-seelische Gleichgewicht bringen sollte? Es roch fies, schmeckte widerlich (immerhin hatte ich probeweise meine Zunge damit benetzt) und war als Scheidebecher zum Ende des Tages völlig ungeeignet.

Was für ein schönes Wort: Scheidebecher. Das hatte ich von einem Koch übernommen, der zu DDR-Zeiten im Palast der Republik gastronomischer Leiter gewesen war und nach der Wende am Prenzlauer Berg ein Restaurant eröffnete, das es leider nicht mehr gibt. Regelmäßig waren wir im *Zander* die letzten Gäste gewesen, und immer wenn wir sagten: »Jetzt gehen wir aber«, antwortete Roland: »Kommt, trinkt noch einen Scheidebecher!«

Statt Jüterboger Büffel-Mozzarella mit Vogelmierepesto und geschmorter Schulter vom Wasserbüffel verkauft Roland Albrecht heute auf dem Wochenmarkt am Kollwitzplatz Currywurst mit Schampus. Und das Geschäft brummt.

Sein Wein am Prenzlauer Berg war immer exzellent gewesen, das Gebräu hier im Kurheim unter Palmen vielleicht gesund, aber kein Genuss.

Jedenfalls hatten die Gastgeber etwas gemeinsam: Sie verstanden sich hier wie dort als Dienstleister, die Spaß daran hatten, für ihre Gäste da zu sein.

An jedem neuen Tag lagen in der Hütte duftende Blumenarrangements auf den Betten, wir wurden umsorgt und verwöhnt und gewöhnten uns irgendwann daran, ohne schlechtes Gewissen zu faulenzen und die Dienste dankbar entgegenzunehmen.

Ist es moralisch erlaubt, Dienstleistungen zu genießen (wenn man sie teuer bezahlt)? Widerspricht es nicht jeder Ethik, dass die einen ihre Klamotten fallen lassen und andere sie (gegen Lohn) aufheben? Rücken wir in die Nähe einer herrschenden Klasse, wenn wir Hausangestellte beschäftigen? Oder sogar Dienstboten? Oder schlimmer noch: Butler?

»Dienen ist meine Passion«

Als ich 13 war, spendierte mein reiselustiger Vater meinem Zwillingsbruder und mir unseren ersten Flug. Nach Mallorca. Ich konnte nicht fassen, wie das Flugzeug mit diesen Minirädern vom Boden abheben und immer höher steigen konnte (und bin bis heute ganz froh, dass ich niemandem dieses Mysterium, das es für mich geblieben ist, erklären muss. Auch wenn ich die Geschichte von Schwerkraft und Auftrieb theoretisch verstanden habe). Auf dem Hinflug durfte mein Bruder am Fenster sitzen. Auf dem Rückflug ich. Nie habe ich meinem Vater gestanden, dass ich zwar den Kopf zur Luke drehte, aber die ganze Zeit die Augen geschlossen hielt, weil mir von der Wackelei schlecht wurde. Diese Woche, alleine mit unserem Vater, den wir nicht allzu oft sahen, war die reine Wonne. Wir mieteten uns einen winzigen Fiat und flitzten damit über die halbe Insel, aßen kiloweise süß-saftige Naranjas, die wir am Straßenrand kauften, und badeten im warmen Mittelmeer. Unsere Pension war klein und schlicht. Und jeden Morgen gab es Theater mit meinem Vater, weil ich mein Bett machte.

»Das brauchst du nicht; das erledigen die Dienstmädchen.«

»Aber ich kann denen doch helfen.«

»Nein, das musst du nicht. Die werden dafür bezahlt.«

Mir war das höchst unangenehm, dass jemand mein Bett machen und meine Sachen falten oder wegräumen sollte.

Aber wie sieht das die andere Seite? Jemand, dem dieser Job nicht nur ein regelmäßiges Einkommen sichert, sondern – im optimalen Fall – sogar Vergnügen bereitet? Und – eine Schraube weiter gedreht – was bewegt Menschen heute noch dazu, als Hausangestellte zu dienen?

Um das herauszufinden, lud ich Gordon Munro in meine Sendung ein. Er leitet die internationale Butlerakademie im niederländischen Simpelveld und erinnert so gar nicht an den leicht gebeugten Freddie Frinton, der seit Jahrzehnten an jedem Silvesterabend als James bei »Dinner for One« durch das Esszimmer von Miss Sophie schlurft, Mulligatawny-Suppe kredenzt und über den Tigerkopf springt. Gordon Munro ging und saß so aufrecht, dass ich automatisch die Schultern straffte, als ich ihn begrüßte. Er trug ein dunkles Cape aus offenbar feinstem (vermutlich britischem) Tuch, darunter einen tadellos sitzenden Anzug mit der korrektest gebundenen Krawatte, die ich je gesehen habe. Kein einziges Härchen hatte sich aus den Geheimratsecken gelöst, um etwa unbotmäßig auf dem Jackett zu landen; seine Brille war so mikrofasersauber geputzt, dass man die Gläser kaum sah, und seine braunen Augen schauten mich sehr aufmerksam an, als wollten sie fragen: Na, wie sieht's denn bei dir so aus mit der Etikette? Gordon Munro wurde 1971 in Brüssel geboren, besitzt einen Schweizer Pass und einen amerikanischen. Sein Vater, Sönke Sönksen, war ein äußerst erfolgreicher deutscher Springreiter. Der Sohn ritt selbst Dressur, studierte an der University of California Musicalgesang, spielte in Soaps (GZSZ) und Serien (Immenhof) mit, arbeitete als Manager auf einem Golfplatz und wurde Butler. Soweit die Kurzfassung.

Die Langfassung erlebte ich im März 2020, kurz vor dem Corona-Shutdown. Munro und ich waren im Aachener WDR-Studio verabredet. Während ich mit einem billigen Einweg-Mundschutz in freundlichem OP-Türkis hantierte, trug der Butler eine dunkle, offensichtlich handgeschneiderte Maske, die kein Staubkorn und auch kein Virus durchdringen konnte. In gebührendem Sicherheitsabstand nahmen wir am Studiotisch Platz. Wenn ich ehrlich bin, habe ich eine Stunde lang darauf gelauert, dass er an irgendeiner Stelle des Gesprächs die Contenance verlieren und hemmungslos werden würde. So im Sinne von: laut lachen, vergnügt auf den Tisch hauen, irgendeiner Emotion explosionsartig freien Lauf lassen. Ich wartete vergebens.

Wenn auf einen Menschen das Wort *beherrscht* zutrifft, dann auf Gordon Munro. Ihn bringt nichts aus der Fassung. Ihm ist kein (Dienstboten-)Auftrag fremd. Er besorgt zum Kindergeburtstag von *Reichens* Delfine für den Pool, wenn der Hausherr das so will. Er ordert für den Abend *La Madeline au Truffe,* die teuerste Praline der Welt, wenn die Hausdame sie am Morgen bestellt hat. Und er freut sich wie ein Kind, wenn die Herrschaft dann völlig entzückt in die georderte Ganache aus Valrhona Schokolade, Sahne, Vanille und Trüffelöl beißt. Es gehe ihm nicht darum, versicherte mir Munro, Reichen zu dienen, sondern für seine Kunden alles wie Magie zu kreieren. Munros Stimme ist so samtig, dass ich völlig eingelullt werde. Ich glaube, wenn er bei mir angestellt wäre, müsste er gar nicht – wie er sagt – »wie der Zauberlehrling durchs Haus wuseln und alles in Ordnung bringen«, sondern einfach immer nur sprechen. Säuselsäusel und ich wäre so entspannt, dass ich etwaige Unordnung im Haus gar nicht wahrnehmen würde. Was mich an ihm beeindruckte, war der gewaltige Sprung, den er gemacht hatte. Sein Vater, Sönke Sönksen, war mit ihm durch die Welt gereist, hatte vermögende Sponsoren (und deren Pferde) auf ihren Anwesen (und in ihren Ställen) besucht und ihm so die durchaus angenehmen Seiten des Lebens gezeigt.

Ein perlendes Parlando in Englisch, Deutsch, Französisch ging Gordon leicht von den Lippen. Den Essbesteck-Knigge (Messer, Gabel, Löffel immer schön von außen nach innen eindecken und benutzen) schaffte er sich genauso schnell drauf wie die perfekte Verbeugung bei der Begrüßung. Aber er wollte nicht der Wohlhabende selbst sein, dem die Verbeugungen galten, sondern er sah seinen Platz hinter dem Stuhl der Miss Sophies dieser Welt. Als Elfjähriger war er mit seinem Vater zu Gast bei einem sehr begüterten Mann gewesen und hatte zum ersten Mal Hauspersonal, dienstbare Geister, Chauffeur, Hausdame, Koch erlebt. »Damals habe ich gedacht: Das könnte mir gefallen. Wenn ich nicht auch Olympiasieger im Reiten werde, könnte ich Butler werden.« Als Interim ging er zum Studium an die Universität von California.

Er spielte unter der Regie von Peter Zadek im »Blauen Engel« im Berliner Theater des Westens und im Deutschen Schauspielhaus Hamburg den Clown, »also die Rolle desjenigen, der der Lola die Sachen hinterherträgt und sie die ganze Zeit bedient«. Bei der jähen Erkenntnis, dass das ja die Rolle seines Lebens geworden ist, muss Gordon Munro immerhin amüsiert lächeln, eine fast überbordende Gefühlsregung. Er nahm Abschied vom Theater, wurde Manager auf einem Golfplatz und übernahm schließlich die Leitung der internationalen Butler-Akademie in Simpelveld bei Aachen.

»Warum ist Dienen zu Ihrer Berufung geworden?«

»Es ist die Fürsorge für andere. Caretaking. Denn es ist schön, sich um jemanden zu kümmern. Nicht als Serviceleistung, sondern von innen heraus.«

Ich betrachtete den Endvierziger in all seiner Korrektheit und kerzengeraden Haltung und fragte: »Ziehen Sie schon mal Schlunzklamotten an?« Die linke Augenbraue geriet kaum merklich in Bewegung, als sehr akzentuiert die Antwort kam: »Nein, den Gordon in Schlunzhose gibt es nicht!« Flunkerflunker signalisierte die Augenbraue. »Natürlich liebe ich es auch einmal, in Jogginghose auf dem Sofa zu liegen, aber im Alltag, in meiner Rolle als perfektes Vorbild für meine Studenten würde ich niemals Jeans tragen. Meine klassische Kombination ist: graue Hose, graue Weste, dunkles Jackett und als kleine rebellische Freiheit eine Krawatte in Blau-Weiß. Leuchtende Farben wie gelb und rot sind den Herrschaften vorbehalten, nicht dem Personal.« Die Lady-Butler, so ließ ich mir erklären, tragen auch einen Cutaway oder Frack und alle, die den Beruf wählen, wissen, dass eine 80-Stunden-Woche nichts Außergewöhnliches ist. Dafür gibt's ein Gehalt zwischen 50 000 und 180 000 Euro im Jahr. »Die Königshäuser zahlen übrigens am schlechtesten.«

Ich kalkulierte die Vor- und Nachteile: Du musst zwar elf Stunden am Tag arbeiten, aber das geht nicht zu sehr auf die Knochen und die Umgebung ist schön. (Mütter – seltener Väter – schuften zwölf Stunden am Tag und mehr, um Job und Familie auf die Reihe zu kriegen, und jammern auch nicht.) Du kannst dir deinen Chef selbst aussuchen. Du kannst davon ausgehen, dass der Umgangston meistens gepflegt ist und niemand rumpöbelt. Keiner müffelt, alle können mit Messer und Gabel essen, alle sind ausgesucht höflich. Wirklich alle? Auch die herrischen Wirtschaftsbosse, ihre allürenhaften Gattinnen und die verzogenen Buben und Mädchen? Stattgegeben: Nicht alle sind ausgesucht höflich. Aber man kommt viel rum und lernt Englisch.

Learning Butler aus 20 Nationen werden in der Akademie von Simpelveld in die Besonderheiten ihres Berufs eingewiesen. Dazu gehört ein höchst unterhaltsames Ballspiel. Das Szenario wie folgt: Im riesigen Ballsaal des Hauses (übrigens ein Kloster, Baujahr 1896) findet ein großes Fest statt. Hunderte Gäste sind geladen und wünschen Champagner zum Amuse-Gueule. Nun passiert es auch der feinsten Dame, dass sie im Überschwang des vielfach zu entbietenden Begrüßungs-Wangenkusses ein bisschen den Überblick verliert und beim Kontrollgang (Wen habe ich noch nicht gebusselt?) gegen den Bouteiller rempelt. Der wiederum balanciert auf seinem Silbertablett gerade 30 Schampusflöten, die natürlich nicht auf dem gewienerten Parkett oder im – nicht auszudenken, Erde, tu dich auf! – Ausschnitt der kussbereiten feinen Dame landen dürfen. Also wird in Simpelveld die Kunst des Ausweichens geübt. Munro wirft Softbälle kreuz und quer durch den Raum, denen die Butler mit ihren Tabletts ausweichen müssen. Ziel: Nur der Ball darf kreuz und quer fliegen, nicht die Tabletts. Jonglage mit Stil und einem Lächeln im Gesicht!

»Wie kommen Sie damit klar, immer der unsichtbare Mensch im Raum zu sein? Sie müssen zwar ständig da sein, aber eigentlich soll keiner von Ihnen Notiz nehmen.«

»Ja, wir nennen das being silent and invisible. Das muss man wollen. Wenn es für Sie wichtig ist, Aufmerksamkeit zu erhaschen oder im Mittelpunkt zu stehen, dann ist der Butler-beruf wirklich der falsche Beruf für Sie.«

»Was machen Sie, wenn der Hausherr richtig miese Laune hat und Sie sind selber nicht gut drauf?«

»Das gibt es nicht.« Da schnellt wieder die Augenbraue hoch, flunkerflunker! »Ich bin immer das Gegengewicht zum Hausherrn. Gibt es eine angespannte Stimmung im Haus, ist es meine Pflicht als Butler, diese Stimmung im Haus wieder geradezurücken.«

Wow. Blitzableiter für betuchte Privatiers zu sein, das wäre nichts für mich. Umso mehr hat mich fasziniert, dass ein Mann wie Gordon Munro auch unter scheinbar völliger Selbstaufgabe zu sich und seiner Bestimmung finden kann. Für ihn besteht ein wesentlicher Sinn seines Lebens darin, anderen das Leben zu erleichtern. Ihnen das Leben nett zu machen. So wie ich das versuche, wenn ich Gartenfeste gebe oder zum Singen einlade. Bisher hat das eigentlich immer tadellos geklappt. Also gibt es doch eine Parallele zu Gordon. Außerdem hat er mir vermittelt, dass Butler mit Gaben gesegnet sind, die aus der Welt gefallen scheinen: Geduld, Disziplin, Diskretion. Und sie servieren Tee mit Passion.

Beim Abendessen im Ayurveda-Resort schweifte mein Blick über die Kurgäste. Während in feinen Hotels stilvolle Abendgarderobe vorherrscht und auf Campingplätzen bei den Anziehsachen stets eine hohe Popelindichte anzutreffen ist, fand sich hier viel Filz und Hanf. Naturkleidung für umweltbewusste Ökos, die mit ihrem miserablen CO_2-Fußabdruck (der lange Flug!) in veganem Schuhwerk steckten und ihre öligen Haare (das Zeug ging einfach nicht raus) unter bunten Turbanen versteckten, was ich sehr rücksichtsvoll fand. Ich selber hatte natürlich auch ein schlechtes Gewissen (der lange Flug!) und konnte mit meinen Plastik-Flip-Flops nicht einmal auch nur ansatzweise meinen miesen Beitrag zum Klimawandel ausgleichen.

Heute frage ich mich: Wie soll ich mich beim Klimawandel verhalten? Gar nicht mehr fliegen? Endlich einsehen, dass auch Autofahren Mist ist? Sich die extrem heißen Sommer und milden Winter nicht länger schönreden? Greta preisen oder sie doch besser dissen? Nach langen Gesprächen mit Eckart von Hirschhausen und Thomas Henningsen bin ich immerhin Unterstützerin von Hirschhausens Stiftung *Gesunde Erde, gesunde Menschen* geworden und bei *Greenpeace* eingetreten. Feigenblatt? Mag sein. Aber es beruhigt mein Gewissen um ein µm (Mikrometer).

Am Nebentisch saß das junge dänische Paar, das die Ayurvedakur im Wesentlichen mit Computerballerspielen verbrachte und während jeder Meditation fest einschlief (eindeutig beide Kapha!). Den Mann hatte ich Igor getauft, weil er mich mit seinen schleichenden Bewegungen und den hängenden Schultern an den Hauptdarsteller der Rocky Horror Picture Show

erinnerte. So wie meine Mutter mache ich mir oft ein Vergnügen daraus, Menschen Spitznamen zu geben. Die Plauderta-
sche von Hütte Nr. 7, ein Wiederholungstäter aus Freiburg, der
seine elfte Ayurvedakur machte, firmierte unter »Mr. Know-it-
all«, und die Dame an seiner Seite war »Frau Wißtihrschon«.
Der Name war geklaut. Von Max Kruse.

Blechbüchsen für die Ewigkeit

Die Liebe zu Max Kruse kam an einem Sonntagnachmittag im Advent. »Do alte Borschenherrlichkeit, wohän böst do entschwonden? Lütiralalalala«. Einsam saß Seele-Fant auf seinem Felsenriff der Insel Titiwu und sang mit allerlei falschen Tönen ein schwermütiges Lied. Seine Schwanzflosse klatschte rhythmisch aufs Plastikmeer, während sich einige Meter entfernt Wawa, Schusch und Ping Pinguin am Strand darüber ausließen, dass des Sängers Lohn gering ausfallen müsse:

Wawa: »Warum hört der nicht endlich auf tschu singen?«

Schusch: »Weil er säch für einen Künstler hält.«

Ping Pinguin: »Und man ihn in keine Mupfel sperren kann.«

»Ich finds sön«, meinte alleine das Urmel.

Die Sonntage vor dem Fernseher mit Seele-Fants Klage über die Vergänglichkeit alter Männerkameradschaft waren kostbar, denn es gab ja nur vier. Dann mussten wir wieder ein Jahr warten, bis die Ansagerin neben der roten Kerze mit dem Tannenzweig auftauchte und uns im Namen des Hessischen Rundfunks viel Vergnügen bei einem neuen Advent-Vierteiler mit der Augsburger Puppenkiste wünschte. Danach verschwanden Ansagerin und Kerze, und auf dem Bildschirm erschien die berühmte Kiste des Marionettentheaters. Wir lagen auf dem Wohnzimmerteppich, aßen Apfelschnitze und waren selig.

Im Sechsachteltakt setzten Querflöten, Gitarren und Oboen ein, die Türflügel klappten zur Seite, eine nach links, eine nach rechts, der blaue Samtvorhang ruckelte auf und vor uns lag: Titiwu, Heimat von Urmel aus dem Eis. Oder die Stadt Irgendwo, wo gelegentlich der Löwe los war und Frau Wißtihrschon auf ihre übliche Ohne-Punkt-und-Komma-Art den neuesten Klatsch erzählte. Oder wir hüpften mit Don Blech, dem General der Blechbüchsenarmee, »zwo, drei, vier in schnellem Lauf den Berg hinauf«. Diese Sonntage mit der Puppenkiste waren die Höhepunkte der Vorweihnachtszeit. Wohän sönd sö entschwonden?

Auf der Suche nach den Lieblingshelden meiner Kindheit fuhr ich kurz vor der Jahrtausendwende zu ihrem Erfinder Max Kruse nach Penzberg in Oberbayern. Zünftig-schmucke Gegend mit wenig Einheimischen auf der Straße. Rechts von mir die Kurfürst-Max-Siedlung, links die Loisach, ein paar Häuser, ansonsten Bäume, Bäume, Bäume. War hier das Urmel 1969 aus dem Eis gekrochen?

Max, das jüngste Kind der Puppenkünstlerin Käthe Kruse, gehört definitiv zu den Schriftstellern, die wunderbar schreiben, aber nicht so gut erzählen können. Was natürlich nicht daran liegt, dass ihnen die Worte fehlen, sondern an einem Übermaß an Bescheidenheit. Zumindest empfand ich das so bei Max Kruse.

Es gab ein kurzes Vorgeplänkel:

»Wie war die Fahrt? Haben Sie den Weg gut gefunden?«

»Ja, alles wunderbar, vielen Dank, dass Sie mich empfangen.«

Dann baute der Techniker im Wohnzimmer (kein Urmel nirgends) sein kleines Mischpult auf, steckte uns Mikrofone und Handsender an. Los ging's.

Max Kruse wurde am 19. November 1921 in Bad Kösen an der Saale geboren, Burgruinen, mildes Klima, Heilquellen.

»Zunächst hat meine Familie in Ascona gelebt, dann in Berlin, schließlich in Bad Kösen.« Die Puppenwerkstatt seiner Mutter Käthe lag nur wenige Minuten vom Wohnhaus entfernt, doch Max empfand es als enorme Trennung, wenn sie in die Werkstatt ging. »Ich habe nie einen ähnlichen Menschen wie meine Mutter erlebt: dominant auf eine liebenswerte Weise. Überströmend zärtlich, aber zielgerichtet.« Sie war Schauspielerin, mit einem »großen Maß an Koketterie«. Unter ihrem Künstlernamen Hedda Somin spielte sie recht erfolgreich im Berliner Lessingtheater, bis sie einen der Stars der Berliner Künstlerszene kennenlernte: den Bühnenbildner und Bildhauer Max Kruse. 29 Jahre älter als sie. Verfechter der freien Liebe.

Das Haus der Kruses war vollgestellt mit Mobiliar und Plastiken. Die Kinder überboten sich in Kreativität, alle malten, modellierten, bastelten. »Geschenke wurden nie gekauft, sondern von mir und meinen sechs Geschwistern selbst angefertigt.«

Atempause. Max Kruse hat für seine Verhältnisse schon viel geredet. Er bittet den Tontechniker, ihm das Kabel mit dem Sender und Ansteckmikrofon abzunehmen, weil er »mal kurz austreten« muss. In Zeitlupe erhebt sich der Mann mit den dichten zurückgekämmten Haaren, den Theo-Waigel-Augenbrauen und dem Kinnbart aus dem beigen Cordsessel, verlässt bedächtig das Zimmer. Seine chinesische Frau Shaofang, Musikerin und Malerin, reicht unterdessen Tee. Ich gehe an den Bücherregalen entlang, Hände auf dem Rücken, Kopf schräg gelegt, um die Titel lesen zu können. Die ganze Literaturgeschichte kommt mir entgegen. Alles, einfach alles. Ob er die Inhalte abrufen kann? Alles hinter der hohen Denkerstirn gespeichert hat? Minuten später kommt er zurück. Lächelt, wird neu verkabelt, trinkt einen Schluck Tee, fährt fort, seine Erinnerungen zu sortieren.

Max Kruse war ein zartes, stilles, kränkliches Kind, in ständiger Furcht vor Tuberkulose, was ihm später den Kriegsdienst ersparte. »Zeit meines Lebens wurde ich nicht los, dass man eine Kruse-Puppe in mir sehen wollte«, erzählt er mit so leiser Stimme, dass ich mich weit zu ihm hinüberbeugen muss. »Wir Kinder wurden alle wie Puppen behandelt, unsere Gesichter standen Modell für die Puppen und immer wieder wurden wir Presseleuten vorgeführt«, sagt Kruse ein wenig bitter, um dann sofort zu schmunzeln: »Aber immerhin war jedes Kind ein Individuum.«

Er schwärmt von den freiheitlichen Anschauungen des Vaters. Max Kruse Senior kannte keine Tabus, auch keine sexuellen. Die Ehe lehnte er als konventionellen Bürgerkram ab, sodass er und Käthe bereits drei »uneheliche« Töchter hatten, bevor sie dann doch noch heirateten. »Für meine Mutter war das überhaupt kein Problem, denn sie war selber ein uneheliches Kind.« Max Kruse Junior lebte absolut frei, war wegen seiner schwächlichen Gesundheit vom Schulunterricht befreit, statt in der Schule viel im Wald und sonst mit seinen Büchern zusammen.

Nach dem Krieg konnte Käthe Kruse ihre Puppenwerkstätten in der Sowjetischen Besatzungszone nicht mehr weiterbetreiben. Max, der eigentlich Tischler werden wollte, versuchte mit seiner ersten Frau einen Neuanfang der Puppenproduktion in Bad Pyrmont, war aber nicht erfolgreich. Er verlegte sich aufs Schreiben, wurde Werbetexter, schließlich Schriftsteller. *Der Löwe ist los* war sein erstes Buch. »Meine Widmung hieß damals: Stefan in die Wiege gelegt.« Das war 1952. Ich weiß, dass sein Sohn Stefan 16 Jahre später tödlich mit dem Fahrrad verunglückte, und schweige. 1968 war für Kruse ein Trauerjahr. Darüber zu reden fällt ihm schwer. Ein Jahr später gelang ihm mit dem Urmel der endgültige Durchbruch. »Dank der Augsburger Puppenkiste«, wie er sagt.

Der Tee wirkt recht unmittelbar. Der Autor bittet kurz um Verständnis und steht rasch auf. Dabei reißt das Ansteckmikrofon mit dem Sender beinahe die Teetassen vom Tisch. Glück gehabt. Der Kollege entwirrt ihn. Für eine Weile sind wir wieder allein. Die Bücher in den Regalen kenne ich ja schon. Also *beame* ich mich in die Puppenkiste, der ich zum 50-jährigen Jubiläum im WDR *Zeitzeichen* ein Denkmal setzen durfte.

Fuggerstadt Augsburg. Ich bin auf dem Weg zum berühmtesten Marionettentheater Deutschlands. Vom Bahnhof aus Richtung Maximilianstraße, scharf links, wieder rechts, und schon habe ich die Spitalgasse Nummer 15 erreicht. Ein schlichtes Schild auf der rechten Seite des Portals weist darauf hin, dass hinter dem Tor die »Augsburger Puppenkiste« wohnt. Weitaus größer ist der Hinweis über dem Rundgiebel, dass dieser Bau im 17. Jahrhundert von Elias Holl errichtet wurde. Das ist jener Baumeister, dem die Augsburger auch ihr Rathaus verdanken, den »bedeutendsten Profanbau der Renaissance«, wie der Stadtführer schreibt. Holl also setzte 1623 in die schmale Straße beim Roten Tor das Heilig-Geist-Spital, das 325 Jahre später von Walter Oehmichen, dem Oberspielleiter des Augsburger Stadttheaters, in Augenschein genommen wurde. So wie jetzt von mir.

Oehmichens Enkel, Klaus Marschall, führt mich durch das Theater: Ein halliges Foyer, ein Zuschauerraum mit Platz für 222 Leute, die Bestuhlung seit 1963 unverändert. Sodass auch schon mal der ein oder andere mit seinem Stuhl während der Vorführung zusammenbricht.

Den ersten Fernsehvertrag schloss Walter Oehmichen im Jahre 1953 ab. Da ging der Gründer der Puppenkiste mit *Peter und der Wolf* auf Sendung. Live! Für den NWDR in Hamburg. Den Durchbruch schaffte die Puppenkiste 1958. Da inszenierten die Augsburger die Geschichte des damals noch wenig bekannten Schriftstellers Michael Ende über *Jim Knopf und Lukas den Lokomotivführer*. Das Drehbuch war ausgezeichnet, die Puppenführer waren hervorragend, das Lummerland-Lied wurde zum Hit:

»Eine Insel mit zwei Bergen und dem tiefen weiten Meer, mit viel Tunnels und Geleisen und dem Eisenbahnverkehr. Nun wie mag die Insel heißen, ringsherum ist schöner Strand, jeder sollte einmal reisen in das schöne Lummerland.«

Klaus Marschall gibt den Fremdenführer.

»Hier kommen wir hinter die Bühne rein durch die kleine Seitentür, man hört's schon, es ist reges Treiben, es wird hier gerade umgebaut, heute Nachmittag um 15 Uhr wird *Das kleine Gespenst* aufgeführt. Die Figuren, die direkt heute oder morgen gebraucht werden, die hängen hier an der Seite. Der Rest der Figuren ist untergebracht im Puppenfundus.«

Marschalls Mutter Hannelore schnitzte fast alle der 5 000 Marionetten, die in der Spitalgasse 15 zu Hause sind. Sie formte aus einem Stück Lindenholz zum Beispiel den Kleinen König Kalle Wirsch, sie gab Zoppo Trump den kraftvoll-grimmigen Ausdruck des Widersachers, der wiederum mit Quirro und Quarro heimtückische Pläne schmiedete, um Kalle zu vernichten.

Wir kletterten über eine Holzstiege auf den Dachboden. Jetzt kam der entscheidende Moment. Entzaubere ich die Vergangenheit, wenn ich weitergehe? Was erwartet mich hinter den Kulissen? Wehmut? Enttäuschung? Noch hätte ich umkehren können. Aber natürlich siegte die Neugierde. Sonst kommt man ja nicht weiter. Darin war ich mir mit Frau Wißtihrschon vollkommen einig. So sah ich sie nun alle baumeln: Kater Mikesch, Totokatapi, Briefträger Herrn Dreipfennig, den Leuchtturmwärter Onkel Guckaus, selbstverständlich Löwe (laut Frau Wißtihrschon handelte es sich dabei um einen »afrikanischen Busch-Riesen-Antilopen-Menschenfresser-Löwen«), Lord Schmetterhemd, Wutz. Ich schluckte und versank in einem Plastikfolienmeer aus Ra, Doc, Nenekiki und Don Blech.

Klaus Marschall klang wattig: »Ein Puppenführer braucht sehr viel Fingerspitzengefühl, bis er über genügend Erfahrung und Routine verfügt, der Figur auch einen Charakter zu vermitteln.«

Charakter und Gefühl waren ganz sicher das Geheimnis des weltweiten Erfolgs der Puppenkiste. Die Moral in jeder Geschichte kam ohne Jetzt-alle-mal-schön-aufpassen-Aufforderung aus. Man musste ja nur hinsehen, wie etwa die tölpelhafte Bande des Bill Bo Burg Dingelstein einnehmen wollte. Da wusste jedes Kind: Daraus wird nix!

Wir fanden ohne große Sucherei Jim Knopf und Lukas den Lokomotivführer, wir fanden das Urmel und die Katze mit Hut. Der Hut saß schief, die Katze musste an den Einfädeltisch. Mit allem gebotenen Respekt näherte ich mich Wutz, der Pflegemutter des Urmel. Wutz, die Haushälterin des Urmelforschers Professor Tibatong, bewohnte eine Schlummertonne, hatte einen Putzfimmel und war das einzige Tier auf der Insel Titiwu, das keinen Sprachfehler hatte. Dafür bekräftigte sie ihre Worte immer mit einem nachhaltigen »Öff Öff«. Ihre ganze Liebe galt dem Urmeli, das sie Abend für Abend in einer Hängematte in den Schlaf schaukelte. Die meisten Schlaflieder handelten vom übergroßen Glück, das Urmel gefunden zu haben.

Wutz: »Es war einmal ein armes Schwein, das war sehr fein, ganz borstenrein und hieß ÖffÖff. Die Haut sah aus wie Marzipan und fühlte fast wie Plüsch sich an. ÖffÖff wollte ein Ferkel klein, doch leider blieb es ganz allein.«

Urmel: »Warum hat sie denn tein Tint betommen? War sie nicht brav?«

Kinder und viele Erwachsene schmissen sich weg, wenn sie das Urmel, Schusch und Ping Pinguin mit ihren Sprachfehlern hörten; Pädagogen wurden schmallippig.

Der Schöpfer des Urmel kommt wieder zu uns ins Wohnzimmer. Mikro, Sender, Kabel – alles wieder am Mann.

»Wie kam Ihnen das Urmel in den Sinn?« Max Kruse kratzt sich den Kinnbart. »Streng genommen kam es aus der Kühltruhe.« Er hatte überlegt, was er für die Familie zum Abendessen kochen könnte und Nachforschungen im Gefrierfach angestellt. Da blitzte zwischen giftgrünen Erbsen, festgefrorenem Fisch und den Eisbergen der Gedanke auf, wie es wohl wäre, wenn ein Tier aus der Urzeit im Permafrost überlebt hätte und in der Jetztzeit ausgebrütet würde. »Das konnte dann ja wohl nur ein Saurier sein.« Schmunzeln.

Während Max Kruse mit mir vom Erfolg seiner Bücher sprach, schien er sich die ganze Zeit über genau diesen Erfolg zu wundern. Er klang fast ein bisschen bekümmert. Eindeutig war Moll die Tonart unseres Gesprächs. Auch als er von seiner Tochter Sylvia erzählte. »Sie lebt in Südafrika. Wir sehen uns nur selten.« Pause. Hin und wieder schaute Shaofang nach uns, schenkte unbekümmert um den Verlauf des Interviews Tee nach und widmete sich dann wieder ihrer Musik.

»Ohne Shaofang wäre ich nicht mehr hier. Sie gibt mir Halt. Ist mit mir gereist. Hat mir Einblicke in andere Kulturen gewährt. Ich habe in meinem ganzen Leben nur zwei Menschen ein Buch gewidmet: Stefan und Shaofang.«

Das Buch für Shaofang ist ein umfangreicher Roman über die Entwicklung der Menschheit im Abendland mit dem Titel *Im weiten Land der Zeit*. Darin erleben drei Jugendliche, Berenike, Stefan und Roman, eine Kulturreise durch den Kosmos: Urknall, kopernikanische Wende, Wirtschaftsrevolutionen, Astronomie, Religionen – alles dabei. Ein Satz aus dem Nachwort ist mein Kruse-Vermächtnis geworden. »Da ich glaube, dass mindestens 99 Prozent von uns von dieser Erde scheiden, ohne überhaupt begriffen zu haben, was für eine ungeheure Chance dieses Leben auch für sie gewesen ist, wollte ich versuchen, etwas davon begreiflich zu machen. Man erwacht einmal, ein einziges Mal, um einen Blick auf das großartige Theater zu werfen, welches das Menschengeschlecht durch die Jahrtausende auf der Bühne der Erde veranstaltet hat. (...) Vielleicht ist es sogar den Tod wert, einmal hier gewesen zu sein.«

Wenn Max Kruse noch lebte, würden wir sicherlich eine Debatte darüber führen, ob er mit den 99 Prozent Begriffsstutzigen richtigliegt. Ich kenne enorm viele Menschen, die die »ungeheure Chance dieses Lebens« erkannt und viel daraus gemacht haben. Aber einig sind wir uns darin, das Leben als etwas Besonderes zu begreifen.

Als Max Kruse am 4. September 2015 starb, war er 93 Jahre alt. Er hatte sein Leben als Geschenk verstanden, das ihm die größte Freude bereitet hatte, indem er »den Beruf überall mit hinnehmen« konnte. Und die größte Enttäuschung? – »Meine größte Enttäuschung ist, dass ich kein Thomas Mann geworden bin.«

Vom Tee getrieben, fürchtete ich mich inzwischen ein wenig vor der Rückfahrt und dem Mangel an Rastplätzen. Ich fuhr, so flott es der R 4 zuließ, und konnte Kruse nicht begreifen. Da war er einer der besten und erfolgreichsten Kinderbuchautoren Deutschlands geworden, hatte Literaturgeschichte geschrieben und haderte mit sich. Andere Typen, Marke toller Hecht mit dicker Hose, hätten vor lauter Selbstbegeisterung durch keine Tür mehr gepasst. Kruse aber fühlte sich offenbar besser mit diesem hohen Maß an Bescheidenheit. Warum konnte sich ein so wundervoller Schriftsteller wie er nicht über seinen Erfolg freuen, vor allem ihn sich nicht selbst auf die Fahne schreiben? Warum glaubte er, dass er seinen Durchbruch vor allem der Puppenkiste zu verdanken habe? Das ließ mich nicht los. Ein paar Tage nach unserem Interview schrieb ich dem schüchternen Herrn Kruse einen Brief und ermahnte ihn, mal so richtig auf die Pauke zu hauen. Im Advent 1999 (als die Vierteiler der Augsburger Puppenkiste bereits Geschichte waren, nachdem Spielleiter Klaus

Marschall die Zusammenarbeit mit dem Hessischen Rundfunk 1994 beendet hatte, weil man, wie er sagte, sich künstlerisch nicht mehr miteinander verstand), erhielt ich Kruses Antwort.

MAX KRUSE Penzberg

Liebe Gisela Steinhauer,

lieb, daß Sie mir geschrieben haben. Ich freute mich. Meine Versuche, Sie hie und da mal zu erreichen, waren immer vergeblich. Nun bin ich froh, daß es Sie noch gibt - und daß Sie durchs Urmel an mich erinnert wurden.

Sie wohnen nicht mehr in Bad Vilbel? Ist es in Köln nun besser? Sicher kommen Sie jedenfalls leichter zur Arbeitsstelle. Können Sie sich noch erinnern, daß Sie mir leise Vorwürfe machten, ich sei hinsichtlich meiner Eigenwerbung zu zurückhaltend? Da ist etwas Wahres dran, aber gegenüber meinen hochbegabten "Kollegen" Walter Moers mit dem Käpt'n Blaubär - ich glaube, er wohnt in Köln - bin ich geradezu ein Entertainer. Soviel ich weiß, läßt er sich überhaupt niemals sehen und interviewen! Bei mir brachte das neue Urmel und sein dabei eher zufällig entdeckter 30. Geburtstag (ich hatte überhaupt nicht an so etwas gedacht) noch einmal etwas Wirbel. Fernsehen und Hörfunk. Aber Ihr Interview war bei weitem das schönste, und Ihr Besuch bei weitem der netteste! Ich kopiere Ihre Kassette auch manchmal, wenn man mich um Material über mich bittet.

Bitte fühlen Sie sich durch Thienemann - oder einen anderen Verlag - nie belästigt. Es ist auch eine Methode, mit Ihnen in Kontakt zu bleiben. Und daß sie funktioniert, hat sich gerade erwiesen.

Die Jahreswechsel bringen einen wohl leicht ins Grübeln. Vor allem, wenn schon sehr viele hinter einem, und nicht mehr ganz viele vor einem liegen. Als junger Mensch war mir immer toll feierlich zumute, ich hörte aus dem Radio die Neunte Symphonie und faßte Tausend gute Vorsätze. Später schleift sich das etwas ab. Am besten, man nimmt es wie einen ganz gewöhnlichen Übergang von einem normalen Tag zum anderen - sogar dann, wenn man ein neues Jahrtausend schreibt, was ja nicht jeder Generation zustößt.

Es soll Ihnen gut gehen!
Ich denke herzlich an Sie

Ihr Max Kruse

Brief von Max Kruse

Max Kruse hatte mich auf den Trichter gebracht: Man muss sich hin und wieder klarmachen, dass das »Wunder Mensch«, wie er es nannte, aus dem Meer entstanden war, aus dem Tierreich, aus der Urzeit, aus der Eiseskälte. Also war es ja nur folgerichtig, dass es auch menschliche Urmel gab, die in die Eiseskälte zurückwollten, um – prächtig konserviert – wieder aufzutauen, wenn die neue Zeit für sie gekommen ist. Ich wusste auch, wo ich sie finden würde.

Der Tod lässt sie kalt

So sah also einer aus, der den Tod besiegen will! Mike Perry öffnete die Türe der Alcor Foundation am Acoma Drive, Haus Nummer 110 in Scotsdale bei Phoenix, Arizona.

Der war bestimmt schon mal tiefgefroren und ist wieder aufgetaut, schoss es mir durch den Kopf. Denn Mike sah ziemlich blutleer aus. Seine Augen lagen tief in den Höhlen. Scharf stach die Nase aus dem bleichen Gesicht. Die schwarzen Haare waren offenbar vor Kurzem mit einer großen Schere wahllos gestutzt worden. Den hageren Körper umpendelte ein kariertes Hemd, ergänzt von einer fadenscheinigen Hose. Vielleicht zehrte aber auch nur die schiere Müdigkeit an Mike. Denn offenbar schob er Schichtdienst bei Alcor. Es war Mike, der mir bei unserem Telefonat am Totensonntag empfahl, ihn und seinen Verein am Dienstag kennenzulernen. Denn am Montag hätten sie eine Suspension, eine Einfrierung also. Da müsse er mitmachen. Und jetzt, einen Tag später, war er wieder zur Stelle.

Michael Perry, so erfahre ich später, war in der Tat der allgegenwärtige gute Geist der Kryoniker. Er schrieb Computerprogramme für die Kühlanlagen, versorgte längst erstarrte Patienten regelmäßig mit flüssigem Stickstoff und fand immer noch Zeit, Artikel für die Hauspostille zu verfassen. Die trägt den Titel *Kryonik* und erzählt vierteljährlich Neues aus der Familie der Frostfreunde von Phoenix, Arizona. Das Wort »kryos«

kommt aus dem Griechischen und bedeutet »kalt«. Kryoniker sind folgerichtig Menschen, die sich nach ihrem Tod einfrieren lassen – je nach Lust und Geldbeutel ganz oder nur kopfweise.

Im Telefonbuch (!) von Phoenix fand ich Alcor damals mit der Unterzeile »Life Extension Foundation«. Dieser Verein zur Lebensverlängerung existiert seit 1972 und zählt im Jahr 2021 schätzungsweise 1360 Mitglieder weltweit, die meisten davon in den USA.

Während Mike verschwand, um Alcors Präsident Stephen Bridge zu holen, schaute ich mich im Foyer um. Unmittelbar neben der Eingangstür befand sich eine dicke cremefarbene Stahlröhre, über der ein Bild hing. Die Bildunterschrift erklärte mir, dass in der dicken Röhre James Bedford liegt, der erste Mensch, der sich einfrieren ließ – am 17. Januar 1967.

Noch bevor ich leise erschauern konnte, kam Alcors Präsident Stephen Bridge (groß, hager, Rautenpullunder) aus seinem Büro (das klein und ein bisschen schmuddelig war), fuhr sich flüchtig durchs kupferfarbene Haar, strich schnell über den rötlichen Schnurrbart, strahlte mich kerngesund an und begann mit der Führung.

»Dies ist die Eingangshalle von Alcor. Sie sehen hier viele Bilder an den Wänden von unseren suspendierten Patienten, also von den Menschen, die hier tiefgefroren wurden. Die Fotos sollen uns immer wieder daran erinnern, warum wir diese Arbeit machen. Wir sind ja nicht irgendein Verein, der Fremde von der Straße holt und sie tiefkühlt, sondern wir frieren Menschen ein, die wir kennen. Das sind unsere Freunde.«

Ärzte hängen da hoffnungsfroh neben Schriftstellern, Computerfachleute neben Versicherungsangestellten, ein Fernsehtechniker, der im selben Tank sein kühles Grab fand wie ein Fernsehproduzent: Alle Stände, Berufsgruppen und Altersklassen können bei Alcor Mitglied werden und auf eine bessere Zukunft nach eiskalten Zeiten hoffen.

Stephen zeigte mir die »laid back patients« in ihrer »storage box«: 31 Tiefgefrorene, bei deren Kältekonservierung es Alcor vor allem um das Gehirn ging. »Denn wir möchten nicht nur jemanden wiedererwecken, der so *aussieht* wie wir, sondern wir möchten *uns* wiedererwecken. Unser Wesen ist grundgelegt im Gehirn: Da sitzt unsere Persönlichkeit, da befinden sich unsere Erinnerungen. Der ideale Fall wäre, einen Menschen so perfekt zu konservieren, dass keinerlei Schäden entstehen, dass keine Erinnerungen verloren gehen und das Gehirn komplett funktioniert. Wenn uns das gelingt, dann haben wir denselben Menschen wiedererschaffen. Sollte es aber so sein, dass wir einen Menschen nur genetisch wiederherstellen können, dann ist auch das immerhin ein kleiner Sieg über den Tod, und viele von uns sind gewillt, zumindest diesen Versuch zu wagen. Wenn es mein genetisches Material ist, aus dem ein neuer Mensch geschaffen wird – sozusagen als mein Zwilling –, dann könnte dieser Mensch ja immerhin eine Beziehung zu mir aufbauen, indem er beispielsweise meine hinterlassenen Briefe liest.«

Mein erster Impuls: Der hat einen an der Waffel! Der zweite Gedanke: Dumm wirkt er ja nicht. Ich war verblüfft davon, mit welcher Ernsthaftigkeit sich Menschen etwas einbilden und wissenschaftliche Fakten ignorieren können. Zum Beispiel das Faktum, dass noch kein Mausetoter wieder zum Leben erweckt wurde. Aber es gibt ja sogar Menschen, die sich ulkige Hüte aufsetzen, um sich damit vor einem Virus zu schützen. Wie immer, wenn ich auf extreme Ansichten und Überzeugungen stieß, war ich aber auch irgendwie amüsiert-fasziniert und vor allem sehr neugierig auf den praktischen Teil. Stephen führte mich zu den Laboratorien.

»Das also ist Alcors fahrbarer Operationstisch. Wie Sie sehen, ist das eine Art große Badewanne auf Rädern. Die schieben wir in unseren Ambulanzwagen, wenn wir zu einem

Patienten gerufen werden, den man mit dem Auto erreichen kann. Wenn die Fahrtzeit mehr als acht Stunden beträgt, müssen wir fliegen und nehmen eine ähnliche Ausrüstung für das Flugzeug mit. Sobald wir im Krankenhaus angekommen sind und die Sterbeurkunde ausgestellt ist, legen wir den Patienten vom Sterbebett direkt in diese Wanne, packen kiloweise Eis um ihn herum und lassen durch eine Pumpe so rasch wie möglich Wasser über den Körper laufen. Dadurch versuchen wir, das Gehirn – so schnell es nur geht – zu kühlen und vor Zerfallserscheinungen zu bewahren.«

Ich grübelte darüber nach, warum Stephen einen Toten »Patient« nannte. Nach meiner Definition ist ein Patient zwar leidend, aber immer noch erfreulich lebendig im Vergleich zu dem, bei dem der Totenzettel am großen Zeh baumelt. Diese Kryoniker sind ja doch seltsam, dachte ich und hörte dann wieder Stephen zu.

»Anschließend injizieren wir rund 17 verschiedene Medikamente und Nährlösungen, um Blutgerinnsel zu vermeiden. Unter anderem nehmen wir Viaspan, das ist eine Lösung, die normalerweise zur Konservierung von Spenderorganen bei Transplantationen benutzt wird. Das Blut des Patienten wird gegen die Lösung ausgetauscht. Für die Zufuhr der Medikamente zum Gehirn benutzen wir diese Herz-Lungen-Maschine, die regelmäßig den Brustkorb zusammenpresst. Wenn das alles beendet ist, ist der Patient auf zwei bis drei Grad abgekühlt und kann nach Alcor transportiert werden.«

Würde ich das wollen? Dereinst als Neuschöpfung oder Secondhand-Gisela-Steinhauer der Tiefkühltruhe entsteigen, möglicherweise mit meiner ganz persönlichen schockgefrosteten Meise im auftauenden Hirn, und dann die ganze Chose noch mal von vorne erleben? Was, wenn das schiefginge? Als Celsius-Zombie durch die Gegend stromern? Oder wie Frankensteins Monster, Nosferatu, und Dead Woman Walking Symphonien des Grauens auslösen? Nee, dann lieber wie geplant im holländischen Billigkrematorium die Knochen hinstrecken und ähnlich wie der Vogel Phoenix, den die Kryoniker in ihrem Wappen tragen, alle 500 Jahre verbrannt werden, um dann verjüngt aus der Asche zu steigen.

Stephen Bridge, der coole Typ mit dem Rautenpullunder, war jetzt ganz in seinem Element:

»Wenn wir den Patienten dann hier im Operationssaal haben, heben wir ihn auf diesen Operationstisch, der an allen Seiten hohe Ränder hat, damit das Eis nicht schmilzt. Im Grunde genommen führen wir dann eine Bypassoperation durch. Die Brust des Patienten wird geöffnet, und durch die Herz-Lungen-Maschine wird schrittweise im Laufe der nächsten Stunden Glycerol, also Frostschutz, gegen das Konservierungsmittel ausgetauscht. Das Glycerol soll den Körper vor Gefrierschäden bewahren.«

Ich erfuhr, dass dieser Austausch nach vier Stunden abgeschlossen ist. Bei den Ganzkörper-Patienten wird die Brust danach wieder zugenäht und der Körper in zwei große Plastikplanen gewickelt, um schließlich in den ersten Kühltank umgebettet zu werden. Bei den Neuro-Patienten, die nur ihren Kopf einfrieren lassen, wird nach dem Austausch mit Glycerol der Kopf vom Rumpf getrennt. Der Körper kommt in den Verbrennungsofen, der Kopf kommt in die Kühltruhe.

Auf diese Weise würde auch Klaus Reinhard aus Kiel seinen Kopf hinhalten müssen und sich ins kalte Jenseits befördern lassen. Der Diplom-Informatiker mit der coolsten Mailadresse, die ich kenne, ...@tiefkuehlschlaf.de, ist einer der deutschen Eisliebhaber, die Alcor als Mitglieder gewinnen konnte. So wie alle Kryoniker trägt auch Klaus Reinhard das silberne Armband, auf dem die Telefonnummer eingraviert ist, unter der im plötzlichen Todesfall die amerikanische Zentrale angerufen werden kann. Klaus Reinhard hat sich für die Neuro-Suspension entschieden, weil es billiger ist, nur einen kühlen Kopf zu verwahren.

Für meine WDR-3-Sendung über die Kryoniker sprach ich mit ihm und fragte nach den Preisen.

»Es wird mich 35 000 Dollar kosten. Ich lasse nur mein Gehirn bzw. meinen Kopf konservieren, weil ich der Meinung bin, dass das Gehirn das ist, worauf es ankommt, der restliche Körper wird in Zukunft durch Klonung wiedererschaffen werden können.« Das Sympathische an meinem Gespräch mit Klaus Reinhard war, dass er sich von keiner meiner Fragen aufs Glatteis führen ließ und ausgesprochen humorvoll antwortete.

»So etwas wie Sommerschlussverkauf gibt's beim Einfrieren nicht, dass das mal billiger und mal teurer wird?«

»Ja, doch, Sommerschlussverkauf natürlich nicht, aber die Organisationen stehen in Konkurrenz, und deshalb gibt's natürlich auch wechselnde Preise.«

Mich interessierte, warum er es wünschenswert fand, das Altern oder gar den Tod aufzuhalten. Denn ich hatte schon oft darüber nachgedacht, nicht ewig leben zu wollen. 80, 90 Jahre auf der Erde verbracht und dabei die unterschiedlichsten Menschen kennengelernt zu haben reichte doch. Da konnte man sich am Ende ganz entspannt zurücklehnen und sagen: »Tschüss Leute, das war's! Habt vielen Dank für eure Begleitung!«

Was fürchtete er am Tod?

»Das unwiderrufliche Aufhören der eigenen Existenz. Das endgültige Ende und das Nicht-mehr-da-Sein.«

»Was ist denn so schön an diesem Leben?«

»Alles! Was man genießen kann, dass man ständig etwas Neues lernen kann, dass man was Neues erforschen kann.«

Ich teilte seinen Blick auf das Leben durchaus. Denn wie fabelhaft war das alles, wenn man – wie ich – das Riesenglück hatte, auf der speckigen Sonnenseite zu leben? So gut wie alles hatte bei mir funktioniert: Ich war gesund, arbeitete in meinem absoluten Traumberuf, ließ jede Woche mit meinen Freunden mindestens einen Korken knallen, reiste durch die Weltgeschichte, lernte jeden Tag dazu, traf die schrägsten Vögel. Auch die Söhne vom Bofrost-Mann, wie ich Stephen und Klaus heimlich nannte.

Jetzt aber mal Stopp! Denn das klingt doch arg nach einer Überdosis Puderzucker. Es gab auch bei mir schreckliche Phasen, in denen einfach nichts rund lief. In denen ich total verzagt war und alles stockte. In denen ich böse hintergangen und ahnungslos von heute auf morgen gefeuert wurde. In denen ich mir nichts mehr zutraute. Es gab den Tag, an dem meine Schwester mir eine kleine Voodoo-Puppe bastelte, ein Döschen Stecknadeln und einen Zettel dazulegte, auf dem in ihrer schönen klaren Schrift stand: »Du weißt ja, wie es geht!«

Es gab durchheulte Wochen und verzweifelte Monate, und wenn mir heute jemand sagt: »Wer weiß, wozu es gut war«, habe ich nicht immer eine Antwort darauf. Ich bin auch nicht der Ansicht, dass man an den ganz dunklen Momenten und heftigen Schicksalsschlägen immer wächst. Manche Menschen zerbrechen daran.

Freunden beistehen, die gerade ihr Kind verloren hatten; krebskranke Freundinnen begleiten; in heißen Sommern im Hospiz wachen, während draußen das Leben tobt – das mag mich alles in Dimensionen gebracht haben, die an den wahren Kern unserer Existenz heranreichen. Aber auf manche Erfahrung hätte ich gerne verzichtet und wäre lieber anders gewachsen.

Das Positive: Ich bin dankbarer denn je für das, was ich an Gutem erlebt habe. Ich lebe in einer Nachbarschaft, die ihresgleichen sucht. Ich kann mich auf uralte Freundschaften verlassen. Ich habe keine große Angst vor dem Sterben, weil ich schon so ein pralles Leben führen durfte. Und ich lache mehr, als ich je gelacht habe.

Für meine Sendung über Kryoniker fragte ich Klaus Reinhard: »Wie groß ist eigentlich Ihre Todessehnsucht? Sie müssten sich doch unheimlich freuen, wenn Sie sterben, weil Sie dann endlich eingefroren werden können in der Hoffnung, dass Sie weiterleben.«

»Nein, das nun auch wieder nicht! Da ist natürlich immer noch ein gewisses Risiko dabei, dass irgendetwas nicht klappt.«

Klaus Reinhard hatte für alles vorgesorgt. Für den Fall einer unheilbaren Krankheit würde er nach Amerika ziehen, um näher bei den Kryonikern zu sein. Falls er in Kiel sterben sollte, würde sein Bestatter ihn abholen, in Eis packen und in einem Behälter mit Trockeneis nach Amerika überführen.

Von Stephen Bridge hatte ich erfahren, dass die »Deanimierten«, wie sie im Fachjargon heißen, auf die Temperatur von Trockeneis heruntergekühlt werden. Zu diesem Zweck steckt man sie in eine große, bestens isolierte Holzkiste, in der ein Bad aus Silikonöl bereitet wird, in dem der Weiterlebenswillige Schritt für Schritt auf minus 78 Grad abgekühlt wird. Das Computersystem überwacht die gleichmäßige Temperaturreduzierung.

Angeregt durch Trockeneis, würde dann auch Klaus Reinhard mit altem Kopf auf neuen Beinen unter den künftig Lebenden umhergehen – aufgetaut in einer Ära, von der er sich einigen Fortschritt verspricht:

»Dann wird es keine Krankheiten mehr geben, kein Altern, sodass alle Menschen ewig jung sein werden. Der Mensch wird Kolonien im Weltall gegründet haben. Wenn die Technik weiter fortschreitet, stehen den Menschen immer mehr Mittel zur Verfügung, sodass es dann früher oder später auch keine Armut mehr geben wird, keinen Hunger, dann wird es wahrscheinlich auch keine gewalttätigen Auseinandersetzungen und keine Kriege mehr geben.«

Der Zukunftsentwurf von Reinhard hat viel für sich – weshalb er in fast allen Details so alt ist wie die Menschheit selbst. Und mich beeindruckte sein Optimismus. Allerdings teile ich den nicht, denn seine schöne neue Welt müsste in der Lage sein, auch neue Menschen hervorzubringen. Solche zum Beispiel, die weder Neid noch Missgunst kennen, weder Geltungsdrang noch Egozentrik. Menschen, die an die anderen denken, die das, was sie haben, mit anderen teilen wollen. Auch dazu hatte der Kieler seine ganz eigene These: »Ich glaube, dass die Menschen besser werden, sobald erst der Tod besiegt ist. Es ist die ganz tiefe Verzweiflung, die jeder empfindet, diese Verzweiflung über die Kürze und die Begrenztheit des Daseins, die natürlich dazu führt, dass die Menschen rücksichtslos sind, und diese Rücksichtslosigkeit wird weniger werden, wenn die Menschen unbegrenzt leben können.«

Die Utopie war allerdings neu.

Um mir ein abschließendes Bild zu machen, zog ich Professor Ludger Honnefelder vom Bonner Institut für Wissenschaft und Ethik zurate, merkte aber schnell, dass sich dieser hochgebildete Mann nicht so recht für den Verein zur Förderung der Unsterblichkeit erwärmen konnte:

»Ich glaube nicht, dass es durch eine unbegrenzte Verlängerung des Lebens zu friedlicheren Verhältnissen auf der Erde käme. Im Gegenteil: Ein längeres Leben nimmt ja der nachfolgenden Generation Lebenschancen, und es wird uns sicher in den nächsten Jahrzehnten deutlich werden, dass auch die Bescheidung mit einem bestimmten Maß unseres Lebens zu unseren sozialethischen Pflichten gehört. Was umgekehrt nicht bedeutet, dass andere berechtigt wären, unseren Lebenswunsch von außen zu begrenzen oder die Lebenschancen zuzuteilen.«

Also geht es um die Akzeptanz der Endlichkeit. Nachteil: Irgendwann ist Feierabend. Vorteil: Wer die gesetzten Grenzen anerkennt, nimmt den Augenblick vielleicht ernster als andere und macht es sich jeden Tag nett. Tageslosung: Jetzt erst recht! Das gilt natürlich auch für die Kryoniker, aber denen bleibt die Hoffnung, dass es auch »danach« noch weitergeht. Wenn sie im Silikonbad abgekühlt sind, werden sie in eine Art Plastikschlafsack gewickelt und kommen dann in eine Edelstahlröhre. Dort lagern sie in flüssigem Stickstoff, aufbewahrt in einem speziellen Kryoniker-Tank, kopfunter bei minus 196 Grad.

Als ich mich nach dem Rundgang durch das Haus der Kryoniker am Acoma Drive, Haus Nummer 110 in Scotsdale bei Phoenix, Arizona, von Präsident Stephen Bridge verabschiede, kommen wir wieder am Tank von James Bedford vorbei, dem ersten Menschen, der sich einfrieren ließ. Bridge drückt mir die Hand, heftet den Blick auf Bedfords Tank und sagt:

»Bisher ist es nie gelungen, eine Kreatur einzufrieren und dann zu neuem Leben zu erwecken. Aber wir beginnen mehr und mehr, die genetischen Abläufe in unserem Körper zu verstehen, und irgendwann – vielleicht in 200 Jahren – werden wir in der Lage sein, mit feinster Technik Krankheiten endgültig zu bekämpfen, Alterungsprozesse aufzuhalten oder fehlende Gliedmaßen nachwachsen zu lassen. Und wenn es vielleicht auch nie möglich sein wird, Unsterblichkeit zu erlangen, sehne ich mich doch nach einer Ära, die dem Menschen ein sehr langes Leben schenken wird.«

Und Klaus Reinhard? Schrieb mir im Oktober 2020 per Mail: »Ich bin noch bei der Bewegung dabei. Meine Meinung hat sich nicht geändert.«

Da können wir uns die warmen Hände reichen. Denn auch ich möchte bei meinem Entschluss bleiben: Asche statt Eis.

Am letzten Tag der Ayurvedakur musste ich noch einmal zum Doc, finale Besprechung. Er sah mir wieder prüfend in die Augen, lobte die Wirkung seines Suds (der in der Tat den Busch vor meinem Bungalow zum Blühen gebracht hatte) und empfahl mir, weiterhin gemäß meinem Dosha auf blähende Speisen und Alkohol zu verzichten. Gewürze? Mit Kümmel, Fenchel und Anis sei ich gut beraten. Zum Abschied gab es ein öliges Bougainvilleablüten-Bad in Rosarot und ein Päckchen Vatatee.

Perfekt erholt fuhr ich zum Flughafen von Colombo und trank erst einmal ein kühles großes Lion Lager. Dhanvantari, Arzt der Götter und Ursprung aller Heilkunst (so steht's im Internet), reagierte sofort. Die Wirkung war mächtig: Während des Rückflugs erschienen in meinem Kopf seltsame Gestalten: Der dicke Bruder Alvis vom Afrikaorden der *Weißen Väter*, mit dem ich in Timbuktu kräftig Silvester gefeiert und viel getanzt hatte; mein *Montalk*-Gast, Minister Jürgen Trittin, der im Studio auf einer elektrischen Doppelkochplatte Rote-Bete-Suppe zubereitet, sich drei Stunden lang über die schlechte Küchenausstattung beschwert hatte und anschließend zünftig mit meinem Redakteur und mir in der Kölner Altstadt versackt war. Mein Kollege Zerberus zeigte sich, der miese Typ mit den Qigong-Kugeln, den man schon auf dem Redaktionsflur klickern hörte, bevor er in Sichtweite kam, ein Menschenschinder von der Sorte, der man nie, nie, nie einen Chefposten geben sollte, der aber trotzdem einen bekommen hatte und der der einzige Mensch war, den ich aus tiefster Seele verachtete. Fußballlegende Uwe Seeler tauchte auf, der in einer Sendung vor mir kniete, um mir als gelernter Adidas-Verkäufer Schuhe in meiner Größe (35) – »Mannmannmann sinn die lütt« – anzuprobieren. Sequenzen aus Sendungen waberten durchs Vatta. Geigenvirtuose David Garrett, der seine top versicherte Busch-Stradivari kein einziges Mal anrührte, weil wir uns verquatschten. Der Jurist und Schriftsteller Ferdinand von Schirach, der sich nach jeder Gesprächsrunde weit aus dem Studiofenster lehnte, um während der Musikpause seinen Nikotinhaushalt aufzufüllen. Rita Süssmuth, die völlig vergessen hatte, dass sie mit uns verabredet war, und nach der ich eine Stunde lang live auf dem Sender fahndete: »Sollten Sie wissen, wo sich Rita Süssmuth gerade aufhält, sagen Sie ihr bitte, dass wir auf sie warten« – bis ihr Mann sie schließlich bei einem Termin erwischte und ihr durchs Telefon zurief: »Die vom Radio suchen dich überall!« Ich prostete in Gedanken dem im Quizstuhl festgewachsenen genialen Bernhard Hoëcker zu, *the brain,* dessen Hund Fluffy uns beim Promispaziergang von DLF-Kultur verlustig ging. Hoëcker hatte ihn vor einer Kirche angeleint, die wir uns anschauen wollten. Als wir rauskamen: kein Fluffy mehr da! Zwei Streifenpolizisten hatten ihn mitgenommen. Dazu einen Obdachlosen, der immer wieder tapfer behauptete, der Hund gehöre ihm nicht.

Hundenamen. Wie viele Nellys, Charlys, Sams mag es auf der Welt geben? Und wer hat den Schwachsinnsspruch erfunden: »Der will nur spielen«? Selbst Sunny, der portugiesische Wasserhund der Obamas (diese Tiere gelten gemeinhin als sehr friedfertig, sagen die Kenner) hatte eine junge Frau gebissen, die ihn streicheln wollte. Er aber wollte nur spielen ...

Sunny und Bo kamen nach der gewonnenen Wahl zu den Obamas. Ich kam am Abend der Wahl zu den Obamas. Na gut, das war jetzt geschwindelt, aber nur halb. Denn kurz vor dem Interview mit Cornelia Funke in Beverly Hills ging ich mit meinem Freund Jürgen in eine Bar, wie ich noch keine erlebt hatte.

The woman with balls

Als Barack Obama in der Nacht des 4. November 2008 mit Ehefrau Michelle und den Töchtern Malia und Sasha die Tribüne des Grand Park von Chicago betrat, verschütteten Jürgen und ich im Jubel unseren schönen Chardonnay. 20 Dollar pro Glas zum Teufel. Streng genommen war der Vorgang eher passiver Natur, denn wir wurden hin- und hergeschubst, und wenn die Türsteher vor dem Club in Beverly Hills nicht aufgepasst hätten, wäre die Hütte auseinandergeflogen. Um uns herum Hunderte geballte schwarze Fäuste, zur Bardecke gestreckt, Black-skin-Models in hautengem Glitzer und im Freudentaumel, Yes-we-can-Rufe, Riesenparty für den »schwarzen Prinzen im Weißen Haus«, wie ihn Cornelia Funke später im Interview nannte. Die Bar, für die Jürgen Tage vorher Tickets organisiert hatte, war in mehrere Ebenen unterteilt, was dazu führte, dass wir im Laufe des Abends mindestens drei Kilometer zurücklegten, um uns im ersten Stock alternativ zum Chardonnay Daiquiris mixen zu lassen, im zweiten Stock Corn Dogs zu besorgen und im Erdgeschoss auf dem größten Bildschirm im Raum das Geschehen in Chicago zu verfolgen. Das Skurrilste an der Sache: Wir waren die einzigen Weißen. Und wir gratulierten jedem Menschen, der neben uns stand, als sei er mit den Obamas verwandt. Ein Schluck vom Cocktail. Congratulations! Noch ein Schluck. So ging es den ganzen Abend. Also immer wieder rauf zum ersten Stock an die Quelle. Das Fernsehen blendete als Dauerschleife »It's Obama!« ein. Wir tranken und gratulierten, lachten und schüttelten Hände, schrien gegen die infernalische Lautstärke der Fernseher und Musikboxen »Change has come!« an, hoben unaufhörlich die Gläser und genossen den Novemberabend unseres Lebens. Nach entschieden zu wenig Corn Dogs bei entschieden zu vielen Cocktails taumelten wir irgendwann selig aus der Bar, vor deren Tür eine Stretchlimousine nach der anderen hielt, um die High Society von Beverly Hills als Fahrgäste aufzunehmen. Nur die zwei Weißen winkten ein klappriges Taxi heran, in dem eine von uns sofort einschlief.

West Hollywood ein paar Tage nach der Jubelfeier. Wir standen vor einem weißen Haus mit türkisfarbenen Fensterläden und roten Dachziegeln. Es war umgeben von hohen Sycamores und Magnolienbäumen.

Cornelia Funke öffnete uns im schlichten blauen T-Shirt, um den Hals eine schmale Silberkette mit schwarzem Onyx-Stein, eine zweite mit Perlen darüber. Im Haus roch es wunderbar nach Holz und Zitrone. Soweit ich das sehen konnte, gab es in jedem Zimmer einen offenen Kamin. Die ehemalige Besitzerin des Hauses war Faye Dunaway gewesen. Nach der Hollywood-Ikone wohnte nun eine Schriftstellerin aus Dorsten mit ihren zwei Kindern Ben und Anna hier, denn Cornelia Funke und ihr Mann Rolf hatten sich sofort in den Holzbau verliebt. »L.A. ist ein Ort, nach dem ich immer gesucht habe. Die Mischung aus Wildheit und Zivilisation fasziniert mich immer noch«, sagte sie in unserem Gespräch.

Die berühmteste Kinderbuchautorin Deutschlands führte uns durch den Garten, vorbei am Teich, zu ihrem Schreibhaus, in dem ich mich am liebsten sofort einquartiert hätte. Ein weiter Raum mit großen Fenstern zum Garten. Ein roter Schreibtischstuhl, auf dem Schreibtisch, neben dem Bildschirm, Federkiele und ein paar Pinsel. Die Sonne fiel auf die weißen

Bücherregale, auf die alte Europakarte an der Wand und auf Drachen in allen Variationen: Plüsch, Seide, Papier. Weiter hinten an den Wänden pappten Bilder für die aktuellen Projekte, Bilder zum Buch *Reckless* mit höfischen Szenen, viktorianischen Kostümen, Märchenmotiven. Cornelia servierte Eistee. Während Jürgen die Technik aufbaute, sprachen wir über den historischen Wahlsieg.

»Bei der Wahl hatten wir Stromausfall.« Cornelia Funke lachte. Als der Strom dann wieder funktionierte, lief im Fernseher bereits die Endlosschleife: »*Obama president elect.* Ich habe geheult und gedacht, das kann nicht sein. Aber die Wahl zeigt endlich wieder das, was ich an diesem Land liebe: Anmut, Bescheidenheit und Stärke. Selbst mein 14-jähriger Sohn, der nicht leicht zu beeindrucken ist, hatte alle Headlines am nächsten Tag aus der Zeitung ausgeschnitten. *It's Obama! Decisive Victory Makes History.*«

Wir trafen Cornelia Funke kurz vor ihrem 50. Geburtstag. Auch sie war ein Superstar. Übersetzt in 37 Sprachen, mit einer Auflage von zehn Millionen Büchern, damals. Inzwischen sind es mehr als 30 Millionen. Weltweit: *Die wilden Hühner, Drachenreiter, Herr der Diebe*, die *Tintentod*-Trilogie, die Serie *Reckless*.

Die Mikrofone waren angesteckt, das Gespräch begann. Ich zitierte:

»›Vielleicht ist alles nur durch die Sehnsucht verbunden‹. So heißt der erste Satz in Ihrem Buch *Tintentod*. Sie werden in wenigen Tagen 50. Welche Sehnsüchte haben Sie sich in diesen Jahren erfüllen können?«

Die Antwort kam schnell: »Sehnsüchte, von denen ich gar nicht wusste, dass ich sie hatte. Früher war ich ein unglaublicher Reisemuffel, aber inzwischen habe ich die große Sehnsucht danach, regelmäßig den Ort zu wechseln. Aus der eigenen Kultur herauszutreten ermöglicht so viel an Reflexion über die eigenen Wurzeln, dass ich das unglaublich bereichernd finde.«

Ich hatte Cornelia Funke mehrfach interviewen dürfen, aber selten hatte ich sie so entspannt und gelöst erlebt. Machte das der Einfluss von *California sunshine state?* Die Offenheit, mit der ihr die Amerikaner begegneten? Die Hilfsbereitschaft der Nachbarn? Ein Jahr nachdem sie von Hamburg nach Hollywood gezogen war, erkrankte ihr Mann an Krebs. »Wir hatten hier ein magisches Jahr gehabt. Aber dann ging alles sehr schnell. Wir waren 26 Jahre verheiratet gewesen, 24 Stunden am Tag zusammen. Im Krankenhaus habe ich einfach weitergearbeitet. Mit der Linken seine Hand gehalten, mit der Rechten geschrieben.«

Die Nachbarn waren *marvelous*, wundervoll. Ihre Hilfsbereitschaft, ihr Pragmatismus waren überwältigend. Sie holten die Kinder von der Schule ab, unternahmen mit ihnen Ausflüge, gingen einkaufen. Sie kamen durch das Hinterhaus und stellten Pizza vor die Tür. »Die Schulen riefen an: Wie können wir die Kinder entlasten?«

Dann starb Rolf.

»Und weißt du was? Ich habe mich nach seinem Tod keinen einzigen Tag lang alleine gefühlt. Es war so ein Gefühl wie: Ich habe zwar jetzt meinen besten Freund verloren, aber es sind noch viele andere da.«

Und das Haus?

»Als ich das erste Mal nach seinem Tod wieder hierher ins Schreibhaus kam, habe ich gedacht, das geht jetzt nicht mehr. Rolf war immer vom Haupthaus mit einem Espresso herübergekommen. Das fehlte jetzt. Aber ich habe es geschafft.«

Wir redeten über den Schmerz als Lehrmeister, der angeblich der beste sein soll. »Dabei hätten wir alle so gerne einen anderen«, sagte sie. Der Tod ihres Mannes hatte Cornelia Funke unsentimentaler gemacht, »in mancher Hinsicht auch gefühlvoller, weil ich in diesem Jahr große Gefühle leben musste«. Das wiederum half beim Schreiben, weil große Gefühle für sie das beste Arbeitsmaterial sind.

Als Cornelia von ihrer Kindheit an der Lippe erzählte, überkam mich – wie so oft bei intensiven Begegnungen – das Gefühl, eine Seelenverwandte getroffen zu haben. »Ich war ein Kind, dem Dorsten nicht groß genug war, dem diese Welt zu eng war, ein Kind, das dachte: Die Welt muss doch noch abenteuerlicher sein! Diesen Hunger nach Mehr kann eine Kleinstadt nicht stillen.«

Cornelias erster Weg endete auf einem Bauspielplatz, wo die Diplom-Pädagogin als Erzieherin arbeitete, aber nicht vollends zufrieden war. Ihr Onkel Wolfgang, ein Lithograf, bestärkte sie darin, mit dem Zeichnen anzufangen. »Aber mit 35 habe ich begriffen, dass mir das Schreiben wichtiger ist als Illustrieren.« Leidenschaftlich kritzelt sie seither Notizbücher mit Ideen voll. »Ich rate allen, die schreiben möchten: Kauft Stifte, die auch auf der Haut schreiben, falls ihr mal keinen Notizblock dabeihabt.«

Ich lese bis heute mit größtem Vergnügen Kinderbücher, bevorzuge aber ausdrücklich die mit Happy End. Schließlich kennen viel zu viele Kinder gar keine heile Welt. In heilen Geschichten können sie immerhin träumen oder Zuflucht finden. Cornelia Funke sieht das anders. »Bücher sind Teppiche zum Fliegen in andere Welten, die sollten nicht heil sein. Denn ich begreife Bücher als Mittel, sich die Dunkelheiten der Welt anzusehen, die auf sie zukommen werden. Mir würden die Türen und Fenster fehlen, wenn ich nicht lesen könnte. Lesen ist so lebenswichtig wie Schokolade.«

Auch in diesem Punkt waren wir uns völlig einig. Buchstaben und Schokolade als Elixier. Wenn mich an Novembertagen, die ich nicht zufällig im *sunshine state* verbringe, der Grauschleier überkommt, steige ich auf den Dachboden, schnappe mir das blau-gelb gestaltete Glück mit dem Ringelstrumpf in den Maßen 10 mal 15, koche Schokoladenpudding und schleppe die Beute zum Sofa: *Pippi Langstrumpf geht an Bord*, die Ausgabe von 1969 mit den vielen braunen Flecken der Nussschokolade, die ich während des Lesens vertilgt habe. Hilft immer. Der Oetinger Verlag aus Hamburg, in dem die Lindgren-Bücher erschienen, übernahm den Dressler Verlag in Hamburg, der Funkes Bücher herausgab. Dort in Hamburg trafen wir uns zum ersten Mal, und schon damals war ich überwältigt von ihrer liebenswürdigen Art und der Fähigkeit, blitzschnell eine Beziehung zu ihrem Gegenüber aufzubauen, die eine Wirkung hat wie ... Ich würde mal sagen: wie Schokolade!

Auch Cornelia Funke hat die Route immer neu berechnet, ist von Dorsten nach Hamburg gezogen, von Hamburg nach Hollywood, von Hollywood nach Malibu. »Wenn du für etwas brennst und dich verändern möchtest, mach es jetzt, denn du weißt nicht, wie viel Zeit dir bleibt.«

Wie alle, die die USA mögen, muss sie sich in Deutschland ständig rechtfertigen und mit dieser vermutlich typisch deutschen Oberlehrer-Art auseinandersetzen, Amerika sei ja so oberflächlich. »Amerika – das geht ja gar nicht.« Ich frage mich dann immer: Was ist falsch daran, sich im Supermarkt anzulächeln, anstatt authentisch »scheiße drauf« zu sein und das auch vollumfänglich zu kommunizieren? Mir ist doch jeder freundliche Small Talk lieber als das Gemumpfe im ÖPNV. Für wie bescheuert halten Amerika-Basher Amerika-Freunde eigentlich, und woher nehmen sie ihr Wissen über den Alltag von Menschen, die mindestens zwei Jobs haben müssen, um über die Runden zu kommen?

Dass es unter 300 Millionen Amerikanern prozentual einen genauso dicken Bodensatz an Heinis und Hirnis gibt wie unter uns Deutschen ist doch geschenkt! Sich trotzdem in der amerikanischen Gesellschaft zu behaupten – das ist die Kunst! Dazu noch als German! Als Cornelias Buch *Tintenherz* verfilmt werden sollte, klopften mächtige Produzenten bei ihr an, jonglierten mit schwindelerregenden Summen. »Noch nie bin ich mit so vielen *alpha males* in einem Raum gewesen. Du hattest das Gefühl, die waren in ihrem früheren Leben allesamt Generäle.« Cornelia lachte wieder. Sie schenkte Eistee nach.

Rechtzeitig hatte sie dafür gesorgt, bei der Verfilmung nicht nur am Rande mitreden, sondern die Bedingungen diktieren zu können. Sie nahm erheblichen Einfluss auf die Wahl der Schauspieler. Sie bestimmte, dass Brendan Fraser die Hauptrolle als Mortimer »Mo« Folchart bekam. Nach den Verhandlungen wurde sie zum Stadtgeflüster von L. A. »You know what they call you here? The woman with balls!« Die Frau mit Eiern. Sie selbst hätte sich vielleicht andere Qualitäten bescheinigt, räumt aber ein: »Ich bin mutiger geworden, wesentlich unternehmungslustiger. Die Welt hat sich viel größer gemacht.« Und als sie mit 49 Jahren ihren Führerschein bestand, war sogar Cornelia Funke von Cornelia Funke beeindruckt.

Keinem Buch von Cornelia Funke bin ich mehr verfallen als der Geschichte von Emma (10) und ihrer Oma Dolly, die ein Pferd vor dem Schlachthof retten. *Hände weg von Mississippi*. X-mal habe ich das Buch verschenkt, noch häufiger den Film von Detlev Buck gesehen. Sollte es ein Grundschulkind geben, das das Buch noch nicht kennt, lese ich ihm gerne daraus vor. Wie geht es aus? Natürlich gewinnen die Guten. Aber so ganz leicht gelingt ihnen das nicht.

»Meine Figuren charakterisiert, dass sie immer andere brauchen und nur durch andere dahin kommen, wo sie hinkommen wollen, dass sie nie alleine etwas schaffen.«

Es gab Momente in unserem Gespräch, in denen es schien, als würde Deutschlands erfolgreichste Jugendbuchautorin neben sich stehen und auf sich selbst schauen wie auf eine Romanfigur, für die sie eine Biografie nach ihrem eigenen Geschmack erfunden hat. »Dann sitze ich hier im Schreibhaus und denke: Du hast eine Menge richtig gemacht, oh mein Gott! Du hast so viel Glück gehabt, dass es für zehn Leben reichen würde. So, meine Liebe, du kannst eigentlich nicht mehr viel verlangen!«

P. S. Als Cornelia Funke 2020 für ihr Gesamtwerk mit dem Deutschen Jugendliteraturpreis ausgezeichnet wurde, saß sie in Malibu vor ihrem Computer. Livestream. Sie trug ein blaues Kleid. Auch der Stein an der Silberkette war diesmal blau.

Inzwischen lebt sie in der Toskana. Ich möchte sie unbedingt wiedersehen.

Cornelia Funkes Fazit gilt wohl für die meisten von uns: dass sie ohne die Hilfe anderer nicht dort wären, wo sie heute sind. Einen dieser Helfer traf ich nach meiner Ayurvedakur wieder: Knut! Der Meistermoderator! Dem völlig schnuppe war, was andere von ihm hielten. Der keinen Gefälligkeitsjournalismus kannte, gerne Gegenposition bezog, mutig andere Standpunkte einnahm. Der eine Engelsgeduld mit mir gehabt hatte, als ich meine ersten holprigen Moderationen ablieferte, bei denen ich vor lauter Aufregung so falsch atmete und so lange redete, bis ich keine Luft mehr bekam und fast erstickte. Knut gehört sozusagen zu meinen Männern der ersten Stunde und ist in meinem Elefantengedächtnis fest in der Rubrik abgespeichert: die Guten. Für die anderen gibt es auch eine Rubrik.

Die wurde angeführt von einem Mann, den ich insgeheim nur »Mondgesicht« nannte.

Mondgesicht oder: Der Dröhner

Männer, die laute Auftritte pflegen, lösen bei mir reflexartig den Kröteneffekt aus. In Maximalgeschwindigkeit bin ich angeekelt, muss aber immer wieder hingucken, in einer Mischung aus Widerwillen und Faszination darüber, dass sich die lautesten Rüpel, die größten Dummschwätzer und die Hoppla-jetzt-komm-icke-Typen immer durchsetzen, während die Stillen oft auf der Strecke bleiben.

Zu diesen Dröhnern gehörte ein Journalist mit ballrundem Gesicht. Ein weit entfernter Bekannter, der vor mir tatsächlich damit prahlte, für die Schülerzeitung seines Gymnasiums »sehr lesenswerte Artikel« verfasst zu haben und sich seither – so vermutete ich – jeden Morgen beim Krawattebinden für den Pulitzerpreis fertig machte. Er gehörte zu der Sorte Wichtigtuer, die sich auf jedes Promifoto quetschen, die sich auf Ohrläppchennähe an einen in Mikrofone sprechenden Politiker heranschleimen, um abends als Kamerafutter mit in der Tagesschau zu sein. Und die sich dann um 20.15 Uhr wie ein Fernsehstar fühlen.

Nach dem Abitur hatte ich nicht die blasseste Ahnung, wie es mit mir weitergehen sollte. Ich hatte das Gefühl, alles und nichts zu können, mich für alles und jeden zu interessieren – ideale Voraussetzungen für den Journalismus, was ich damals aber noch nicht wusste. Wenn ich mir die Zukunft ausmalte, entstand ein Steinhauer-Smoothie, zusammengerührt aus einem Teil Florence Nightingale, einem Teil Tammy, dem sehr amerikanischen Mädchen vom Hausboot, das mit Opa und Onkel Lucius am großen Fluss lebte, hinreißend gespielt von Debbie Reynolds, und einem weiteren Teil Helga Guitton von den »Vier fröhlichen Wellen« bei Radio Luxemburg.

Ich wusste einfach nicht, wohin mit dieser Mischung und beschloss zu schlafen. Tage-, wochen-, monatelang kam ich erst mittags aus dem Bett. Dafür wurde es dann abends mit den Freunden in den Kneipen ein bisschen länger.

Es war die bleierne Zeit der völligen Orientierungslosigkeit, in der festen Überzeugung, nichts zu können und zu nichts zu taugen. Natürlich gab es zu Hause einen Riesenkrach. Eines Morgens kam meine Mutter ins Zimmer, riss mir die Bettdecke weg und rief: »Ein gesunder junger Mensch kann nicht den ganzen Tag verschlafen.«

Doch. Ich konnte.

Wohin mit mir? Ich schrieb mich an der Technischen Hochschule Aachen ein. Für Germanistik. Aber das Fach gefiel mir nicht. Labertaschen. Mir gefielen die Typen vom Asta nicht, die uns schon Protestschreiben in die Hand drückten, als wir Erstsemester gerade noch dabei waren, erst einmal die Bibliothek kennenzulernen. Mir gefielen weder die Kommilitonen noch die Dozenten.

Ich selbst gefiel mir nicht. Wohin jetzt? Auf jeden Fall weg. Irgendetwas studieren, was man nicht in Aachen studieren konnte.

Ich wälzte mich durch die Vorlesungsverzeichnisse und fand: Publizistik. In Münster. Mit meiner Freundin Ute fuhr ich hin, war begeistert, suchte ein WG-Zimmer, fand eins für 400 Mark, bekam einen häuslichen Einlauf – »Glaubst du, dein Vater heißt Rockefeller?« –, suchte neu, fand eins für 270 Mark und schlug zu. Finkenstraße 9 im Kreuzviertel. Zimmer zur

Straße raus. Genau gegenüber eine gigantisch große Schule. Wieder Lärm, den ich doch so hasste. Aber alles war besser als zu Hause zu sein. Meine Eltern unterstützen mich mit 500 Mark, blieben also nach Abzug der Miete 230 fürs Essen und den Rest. Eine schwarzbrotlastige Zeit begann. In der es zum legendären Einkauf von 20 Gramm Hackfleisch kam.

Erstens war ich in Mathe immer schlecht gewesen und zweitens hatte ich keinen blassen Schimmer davon, wie viel 20 Gramm sein mochten. »Sind Sie sicher«, fragte mich der freundliche Verkäufer an der Fleischtheke im Supermarkt und hielt mir das rosige Würmchenhäufchen hin. Um mir keine Blöße zu geben, sagte ich so selbstbewusst wie möglich: »Ist nur zum Dekorieren.«

In diese Zeit des Neuanfangs in Münster fiel also die Episode mit dem Dröhner. Ganz allmählich veränderte sich der Steinhauer-Smoothie, indem Florence Nightingale und Tammy vom Hausboot herausgefiltert wurden und nur noch Helga Guitton von den »Vier fröhlichen Wellen« übrigblieb.

Radio machen. Journalistin werden.

Aber womit sollte ich mich um einen Ausbildungsplatz bewerben? Ich hatte so gut wie keine Arbeitsproben, abgesehen von ein, zwei Artikeln über ein Silvesterfest in der Stille des Benediktinerklosters Meschede. Sauerland. Tiefes Sauerland. Die hatte ich für das hausinterne Benediktiner-Blättchen »Oase« verfasst und sie mit viel Glück auch in der Aachener Kirchenzeitung untergebracht, die damals von Armin Laschet geleitet wurde, dem späteren Ministerpräsidenten von Nordrhein-Westfalen.

Als Journalist kann man so manches werden, weiß ich heute.

Zwei Artikel in Kirchenblättchen. Mehr Bewerbungsmaterial hatte ich nicht. Damit hätte ich nicht einmal Messdienerin werden können.

Es war zum Verzweifeln: Ohne Arbeitsproben kein Praktikum. Und ohne Praktikum keine Arbeitsproben. Wer denkt sich so einen Quatsch aus? Liebe Leute in den Firmen: Gebt den Anfängern eine Chance, auch wenn sie außer ihrer Persönlichkeit noch nichts vorweisen können. Seht die Bewerber nicht als lästige Mailschreiber an, sondern erinnert euch daran, dass ihr alle mal ganz klein angefangen habt. Auf ein Bewerbungsschreiben nicht zu antworten ist unterirdisch. Grob unhöflich. Respektlos. Macht jungen Leuten Mut. Gebt ihnen Chancen. Macht sie stark, den Motor am Laufen zu halten. Motiviert sie. Es ist ja nicht jeder zum selbstverliebten Influencer geboren.

Oder zum Dröhner auf den Fluren.

Meine Eltern lagen mir in den Ohren, ihn um Hilfe zu bitten. Und obwohl ich ahnte, dass das schiefgehen würde, fasste ich mir ein Herz und rief ihn an, mit der Bitte, mich bei der Bewerbung um ein Zeitungspraktikum zu unterstützen. Er verschluckte sich gespielt, hustete gekünstelt ins Telefon und stellte mit lauter Stimme ein gönnerhaftes »Mal sehen, was ich für dich tun kann« in Aussicht.

Ein paar Tage später erhielt ich von ihm einen Brief mit dem Empfehlungsschreiben für eine Zeitung. Der letzte Satz lautete: »Dies ist ein einmaliges Geschenk an deine Eltern und dich« – womit uns klar vor Augen geführt wurde, dass Götter nur ganz selten vom Olymp herabsteigen, um den Unwürdigen ihre milden Gaben zuteilwerden zu lassen.

Als ich erwartungsvoll mit dem Empfehlungsschreiben in der Klarsichthülle bei der Zeitung vorstellig wurde, konnte niemand mit dem Namen des großen Gönners etwas anfangen.

Nie gehört!

Ich habe meinen Weg in den Journalismus schließlich mit einer Initiativbewerbung gefunden, bei der ich nichts außer mir selbst vorzuweisen hatte: wenige dürftige Arbeitsproben, keine Fürsprecher, kein Vitamin B. Dass mir Peter Thomas, Chef des Belgischen Rundfunks in Eupen, trotzdem ein Praktikum anbot, war die Chance, auf die ich gehofft hatte.

Der Belgische Rundfunk ist die öffent-
lich-rechtliche Rundfunkanstalt der
deutschsprachigen Gemeinschaft in Ostbel-
gien. Sagen wir mal so: Als Steve Jobs im April
1976 die Firma Apple gründete, war die Ausstattung seiner Gründungs-Garage mit der des BRF vergleichbar,
der im Februar 1977 auf Sendung ging: Das (Funk-)Haus war
ein kleines Gebäude, in dem viele Menschen Platz finden
mussten: Also wurden die Redaktionsbüros im Wohnzimmer
untergebracht, der Nachrichtenticker thronte neben der Badewanne, und um die Studios zu erreichen, musste man in den
Keller steigen. Die Stimmung war sensationell, die Kollegen
famos. Denn ich saß zwischen Meistern des Worts und Woma-
nizern. Vom ersten Tag an nahmen sie mich in ihren Kreis auf.

Verknallt war ich in fast alle, entschieden habe ich mich für
Knut. Den Mann mit ganz viel Perwoll in der Stimme. Wenn
ich an ihn denke, stehe ich wieder mit ihm in der langen
Warteschlange beim Eupener Metzger. »Wer ist der Nächste
bitte?«, fragte die Metzgersfrau. Eine Oma pfuschte sich vor.
»Entschuldigen Sie, gnädige Frau, ich fürchte, Sie haben die
Frage nicht verstanden.« Das war Knut.

Noch immer sehe ich unsere kleine Mitarbeiterprozession
mittags die Herbesthaler Straße hinuntergehen, wo ich mir
von den Kollegen in einer Mischung aus Frittenbude und Fern-
fahrerkneipe die Geschichte Ostbelgiens, die Tagespolitik oder
auch den aktuellen Tratsch aus der deutschsprachigen Gemeinschaft erzählen ließ.

Ich glaube, ich habe selten in meinem Leben so viel gelacht wie beim BRF mit den umwerfend witzigen Technikern
und den herzlichen Sekretärinnen. Ich erinnere mich an aus-

gedehnte Essen im Restaurant Rotterwäldchen mit Herbert Grönemeyer oder anderen Musik-Newcomern, die beim BRF ihre ersten Interviews gaben. Ich durfte mit der Nagra (einem legendären, aber schweineschweren Bandaufnahmegerät) losziehen und Umfragen machen. Ich durfte über Kunstmessen berichten und bei der Verleihung der »Goldenen Antenne« an deutschsprachige Schlagerstars dabei sein. Und sehr bald durfte ich selbst ans Studiomikrofon. Grußsendungen liebte ich besonders.

»Hallo, wer ist am Telefon?«

»Hier spricht Bärbel Hübsch aus Eschweiler.«

»Hallo, Bärbel, wen möchten Sie grüßen?«

»Ich möchte meinen Mann grüßen!«

»Wie schön. Wo ist Ihr Mann denn gerade?«

»In der Garage.«

Ohne die Aufbaujahre beim BRF wäre ich nie dazu gekommen, als Reporterin durch die Welt zu reisen, wäre nie Moderatorin beim WDR, dem HR und bei Deutschlandfunk Kultur geworden und wäre nie auch nur in die Nähe des »Deutschen Radiopreises« gerückt. In Eupen habe ich mein Handwerk gelernt und das Allerbeste war: Der Sender hat mich alles ausprobieren lassen, auch wenn es am Anfang sicherlich nicht immer nach Spitzenjournalismus klang.

Diese Möglichkeit, meinen Traumberuf zu finden, verdanke ich ausschließlich dem damaligen Chefredakteur Peter Thomas. Er war der Einzige, der es mit mir gewagt hat. Das, lieber Peter, habe und werde ich nie vergessen. Übrigens hätte ich dir und dem Sender von Herzen Steve Jobs' Kohle gegönnt.

Hape und das schiefe Schränkchen

Ein paar Tausend Steinhauer-Interviews sind seit der Zeit beim Belgischen Rundfunk zusammengekommen und ein paar Hundert Male entspann sich zwischen Hörern und mir folgender Dialog.

»Wer war dein tollster Gesprächspartner?«

»Mhm, schwierig, weiß ich nicht so genau.«

»Der Schlimmste?«

»Sag ich nicht.«

»Der Lustigste?«

»Hape Kerkeling.«

Bei dem war es auch am leckersten. Es gab Streuselkuchen. In meiner Erinnerung war es selbst gebackener. Im Januar 2001 waren wir zum WDR-5-*Tischgespräch* bei ihm zu Hause in Düsseldorf verabredet. 20 Jahre nach seinem legendären Auftritt »Der Wolf! Das Lamm! Auf der grünen Wiese! Hurz!« – mit dem Pianisten Achim Hagemann (der für immer einen Platz in meinem Herzen haben wird, weil er die Popolskis erfand); sechs Jahre vor seinem Megabestseller *Ich bin dann mal weg*, 13 Jahre vor seiner Autobiografie *Der Junge muss an die frische Luft*.

Es war das einzige Mal, dass ich Hans-Peter Kerkeling getroffen habe. Bei allen weiteren Kontaktversuchen kam ich nicht viel weiter als bis zu seinem Management, was mich maßlos enttäuschte, denn natürlich war ich fest davon ausgegangen, dass er den gemeinsamen Nachmittag mindestens so genossen hatte wie ich. Und dass er sich selbstverständlich an mich erinnerte. Genau so viel gelacht wie ich hatte er immerhin. Aber als ich um ein weiteres Interview bat, war ich eine von Hunderten; Kerkelings Ruhm war nicht mehr zu toppen und vielleicht hatte er einfach die Nase voll vom Geschichtenerzählen, denn die wichtigsten standen ja inzwischen in seinen Büchern. Was mich an ihm so faszinierte, war die Herzlichkeit, mit der er mich und den Ü-Techniker empfing, der mit einem kleinen Mischpult anrückte, um das Gespräch aufzuzeichnen.

Ich fühlte mich nach zehn Sekunden sauwohl an dem gedeckten Kaffeetisch inmitten einer quietschgelben Wohnung, die sich über zwei Etagen zog. Hände auf dem Rücken spazierte ich durch die untere Ebene.

Wieso war denn das Schränkchen, auf dem das Telefon stand, so schief?

»Das habe ich selber zusammengebaut«, erklärte Kerkeling. »Da sehen Sie dann schon meine Handwerkskunst. Na gut, der Schrank ist ein bisschen schräg, aber mich stört das nicht. In acht Stunden Arbeit habe ich den selbst zusammengezimmert. Mit der Bohrmaschine. Ruckizucki war der fertig. Ich finde, er sieht antik aus, dadurch dass ich ihn zusammengebaut habe.«

Kerkelings Vater war Tischler, Hausinspektor bei Karstadt, der Opa Zimmermann. Ich fuhr mit meiner Besichtigung fort. Hinter Glas die Goldene Kamera, daneben ein Wellensittich aus Porzellan, den die Omma ihm vermacht hatte. Kerkelings Omma spielte in dem Gespräch eine zentrale Rolle. Wir setzten uns, aßen Kuchen und blätterten gedanklich im Familienalbum.

Nach dem frühen Tod, Suizid, seiner Mutter war Hans-Peter bei der Oma aufgewachsen. Von ihr erbte er den Familiensinn. Sie ließ dem Achtjährigen viele Freiräume, war nachsichtig und nachgiebig. »Gemütlich, gesellig, sehr mitteilsam, die Freunde an der eigenen Wahrheit teilhaben lassend, ungeschminkt – das war meine Omma!«, erzählte Kerkeling. »Als meine Tante Geburtstag hatte, ging es beim Kaffeetrinken mit ihren Freundinnen darum, was denn das Leckerste gewesen sei, das man je gegessen habe. Die Freundinnen erzählten von Drei-Sterne-Restaurants und Bistros in Frankreich und die Omma sagte: ›Dat Leckerste, wat ich je gegessen habe, dat war im Kriech; da hammer 'nen Biber geschlachtet!‹ Das war der Knaller. Dafür habe ich meine Oma geliebt!«

Mit 16 bewarb sich Kerkeling bei einem Fernsehwettbewerb, der von der HÖRZU gesponsert wurde. Casting: am ersten Schultag nach den Sommerferien. Der Vater schrieb dem schwänzenden Sohn eine Entschuldigung und flog mit ihm nach Berlin zum Vorspielen. Hape trug im Knopfloch eine riesige Papiernelke mit der Aufschrift »Ich lese HÖRZU«. Und wer saß auch im Flugzeug? Kerkelings Schuldirektor. »Jetzt gehst du, Papa, dahin und erklärst dem, was wir in Berlin machen.« Papa ging.

Kerkeling gewann den Wettbewerb und entwickelte sich zum vielseitigsten Unterhaltungskünstler, den ich je gesehen habe.

»Was ist für Sie gute Unterhaltung?«

»Für mich entgleisen Dinge immer dann, wenn es nur eine Beleidigung und Ausgrenzung ist. Das ist nicht komisch. Unterhaltung kann nur dann unterhaltsam sein, wenn alle es verstehen. Je dramatischer, desto komischer.«

Erst durch seine Bücher war mir klar geworden, wie sehr er als Kind versucht haben musste, die depressive Mutter aufzuheitern. Das erinnerte mich an Erich Kästner, dessen Mutter oft Zettel mit »Ich kann nicht mehr« auf dem Küchentisch hinterließ und wiederholt damit drohte, aus dem Fenster zu springen. Was muss es für ein Kind bedeuten, in ständiger Angst vor der Katastrophe zu leben? In seiner Not legte Kästner im Brav-

und Fleißigsein regelmäßig eine Schippe nach. Die Eltern verstanden sich nicht, versuchten, den Jungen jeweils auf ihre Seite zu ziehen. Also lernte das Kind, sich »im Pendelverkehr über Geschenke zu freuen«. Kästner wurde Musterschüler, war mit 25 Jahren promovierter Zeitungsredakteur, Meister der politischen Satire, der den Mut aufbrachte, unter den Zuschauern zu stehen, als seine Bücher im Mai 1933 öffentlich verbrannt wurden.

Für mich war er ein Wegbegleiter. Ein Moralist, der Kindern – auch mir! – dabei half, Gutes von Bösem zu unterscheiden. Gerne hätte ich ihn getroffen.

Statt Kästner nun also Kerkeling. Genauso toll. Immer wieder drückte er Triggerpunkte, die in mir eine Welle an Erinnerungen auslösten. Hans-Peter Kerkeling erzählte nicht nur lebhaft, sondern er schmückte seine Geschichten so kunstvoll aus, dass es wirkte, als blättere er im Fotoalbum.

»Meine Freunde und ich spielten oft auf einer riesigen Wiese, die zu einem Bahndamm gehörte. Wir spielten, als gäb's kein Morgen: Raumschiff Enterprise, die ZDF-Hitparade und Salto Mortale. Bei Salto Mortale war ich Gustav Knuth, weil ich nicht turnen konnte. Knuth war der Zirkusdirektor, der musste nicht so viel machen, der musste nur die Familie zusammenhalten.« In der Hitparade trat Kerkeling mit seiner Freundin Silvia als »Cindy & Bert« auf. »Wir haben auch immer gewonnen.« Ich fand das urkomisch.

Einen besseren Trainingsplatz als die Wiese am Bahndamm hätte es gar nicht geben können. Hier konnte Kerkeling proben: Auftritte vor Publikum, die große Show auf der großen Bühne, Menschen zum Lachen bringen und selber den meisten Spaß dabei haben. »Je besser du in der Schule bist, desto mehr Sperenzchen kannst du dir erlauben«, sagte Kerkeling.

So richtig gut war ich nicht in der Schule, aber auch nicht so richtig schlecht. Nach oben und unten gab es zuverlässige Ausreißer. Für Sperenzchen war ich auf jeden Fall jederzeit zu haben. Vor allem aber empfand ich Schule wie Theater. Ich saß hinten im Zuschauerraum und beobachtete, wie sich die erste Reihe vor Lateinlehrern mit Mundgeruch wegduckte; ich verfolgte mit großem Interesse, wie Einserkandidatinnen binomische Formeln an die Tafel kreideten, die ich aber leider auch dann nicht verstand, wenn die Kreide bunt war; oder ich bewunderte, wie das Ohrläppchen unserer Englischlehrerin im Laufe einer Schulstunde von fleischfarben auf tomatenrot wechselte, weil sie ständig daran zog, um unser gewispertes »tie aitch« besser zu verstehen. Wenn ich die Schultreppen hochrannte, an der uralten bronzenen Glocke vorbei, dann weiter rechts hoch und noch weiter zum Sprachlabor oder zum Musiksaal, wusste ich, dass es gleich lustig werden würde. Denn beim Aussprechen fremder Vokabeln oder dem Einstudieren neuer Lieder war unsere Kreativität grenzenlos. Ich hätte mich kugeln können, wenn ich uns hörte. Immer von meiner Metaebene aus. Oder neben mir schwebend wie der Geist der bezaubernden Jeannie.

Das ging Hape Kerkeling ähnlich. Seinem »beobachtenden Auge« und der »Außenposition im Bus« verdanken wir die grandiose Komödie »Club Las Piranjas«, mit Kerkeling als Animateur Edwin in einer trostlosen Ferienanlage, die mitten in der Wüste liegt und aus der es kein Entkommen gibt – ein Alcatraz des Massentourismus. »Cluburlaub ist für mich verschärfter Knast mit Volleyballspielen gegen die Ägypter«, meinte Kerkeling und erinnerte sich im Interview an eine Reise in den Süden. »Wir wurden mit dem Bus zu den unterschiedlichsten Hotels gekarrt, als ein Reiseleiter mit einem roten Punkt auf der Nase singend in den Bus stieg und die Gäste in

Empfang nahm.« Kerkeling schöpfte in seinen Filmen und Shows aus dem, was er selber erlebt hatte, dank seiner »Außenposition« im Bus. Millionen Menschen hat er damit die Kino- und Fernsehabende verschönert.

Wenn Kerkeling in großen Hallen mit dem Lied »Das ganze Leben ist ein Quiz« zur Polonaise aufforderte, riss es selbst die Betagtesten noch von den Stühlen. »So ein netter junger Mann!«, Kerkeling war 27, »und so was von Lebensfreude!«, schwärmten sie in die Kameras. Mich begeisterte er restlos mit seinem spektakulären finnischen Lied »Nauravat Silmät muistetaan«, das, wie er – der angeblich finnische Sänger in der Nummer – erklärte, beim Grand Prix leider nur den letzten Platz gemacht hatte und das das Lebensgefühl der Finnen vor und nach dem Saunagang beschrieb.

Wir sprachen auch über sein Engagement für die Aidshilfe und über die vielen Benefizanfragen, die er absagen musste. »Man muss sich entscheiden.«

Weil sich Kerkeling für die Shanti Leprahilfe Dortmund entschieden hatte, gibt es heute in Kathmandu die Hape-Kerkeling-Klinik. »Die bunteste Klinik der Welt«, wie Shanti-Gründerin Marianne Großpietsch meint. Ihr Hilfswerk für Leprakranke hatte das große Glück, dass Hape Kerkeling im Quiz »Wer wird Millionär« von Günther Jauch 500 000 Euro gewann und das Geld für den Verein in Nepal spendete. Und wieder entspinnt sich aus der einen Geschichte eine andere.

Als Hape Kerkeling zu Gast bei Elke Heidenreich war, empfahl er in ihrer Sendung »Lesen!« *Das Tibetische Buch vom Leben und vom Sterben*. Sogyal Rinpoche gibt darin Ratschläge, wie man Sterbende in Ruhe begleiten und eine harmonische Atmosphäre für sie schaffen kann. Dass die Shanti Leprahilfe Dortmund in der Hape-Kerkeling-Klinik von Kathmandu ein Hospiz eingerichtet hat, in dem genau dieser Ansatz von Sogyal gelebt wird, ist ...? Zufall? Schicksal? Göttliche Fügung?

Das Wort Fügung fiel nicht in unserem Gespräch, wohl aber das von der Zufriedenheit: »Wenn man Auszeichnungen bekommt, macht einen das auf gewisse Art zufrieden. Aber man sollte nicht auf den Trichter kommen, sich auf einem wie immer gearteten Namen oder auf seinen Lorbeeren auszuruhen«, mahnte Kerkeling.

Und die legendärste der vielen Kerkeling-Nummern? Königin Beatrix, die beim Bundespräsidenten ein »lekker Middagesse« abfischen wollte. Das war nach Kerkelings Einschätzung »irre, aber nicht komisch. Es war nie geplant, dass wir da mit dem Auto durchkommen. Aber dann wurde ich durchgewunken. Vor den Haupteingang. Beim Aussteigen habe ich gedacht: Wenn die schießen, dann war's das. Die Herren vom Protokoll waren absolut verwirrt. Was mich gerettet hat, waren die Kolleginnen und Kollegen von der holländischen Presse, die das alles beobachtet haben und lustig fanden. Uns ist etwas gelungen, was niemals hätte gelingen dürfen.«

Während ich im Mai 2021 in meinen Kerkeling-Erinnerungen krame, läuft der Kinofilm »Der Boandlkramer und die ewige Liebe« an. Hape Kerkeling in der Rolle des Teufels, der den Tod in Liebesfragen berät. Als Gegenleistung für die Hilfe soll der Tod sein Handwerk niederlegen. Nach langer Pause ist Hape Kerkeling zurück. Wenn die Meldungen stimmen, bald auch wieder auf der Unterhaltungsbühne. Meine Güte, war das ein Fest, mit diesem großartigen Künstler Kuchen zu essen und in Erinnerungen zu versinken. Außerdem werden mir drei Dinge unauslöschlich im Gedächtnis bleiben: seine Nachdenklichkeit, seine Gastfreundschaft und natürlich sein handwerkliches Geschick. Was für ein schönes, schiefes Schränkchen. Wie sagte der Meister? »Ich finde, es sieht antik aus.« Stimmt unbedingt.

Über Kerkelings Königin-Beatrix-Parodie würde das Publikum sicher auch heute noch lachen. Aber was würde die Social-Media-Gemeinde zu seinem *Café-Korten*-Sketch aus dem Jahr 2012 sagen? Hape imitiert darin einen nur auf sich und seine »Sahneschnitte« fokussierten Schwulen, der in einem überfüllten Café laut und vulgär telefoniert. Die Figur ist fabelhaft überzogen, das Publikum lacht Tränen, das Video wurde millionenfach aufgerufen.

Es ist nicht sicher, ob sich Kerkeling eine solche Nummer heute noch leisten könnte – selbst als bekennender Schwuler. Die Gesellschaft hat sich verändert. Der Humor, bzw. die Frage, über was man lachen darf und über was nicht, ist eine Frage der sozialen Auseinandersetzung geworden. Gut, dass das früher lockerer gehandhabt wurde. Früher habe ich einfach mitgelacht.

Als ich 15 war, stellte mein Körper das Wachstum ein. 157 Zentimeter. Mehr wurden es nicht. Bis zu diesem Zeitpunkt war meine Größe oft Thema. Vor allem, wenn ich schon wieder mit einer Beule nach Hause kam, weil ich zum wiederholten Mal auf Augenhöhe mit einem Briefkasten gewesen war.

Wohlmeinende Tanten, Onkel, Omas, Eltern, Lehrer bedienten sich mit ihrem freundlichen »klein, aber oho!« beim Schweizer Mathematiker Leonhard Euler, der den Spruch angeblich so um 1736 rausgehauen hatte. Aber so richtig zündete der bei mir nicht. Genauso wenig übrigens wie Mathe. Tut mir leid, Herr Euler. Meine angeblichen Schul*freundinnen* (sollte ich sie wirklich als solche bezeichnen?) machten sich einen Riesenspaß daraus, mich neben Parkuhren zu stellen, um zu beweisen, dass die größer waren. Als wir im Unterricht den

zentralafrikanischen Regenwald und seine ortsansässigen Pyg-
mäen durchnahmen, die selten größer als 1,50 Meter werden,
erreichte die Stimmung im Klassenzimmer ihren brodelnden
Höhepunkt, und ich hatte meinen Spitznamen weg: Pygi. Der
hielt sich allerdings nicht lange, sondern wurde durch Gilla,
Gillali, Zuckerbiene (jawoll!) und Bienchen ersetzt. Ich lernte
also von *klein*auf, mit den mehr oder weniger lustigen Bemerkungen zu leben und quittierte sie mit Lachen, denn zur Wahrheit gehört auch, dass man mit 1,57 keinen einzigen Koffer ins
Gepäckfach hieven, nie die Nudelpackung aus dem obersten
Regalfach angeln oder sich in irgendeiner Form nach der Decke strecken muss. Das erledigen galante Herren und hilfsbe-
reite Damen für mich, und ja, ich genieße es noch immer.

Warum erzähle ich das? Weil die Gisela von heute, wenn sie
denn eine Zeitgeistige wäre, beim erstbesten Scherz über ihre
Größe sofort beleidigt reagieren würde. Sie würde ihrer Empörung Ausdruck verleihen, indem sie von Diskriminierung,
Entwürdigung, Ausgrenzung sprechen würde oder heulend bei
der Gleichstellungsbeauftragten säße. Ich kann mich noch an
Zeiten erinnern, in denen wir uns über gute und blöde Ost-
friesenwitze ausgeschüttet haben, ohne befürchten zu müssen,
dass wutschnaubende Kutterfischer aus Juist oder Langeoog
über uns herfielen. Die Ostfriesen, die ich kenne, haben je nach
Güteklasse des Witzes mitgelacht oder einen besseren erzählt.

Wann haben wir verlernt, Dinge mit Humor zu nehmen?
Woher kommt die reflexhafte Empörung über fast jeden noch
so kleinen Scherz? Einfach mal über eine doofe Bemerkung
hinweglachen oder sie ignorieren ginge doch auch. Noch nie
habe ich im Karneval so viele Büttenredner erlebt, die laut darüber nachgedacht haben, dass sie die ganze woke-gender-can-
cel-culture-Bewegung einfach nur anstrengend finden. Dafür
gab es dann den Dreifach-Tusch! Es ist das Wesen der meisten
Scherze, dass sie auf Kosten einer Sache oder eines Menschen

gehen. Klar hat das Grenzen. Aber diese komplette Humorlosigkeit, mit der die moralinsauren Sternchen-Setzer*innen ihre woke-gender-cancel-culture-Keule schwingen, erweist der Sache keinen guten Dienst.

In Hamburg kam ich darüber mit einer von mir sehr geschätzten Übersetzerin ins (leider Streit-)Gespräch, die mir erklärte, dass Menschen, die zum Yoga gehen, eine nicht zu akzeptierende kulturelle Aneignung betrieben. Denn das sei ja nur geklaut. Den herabschauenden Hund dürfen demnach nur die Inder ausführen. Dreimal Ommm! Auf meinen Einwand, dass wir den Indern bei der Rückgabe ihres Yoga gleichzeitig die Eisenbahn und die Telefone abnehmen müssten, weil sie die nicht erfunden haben, ging die Dame steil. Ich hatte Übersetzer (m/w/d) bis zu diesem Zeitpunkt immer als Vermittler zwischen Kulturen empfunden, nun kamen mir Zweifel.

Aber ich dachte die Idee weiter: Jeder bekommt zurück, was ihm aus seiner Kultur gehört. Die Inder das Yoga, die Japaner das Karate, die indische und pakistanische Welt verzichtet auf das populäre Kricket, das die Engländer im 16. Jahrhundert entwickelt haben und das unbestreitbar nur ihnen gehört. Wir streichen Kartoffeln und Tomaten aus unserem Speiseplan. Die dürfen fortan ausschließlich in Südamerika bzw. Mittelamerika gegessen werden. Die Creek-Indianer im Norden Kanadas legen ihre Brillen ab (das verringert die Chancen bei der Jagd, muss aber sein) und die chinesischen Parteikader ihre Anzüge und Krawatten, denn all dies stammt aus anderen Kulturen. Des Weiteren entlassen wir die japanischen Musiker aus unseren deutschen Symphonieorchestern. Schade um die schöne Hoffnung auf Völkerverständigung. Aber hier geht es um Eigentumsrechte an Traditionen, da kann keine Vermischung geduldet werden, da blüht der Nationalismus der Wohlmeinenden. Oder auch nur der rechthaberischen Auftrumpfer. Wenn wir diese Rechthaberei durchziehen, wie die Entdecker der postkolonialen Empörung es verlangen – wird die Welt dann auf irgendeine Weise besser? Japan hört keinen Mozart mehr, China trägt umständliche Gewänder, und Europa hat Rücken.

Wie erfrischend ist es dann, wenn man auf Menschen trifft wie Gunnar Fehling.

Der blinde Buchhändler aus Bad Driburg

»Gunnar kennt nicht nur alle Bücher, sondern der kennt auch noch von jedem die ISBN.« Die Ladys der Buchhandlung Saabel strahlten mich an, und als ich etwas näher zu ihnen ging, glaubte ich, in ihren Augen ein Fünkchen Neid zu entdecken.

Wir standen im Festsaal des Gräflichen Parks in Bad Driburg, wo ich gerade mit Genuss eine Veranstaltung absolviert hatte, die ich im Stillen für mich »Lesung unter Lüstern« genannt hatte. Was für ein schöner Raum: Kristallleuchter an den Decken mit kerzenförmigen Glühbirnen, hellgrüne Designtapeten mit verspielten Mustern, gerüschte violette Volants in Wasserfalloptik an den hohen Fenstern, und von den Wänden lächelten adelige Damen und Herren in Öl. Der Graf vom dazugehörigen Park war nicht anwesend, auch nicht die Gräfin, aber dafür war das Publikum zum Niederknien. Und ebenso die Moderatorin Monika Sude, die kurzfristig für Gräfin von Oeynhausen-Sierstorpff eingesprungen war.

Nachdem der Talk über Neuanfänge zu Ende war, fanden sich spontan ein paar Zuschauer zur After-Show-Party zusammen, um ihren Grauburgunder in Ruhe auszutrinken. Unter ihnen die Belegschaft der Buchhandlung Saabel, zu der auch der gepriesene Gunnar gehörte. Gunnar Fehling. Es passiert mir oft, dass ich mich ruckzuck für Menschen begeistere (genauso schnell kann ich mich auch entgeistern), auch in diesem Fall. Ich merkte sofort: Gunnar hat was! Da war zunächst die Stimme: warm, keck, jungenhaft. Er selbst? Mittelgroß, gelichtete Haare, stattliche Rundungen unterm blauen Jackett. Erst beim zweiten Hinsehen bemerkte ich die getrübten Augen und den Blindenstock.

»Wie machen Sie das mit den ISBN-Nummern?«, fragte ich zur Smalltalk-Eröffnung, und ich gebe zu, dass ich mir bei dieser Frage, die ich zum ersten Mal in meinem Leben stellte, reichlich dämlich vorkam. Wie geistreich ist das denn, einen Mann zu fragen, wie er es anstellt, sich Internationale-Standard-Buchnummern zu merken, mit denen man jeden einzelnen Buchtitel eindeutig identifizieren kann? Und dann noch, wenn er blind ist! Aber wenn die Kolleginnen das schon so hervorgehoben hatten, wollte ich natürlich nicht zurückstehen. »Ich habe einfach das große Glück, über ein ziemlich gutes Gedächtnis zu verfügen«, antwortete Gunnar freundlich. Noch bevor ich die zweite subintelligente Frage abschießen konnte, wurden wir von einer Besucherin unterbrochen, die mir einen möglichen Gast für meine *Sonntagsfragen* vorschlagen wollte. Es handelte sich um einen Friseur aus Köln, der allerdings nicht Friseur, sondern Haarpraktiker genannt werden möchte und sich seit vielen Jahren mit Kopfhautproblemen beschäftigt. Natürlich war ich sofort angefixt, weil ich für meine Sendung immer außergewöhnliche Gäste suche, wandte mich also von Gunnar ab und der Dame zu, die gerade selbst eine Ausbildung zur Haarpraktikerin machte. Während wir über den ganzheitlichen Frisieransatz, die richtigen Bürsten und optimale nachhaltige Haarpflege redeten, wollte ich Gunnar in unser Gespräch einbeziehen, ließ es aber mit Blick auf seine Halbglatze sein. Der denkt doch, du nimmst ihn hoch, wenn du nochmal so eine Spitzenfrage stellst, warnte mich eine innere Stimme, und ich hörte wieder der begeisterten Friseurin zu. Schließlich siedelten einige aus unserer Gruppe in die Hotelbar über, und ich verabredete mit Gunnar, ihn am nächsten Tag in der Buchhandlung zu besuchen.

Ein paar Wochen später war nicht der Haarpraktiker, sondern der blinde Buchhändler mein Gesprächsgast.

Geboren wurde er 1962 in Ciudad de México. Gesund, proper, alles dran. Auch mit den Augen stimmte alles. Sein Vater arbeitete zu dieser Zeit bei einer Spedition und war so hingerissen von dem Land, dass er mit der Familie in Mexiko bleiben wollte. Nach drei Jahren kauften die Eltern dort ein Baugrundstück. »Als wir 1965 zum ersten Mal nach Deutschland zurückflogen, damit die Großeltern in Bremen ihre Enkelkinder kennenlernten, stellte sich heraus, dass meine Eltern gar kein Grundstück gekauft hatten, sondern einem Betrüger auf den Leim gegangen waren.« Was nun? Das Geld war weg. Der Traum vorbei.

Die Familie blieb in Bremen. »Wie heiter war denn so die Atmosphäre bei euch zu Hause?« »Heiter? Da kennst du die Bremer schlecht!« Gunnar Fehling lacht sein ansteckendes Lachen. »Meine Mutter war hanseatisch streng, der Vater nicht von überbordendem Temperament, aber die Atmosphäre bei uns war trotzdem angenehm.« Als Gunnar sieben Jahre alt wurde, zog die Familie nach Hamburg. Diesen ersten, tiefen Einschnitt in seinem Leben sieht er als Grund für den Ausbruch seiner Krankheit an: Diabetes 1. »Meine Freunde zu verlieren war für mich grausam. Und in dieser Stresssituation zeigte sich das volle Ausmaß der Krankheit.« Bis dahin hatte niemand gewusst, dass Gunnar Diabetiker war. Den irrsinnigen Durst, den er konstant hatte, konnten sich auch Fachleute nicht erklären. Es hagelte Fehldiagnosen.

»Mein Durst war so immens, dass ich durstig war, während ich trank.« In Unkenntnis der Lage gab Gunnars Mutter ihrem Sohn literweise Limonade und andere süße Getränke, die das Ganze natürlich nur noch schlimmer machten. Normalerweise produziert die Bauchspeicheldrüse Insulin, ein Hormon, das dafür sorgt, dass der Zucker, der durch Essen und Trinken aufgenommen wird, in die Körperzellen transportiert und dort in Energie umgewandelt wird. Diabetiker müssen strengste Diät halten. Aber natürlich hatte auch darauf niemand geachtet. Kein Arzt hatte erkannte, was dem Kind fehlte. Als die Mutter den Sohn schließlich ins Hamburger Uniklinikum brachte, hing Gunnars Leben an einem seidenen Faden.

»Kannst du dir vorstellen, was das für ein Kind bedeutet?« Das »Depotinsulin«, das durch die Beimischung einer Verzögerungssubstanz länger wirkt als Normalinsulin, wurde zweimal täglich aus dicken Glasspritzen schmerzhaft injiziert. Es war damals das einzige Insulin auf dem Markt und bei Weitem nicht so hoch entwickelt wie das heute verfügbare. »Zum Frühstück gab es Grahambrot, trocken wie zwei Tage altes knochenhartes Schwarzbrot, dazu einen Löffel Magerquark! Mhm! Lecker!«. Gunnar lacht wieder. Aber diesmal klingt sein Lachen bitter.

In der Pubertät nahm die Tragödie ihren Lauf. Gunnar Fehling pfiff auf Diäten und verschlang mit seinen Freunden alles, was verboten war. Sie aßen um die Wette: Eis, Kuchen, Süßkram. Die Augen verschlechterten sich. Zur gleichen Zeit wurden Diabetiker-Kinder durch ein neues Gesetz als Schwerbehinderte eingestuft. Das sollte ihnen zumindest steuerliche und rechtliche Vorteile verschaffen. Für Gunnar aber hatte das Gesetz fatale Folgen.

Nach dem Abi studierte er in Hamburg evangelische Theologie. Sein Ziel: Pfarrer werden. »Nach den ersten vier Semestern lud mich das Landeskirchenamt zum Gespräch, und ein Oberkirchenrat eröffnete mir, dass ich zwar zu Ende studieren könnte, aber niemals eine Stelle angeboten bekäme!« »Warum nicht?« fragte ich, obwohl ich die Antwort ahnte. »Wegen meiner Schwerbehinderung«, sagte Gunnar.

Ich machte dicke Backen und fragte erst einmal nicht weiter. Aber Denken klappte noch: Als Oberkirchenrat hat man eine der höchsten Funktionsstufen in der Behörde Kirche erreicht. Da muss man dafür sorgen, dass der Laden nach Recht und Ordnung läuft. Das ist die juristische Seite. Die kann man nicht freundlicher gestalten, als die Paragraphen es erlauben. Aber wie ist es mit der menschlichen Seite, gerne auch »Nächstenliebe« genannt. Da sitzt der gottgefällige Kirchenbeamte Sonntag für Sonntag im Gottesdienst, sucht im evangelischen Gesangbuch nach der Bachkantate »Nun komm, der Heiden Heiland« oder nach dem (mit Gitarrenbegleitung) deutlich schmissigeren »Lass uns in deinem Namen, Herr, die nötigen Schritte tun!« und wähnt sich mit Gott und der Welt im Einvernehmen. Wie wäre ein Radiointerview mit ihm abgelaufen? Ich dachte mir einen Dialog aus, der im (mit vollen Bücherregalen bestückten) Büro des oberen Verwalters stattgefunden hätte. *Er* hinter dem braunen Holzschreibtisch, auf dem neben PC und 17 Zoll Flachbildschirm ein 13x18-Silberrahmen mit dem Foto seiner Frau und den beiden Kindern stand. *Ich* (sehr freundlich bewirtet mit einem Filterkaffee) vor dem Schreibtisch.

»Herr Oberkirchenrat, warum möchten Sie diesen engagierten jungen Mann nicht einstellen?«

»Weil die Festanstellung eines Diabetikers mit erheblichen Risiken für den Arbeitgeber verbunden ist.«

»Inwiefern?«

»Na ja, Diabetiker haben aufgrund ihres Behindertenstatus Anspruch auf etliche Sonderrechte und besondere Leistungen. Sie bekommen zum Beispiel mehr Urlaub als andere und müssen keine Überstunden machen. Da sind die Konflikte mit den Kolleginnen und Kollegen schon vorprogrammiert!«

»Aber man kann doch ganz offen mit dem Team darüber sprechen, dass der Mitarbeiter einen Schwerbehindertenstatus hat. Schlimm genug, dass er überhaupt an Diabetes erkrankt ist.«

»Grundsätzlich ginge das, aber stellen Sie sich das im Alltag nicht so einfach vor! So leid es mir tut: Uns sind da die Hände gebunden.«

So hätte das Gespräch mit dem christlichen Dienstherrn vielleicht geklungen. Vor allem wäre die Floskel mit den gebundenen Händen gefallen, die alle Angestellten in Behörden und auf Ämtern gerne wählen, um ihr lästiges Gegenüber loszuwerden und sich bequem zurückzulehnen. Dabei kann es auch anders gehen. Ich erinnerte mich an einen Radiokollegen mit Diabetes 1, der sogar Auslandskorrespondent geworden war. Seine Chefin hatte gegen den heftigen Widerstand der Personalabteilung dafür gesorgt, dass er eingestellt wurde. Und weil wir alle über seine Krankheit Bescheid wussten, nahmen wir auch seine gelegentlichen spontanen Wutausbrüche hin, schoben die auf die Unterzuckerung und brüllten mit kollegialer Wonne zurück. Leider verstarb der Kollege sehr früh an einem hypoglykämischen Schock, einer massiven Unterzuckerung. Zu seiner Beerdigung kam auch die halbe Personalabteilung. Aber niemand sagte »Siehste! Den hätten wir gar nicht nehmen dürfen«.

»Meine Güte, Gunnar, was hast du denn damals nach dem Treffen mit dem Oberkirchenrat gemacht?« Achselzucken. »Ich war wütend. Und gleichzeitig ratlos. Außerdem bin ich sofort aus der Kirche ausgetreten.«

Besuche beim Arbeitsamt verliefen erfolglos, bis ihn ein neuer Geistesblitz traf: Staatlicher geprüfter Erzieher. Das war es! Neustart! Gunnar zog von Hamburg nach Ostwestfalen-Lippe. »Sehnsuchtsort von Friedrich Hölderlin! Und auch von mir, seit ich mal mit einer Jugendgruppe dort wandern war.« Zwei Jahre dauerte die Ausbildung, darin enthalten ein Praktikum im SOS-Kinderdorf Schwalenberg. Beide Seiten waren voneinander begeistert. »Aber als ich dann den Vertrag unterschreiben wollte, sagte mir die Kinderdorfleitung, dass sie gerne ein Kreuzchen bei der Konfession sähen.« »Nein!«

»Doch!« Also packte Gunnar seine Siebensachen und ging erneut auf Jobsuche. »Das kannte ich ja schon!« Wieder ein bitteres Lachen. Das Kreuz mit der Konfession.

Inzwischen hatte Gunnar seinen 26. Geburtstag gefeiert. Der Zustand seiner Augen hatte sich massiv verschlechtert. Und wieder kam zum großen Unglück auch noch Pech dazu. Der Augenarzt in Paderborn erwies sich selbst als offensichtlich sehbehindert und behandelte seinen Patienten falsch. »Meine Freunde beschworen mich, den Arzt zu wechseln, aber als ich dann endlich zu einem Spezialisten in Lübeck überwiesen wurde, war es zu spät.«

Schleichend setzte die Erblindung ein. Zu dieser Zeit hatte Gunnar Fehling den dritten Neuanfang gewagt und eine Buchhändlerlehre begonnen. Bei der konfessionslosen, aber segensreichen Bettine Saabel in Bad Driburg. Bingo! Die Buchhändlerin und ihr Mann taten alles, um Gunnar zu unterstützen.

Ich bat den Techniker, die Stopptaste zu drücken, damit Gunnar eine kurze Pause machen und einen Schluck Wasser trinken konnte. Mir war in dem Moment eher nach etwas Stärkerem. Ich schaute ihm in die getrübten Augen und schämte mich sofort dafür, weil er meinen Blick ja nicht erwidern konnte. Ich betrachtete die kleine gelbe Plakette mit den drei schwarzen Punkten an seinem Revers und fühlte mich schlecht dabei, weil ich ihn ja nicht heimlich beobachten wollte. »Siehst du eigentlich gar nichts, Gunnar? Nicht einmal Schattierungen?« »Nein, nichts.« Pause. Ich weiß nicht, wie lange wir so saßen. »Wollen wir weitermachen?« »Ja.« Die Aufnahme lief wieder.

»Wegen des schlecht eingestellten Diabetes sollte ich im März 1989 zur Neueinstellung in eine Diabetes-Klinik. Zu dem Zeitpunkt konnte ich nur noch sehr schlecht sehen. Bettine brachte mich zur Klinik. Ich war ja ohnehin schon unglücklich, aber als ich dieses Gebäude sah, schwülstig, eng, erdrückend, wollte ich nur noch weg.«

Sie fuhren heim, und Gunnar buchte für sich einen Urlaub auf Rhodos. Halbblind alleine in die Ägäis! Ich hätte mir das nicht zugetraut.

»Etwa in der Mitte der Insel liegt Lindos, ein zauberhaftes Städtchen. Und was auch immer es war – die griechische Sonne, das mediterrane Essen, der köstliche Retsina, das Wasser – ich konnte wieder sehen. Und lesen! Eine Neuerscheinung: Margaret George *Henry VIII.* Unglaublich!«

Aber nachdem Gunnar wieder nach Driburg zurückgekehrt war, hielt die Sehkraft nur noch kurze Zeit an. »Zwei Wochen später war alles so schlecht wie vorher. Damit blieb das Werk über Heinrich den Achten mein zuletzt gelesenes Buch.« Ausgerechnet dieser feiste Frauenverschleißer mit Geschwüren an den Beinen, der zwei seiner Gattinnen köpfen ließ. Da hätten Gunnars Augen etwas weitaus Schöneres verdient gehabt.

Wie sieht der Entwurf für das weitere Leben aus, wenn man 27 Jahre lang gesehen hat, wenn man das Licht kennt und die Farben der Jahreszeiten – und all das dann in der Dunkelheit versinkt? Woher kommt der Mut zum Neubeginn oder zumindest der Mut zum Leben, wenn genau dieses Leben plötzlich die Schranken herunterlässt und signalisiert: »So nicht mehr, mein Freund!« Gunnar erzählte, dass er sehr oft verzweifelt war, mutlos und unendlich traurig. »Aber es gab einfach so viele freundliche Menschen und Zuwendungen, die mich auffingen.«

Obwohl er sein Augenlicht komplett verloren hatte, arbeitete Gunnar weiter als Buchhändler. Freunde und Kollegen lasen ihm Texte vor, versorgten ihn mit Hörbüchern und mit sämtlichen Informationen, die er brauchte, um über die Neuerscheinungen im Bilde zu sein. »Vermutlich bin ich der einzige blinde Buchhändler in ganz Deutschland, der immer noch aktiv ist.« Inzwischen scannt er Bücher ein, die er sich von einer Computerstimme vorlesen lässt. Dabei kann er die Sprechgeschwindigkeit ändern und hat sich im Laufe der Jahre auf ein sehr hohes Vorlesetempo eingestellt. »Die Ohren sind zwar immer langsamer als die Augen, aber mit diesem Tempo versuche ich ein wenig mitzuhalten.«

Gunnar Fehling ist jetzt Anfang 60. Und er ist glücklich. Das Insulin für Diabetiker ist dank spitzenmäßiger Forschung optimal verbessert worden, die Spritzen sehen aus wie Kugelschreiber, die Pen-Nadeln sind millimeterkurz und hauchdünn. Bad Driburg bleibt seine Herzensstadt. »Für einen Blinden ist so ein Leben in der Kleinstadt eine schöne Sache. Viele Leute kennen mich, machen rücksichtsvoll den Weg frei – ich habe immer freie Bahn.« Und außerdem ist da diese fabelhafte Freundin: »Wenn du mal eine Sendung über Lebensretter machen möchtest, lad' Bettine Saabel ein!«

Wer war der tollste, schlimmste, lustigste Gesprächspartner? Wenn ich nach Gesprächspartnern mit dem Superlativ »-ste« gefragt werde, fallen mir viele ein, denn fast jeder Gast, der von den Redaktionsteams als Gesprächspartner ausgesucht wurde oder den ich in meine *Sonntagsfragen* einlud, hat etwas ganz Besonderes. Das sind aber nicht notwendigerweise Attribute wie berühmt oder erfolgreich, sondern fast immer Eigenschaften, die mich anrühren und ins Nachdenken bringen. Mir imponieren Macher. Handwerker zum Beispiel. Zu meinen gelungensten Sendungen gehören die mit Bäckern (aus Höxter), Dachdeckern (aus Dortmund) und Elektrikern (aus Münster). Der sehr junge Elektriker Jannik Bröcker aus Münster etwa verzichtete auf seinen Jahresurlaub, um bei »Elektriker ohne Grenzen« mitzuarbeiten und in Laos Bergdörfer mit Strom zu versorgen.

Ich habe Hochachtung vor Frauen, die warmherzige Mütter sind; Frauen, die an der Spitze stehen; Frauen, die Durchsetzungskraft, Energie, Zielbewusstsein und viel Humor haben; Frauen, die manchmal einfach alles können, oder Frauen, die ganz anders sind als alle anderen.

Lobpreisung im Pool

Gogo verharrte bewegungslos. Sie zielte; dann schlug sie ohne Erbarmen zu. Mit dem Gebetbuch. Er war tot. Blut breitete sich auf Gogos Arm aus.

»Ein jegliches hat seine Zeit, und alles Vorhaben unter dem Himmel hat seine Stunde.« So steht es in der Bibel, Prediger 3.1.

Vesperzeit war Moskitozeit. Zeit zu sterben. Die Dominikanerinnen vom Convent in Manzini wussten sich nicht anders zu helfen, als mitten im Abendgebet immer mal wieder nach den *Mossis* zu schlagen, die sie während der Complet, des Nachtgebets, umsirrten. Ich war nun schon zwei Monate hier und hätte mich jeden Abend aufs Neue über das Killerritual der frommen Frauen kaputtlachen können. »Du sollst nicht töten!« Offenbar gab es eine eigene südafrikanische Theologie, die der latenten Malariagefahr angepasst worden war.

Der Konvent in Manzini, mitten in Swasiland, war klein. Eine schlichte rechteckige Anlage aus sandfarbenem Stein mit grünen Wellblechdächern, zwei Gebäude an den Längs-, zwei an den Breitseiten und eine kleine Rasenfläche im Innenhof. Ein knappes Dutzend Schwestern lebte hier, direkt neben St. Theresa's Highschool, im Bischofsviertel. Als die ersten deutschen Schwestern 1931 nach Manzini, damals Bremersdorp, geschickt worden waren, hatten sie ihre Missionsarbeit vor allem als den Aufbau von Schulen für die einheimische Bevölkerung begriffen. Während ihrer ersten Jahre in Swasiland hatten sie den Unterricht draußen unter Bäumen abgehalten. Aus dem Projekt »school under a tree« war im Laufe der Jahrzehnte St. Theresa's geworden, eine der besten Schulen im Land, in die selbst die Könige von Swasiland ihre Töchter schickten. Als ich dort arbeitete, durften alle Mädchen des Landes die Highschool St. Theresa's besuchen; wer das Schulgeld nicht aufbringen konnte, wurde von der Kirche unterstützt. Bis heute ist St. Theresa's eine kirchliche Schule, nur für Mädchen, und nach wie vor schickt der König seine Töchter dorthin. Das sind viele, weil der König 14 Frauen hat.

Thandi war eine der Schwestern, die an St. Theresa's unterrichteten. Dieser schmalen, drahtigen Frau war ich ein paar Jahre zuvor bei ihrem theologischen Studienjahr in der Dormitio-Abtei auf dem Mount Zion am Rand der Jerusalemer Altstadt begegnet. Das Studienjahr wurde von meiner Freundin Karin geleitet, mit der ich in Münster in einer WG gewohnt hatte. Karin gehört zu den klügsten Menschen, die ich kenne: drei abgeschlossene Studiengänge, Ex-Leichtathletin, immer mal gerne zu einem Witzchen auf Hebräisch oder Altgriechisch bereit. Über ihre Gags lacht sie dann meistens ganz allein, während sie in die ratlosen Gesichter ihrer Zuhörer schaut.

Ostern 1985 besuchte ich sie in Israel, im Koffer 40 Schokohäschen für die Studenten, die mich das Sicherheitspersonal am Flughafen Stück für Stück auspacken ließ. Das Stanniol durfte dranbleiben, aber die Hasen mussten in Reih und Glied gestellt werden.

In ihrem Studienjahr können die Stipendiaten und Stipendiatinnen zwei Semester lang in Jerusalem nicht nur Vorlesungen und Seminare besuchen, sondern vor allem an zig Exkursionen durchs »Heilige Land« teilnehmen. Ich genoss die Gastfreundschaft des Hauses, und ich hatte *Massel*, dass ich oft an der Seite von Thandi mitgehen durfte. Auf dem Weg von Jerusalem nach Emmaus, dem 60 Stadien (heute etwa zehn Kilometer) von Jerusalem entfernten Ort, wo nach biblischer

Überlieferung zwei Jünger dem Auferstandenen begegneten, ohne ihn zu erkennen, löcherte ich Thandi mit Fragen zum Leben in einem Orden. Warum war sie eingetreten? War es nicht schrecklich, Gehorsam zu geloben und für jeden Pieps bei der Mutter Oberin um Erlaubnis bitten zu müssen? Was heißt denn, in Armut zu leben, wenn man immerhin Kleidung, ein Dach über dem Kopf und jeden Tag mehrere Mahlzeiten hat? Da kann doch von Armut keine Rede sein! Wie kann man sein Leben einem Gott schenken, einer Idee, dem Glauben an eine gute Sache? Als wir in Emmaus ankamen, meinte Thandi: »Das Beste wird sein, du kommst zu uns nach Swasiland und schaust dir das Ganze mal aus der Nähe an.«

Als ich aus dem Flugzeug stieg und die feuchtwarme Luft einatmete, signalisierte mir mein erinnerungsspeichernder Temporallappen über den Ohren: Déjà-vu! Hier warst du schon mal! Und: Hier gehörst du hin! Die tropischen Temperaturen, der süßliche Geruch aus Kerosin und Kokos, sogar die Ankunftshalle vermittelte mir ein heimisches Gefühl. Wir rumpelten mit dem Bus vom Flughafen nach Manzini, über die roten Blütenteppiche der Jakarandas vorbei an Lehm- und Strohhütten, den Blick auf die Berge und in die weiten, grünen Ebenen gerichtet.

Noch hingen überall blau-gelb-rote Fahnen mit dem königlichen Wappen (Löwe = König links, Elefant = Königinmutter rechts, dazwischen der traditionelle Nguni-Schild), noch flatterten überall Spruchbänder mit dem Willkommensgruß »Sanibona«, noch wehten bunte Girlanden zwischen den Bäumen, denn die Swasi hatten kurz zuvor ihren Unabhängigkeitstag gefeiert. Seit 1968 ist das Königreich zwischen Mosambik und Südafrika eigenständig und wird als absolute Monarchie regiert. 2018 verfügte König Mswati III, dass das Land ab jetzt Eswatini heiße.

Der Bus überquerte einen Fluss, kreuzte durch Manzini, hielt in der Tenbergen Street. Dann stand ich vor dem von Hibiskushecken umgebenen Kloster. Meine Absicht war es, ein paar Monate wie eine Nonne zu leben. Wie bei den Helpers of Mary wollte ich begreifen, warum so viele Frauen, junge, attraktive, kluge Frauen, sich für diesen Lebensentwurf entschieden.

Thandi wiederzusehen war so vertraut, als wären wir gerade erst von unserem Emmaus-Spaziergang zurückgekommen. Sie zeigte mir mein winziges Zimmer – Bett, Tisch, Stuhl, Minischrank, kein Moskitoschutz –, stellte mir die schwarzen und weißen Schwestern vor: Hildegund, Alison, Prisca, die Gogo (Siswati für Oma), mit 79 die Älteste im Haus. Thandi führte mich in die Küche und die Kapelle, wies mich ein in den Tagesablauf.

Das Leben im Konvent lief wenig geregelt ab, bis auf die gemeinsamen Gebets- und Essenszeiten, bei denen aber niemand zwingend anwesend sein musste. Rasant gewöhnte ich mich ein, auf meine Art: 6.00 Uhr aufstehen, dann den Herrn im Swimmingpool der Schule preisen, während die anderen beim Morgengebet, der Laudes, in der Kapelle saßen.

Streng genommen gehörte die Morgenhore im Pool natürlich nicht zum Alltag der Schwestern, den ich ja studieren wollte, aber ich puzzelte mir im Schwimmbecken meine eigene Theologie über das Wasser als Ursprung des Lebens zusammen und dankte dem Herrn für diese geniale Schöpfungsidee. Um 7.00 Uhr gab's Frühstück (frische *Paw Paw*, also Papaya, und eine Scheibe Honigtoast), dann begann der Unterricht.

12.30 Uhr Lunch, Einkäufe und andere Aufgaben erledigen, 18.00 Uhr Vesper. 18.01 Uhr die ersten Moskitos erschlagen. 18.30 Uhr Dinner. Danach die Abendmaske auftragen: einen kräftigen Spritzer Autan.

Ein Vierteljahr lang verstand ich jeden Tag besser, was die Frauen dazu bewogen hatte, Dominikanerinnen zu werden und das Leben im Orden einer Ehe oder Familie vorzuziehen. Ausnahmslos alle waren Alpha-Frauen, autonom, zupackend. Absprachen trafen sie auf dem kleinen Dienstweg. Um Erlaubnis für irgendetwas bat keine von ihnen. An- und Abmeldungen wurden flott auf dem Flur erledigt, damit zumindest immer eine wusste, wo die andere gerade war. Wer nicht in der Schule unterrichtete, arbeitete in der Küche, im Garten oder im Büro, kochte, putzte, erledigte Einkäufe oder half, wo Not war, in den Flüchtlingslagern, bei den Straßenkindern, in der Jugendarbeit. Alle taten, was sie für richtig hielten, und ließen sich von keinem Besserwisser oder Zauderer abhalten. Die Frauen der Ordensgemeinschaft entschieden selbst und zügig.

Thandi, geboren 1937, trug selten ihre lange, cremefarbene Ordenstracht. Stattdessen möglichst luftige Kleider, immer aber den Schleier. Thandi war ihr Xhosa-Name, was deutlich poetischer klang als ihr bürgerlicher Name Hermine. Und was so viel wie »Fürsorge« bedeutete.

Diese Fürsorge wollte sie den Menschen »entgegenstrahlen«, wie sie das nannte. Meistens gelang ihr das auch. Auf unseren gelegentlichen Wanderungen durch den Malolotja National Park beschrieb mir Thandi ihre Lebensphilosophie: »Was meinen Beruf ausmacht, ist ja nicht nur, für andere Menschen da zu sein, sondern sie auch so anzunehmen, wie sie sind. Dazu gehört natürlich auch, die Gemeinschaft der Schwestern auszuhalten. Und das jeden Tag neu zu üben.« Damit traf sie bei mir einen empfindlichen Nerv. Menschen so annehmen, wie sie sind? Och nö. Meiner Natur entsprach es eher, mich darüber aufzuregen, wenn jemand geizig, faul oder humorlos war, und dann mit Gleichgesinnten genüsslich über andere herzuziehen. Wenn Klosterfrau-Sein darin bestand, jeden Vollpfosten zu tolerieren, jeden Depp womöglich auch noch als einmaliges Geschenk Gottes zu betrachten, dann war der Job sicher nichts für mich.

Thandi schaffte es, mich ins Nachdenken über mein Menschenbild ganz allgemein zu bringen. Ich war aufgewachsen mit derart großzügigen, herzenswarmen und – für 1960er-

Jahre Verhältnisse – liberalen Eltern, dass ich lange davon ausgegangen war, dass die meisten Menschen großzügig, herzenswarm und liberal sein müssten. Lange Zeit konnte ich mir schlichtweg nicht vorstellen, Feinde oder Neider zu haben; auf Menschen zu treffen, die es nicht gut mit mir meinten, die mir ins Gesicht lächelten und dann hintenherum zuschlugen. Mit grenzenloser Naivität glaubte ich allen Ernstes, Konflikte einfach weglachen zu können. »Komm, Schwamm drüber, lass uns doch den blöden Streit vergessen.«

Vom Logenplatz im ersten Rang sah ich mir beim lustigen Leben zu und nahm alles nicht so ernst. Das sollte sich gründlich ändern.

Im Laufe der Jahre erlebte ich, wie meine hilfsbereiten Eltern beträchtliche Geldsummen verloren, die sie Menschen in Not geliehen hatten. Ich lernte die erbärmlichsten Typen kennen, die Offenbarungseide leisteten und meinen hilfsbereiten Eltern eine Nase drehten. Kerle, die sich damit brüsteten, ausschließlich mit Schwarzarbeit ihr Geld zu machen, und über die Blödheit derer lachten, die Steuern zahlten. Gelernte Raffkes, die damit prahlten, trickreich alle Finanzquellen und sozialen Hilfsangebote auszuschöpfen – obwohl sie gar keine Unterstützung brauchten.

Solche Typen sollte ich nach Thandis Lesart so annehmen, wie sie waren? Nein. Ich wünschte diesen Leuten die Pest an den Hals.

Spätestens wenn unser Gespräch an diesem Punkt angelangt war, kam bei Thandi Gott ins Spiel. Bei mir der gerechte Zorn. Sie wollte beten; ich wollte, dass diese miesen Pfeifen büßten. Außerdem war ich der Ansicht, dass die richtig Miesen ihren Anspruch auf freundliche Behandlung verwirkt hätten. Auch wenn die Gespräche auf unseren Wanderungen noch so spannungsgeladen waren, fanden wir immer genug Zeit, vom Malolotja Park zu schwärmen, von den Bergen, von der Natur, von Swasiland. Zum Picknick gab es höllenscharfe Samosas, Wasser und: Aachener Printen. Denn meine zuverlässige Mutter sorgte dafür, dass der Nachschub essenzieller Lebensmittel auch in Südafrika ankam. Die Schwestern nahmen mit Begeisterung Pakete mit selbst gemachter Stachel-, Kirsch- und Erdbeermarmelade in Empfang. Und als ich sie nach drei Monaten verließ, haben sie – fürchte ich – nicht nur um mich, sondern auch ein bisschen um die Marmelade geweint.

Ich lag mit Thandi auf der pieksigen Wolldecke und dachte über sie und ihre Mitschwestern nach. Mir wurde klar, dass das Kloster für diese Frauen nur das äußere Gerüst war, dass aber jede für sich absolut selbstbestimmt lebte und arbeitete. Ihr Gott wurde nicht dafür missbraucht, Unstimmigkeiten zwischen den Frauen mit frommen Sprüchen zuzukleistern. So viel Freiheit wie möglich, so viel Gemeinschaft wie nötig. Wie in jeder anderen WG flogen auch im Kloster die Fetzen, knallten mal die Türen, meckerte die eine über die andere; aber wie in jeder anderen WG gab es immer wieder Aussprachen und Versöhnungen.

Die Dominikanerinnen hatten sich einer größeren Sache verschrieben, an die sie aus tiefster Überzeugung glaubten: anderen Menschen zu helfen und dabei von etwas Höherem getragen zu werden. Das gab ihnen Kraft. Ich entwickelte eine hohe Achtung vor diesen Frauen, weil sie nicht missionierten, sondern einfach nur das lebten und taten, was sie zutiefst für richtig hielten.

Das ist eine Erfahrung, die ich allerdings fast ausschließlich bei Ordensleuten im Ausland gemacht habe: Die Patres glichen oft handfesten Abenteurern; die Nonnen waren emanzipierte Pionierinnen – ohne eine Frauenbewegung. Merkwürdigerweise empfand ich die meisten Klöster in Deutschland als sehr viel strenger, verschlossener, weniger heiter, eher öde. Ob das auch mit dem Klima zu tun hat? Fühlen sich Menschen gelöster, wenn sie den ganzen Tag im Freien verbringen können?

Ganz gleich, in welches Schwesternhaus ich im Laufe der drei Monate kam, egal ob in Durban, Oakford oder Johannisburg, überall spürte ich den gleichen Geist einer überwältigenden Offenheit und Gastfreundschaft.

Aber was dachten sie über die landesübliche Polygamie? Wie standen die Schwestern zum traditionellen Umhlanga? Bei diesem Schilfrohrtanz tanzen die Jungfrauen des Landes für ihren König, barbusig, im Schilfröckchen. Tausende von Mädchen hoffen darauf, dass sie dabei vom König auserwählt werden, eine seiner Frauen zu werden. Darunter auch etliche Schülerinnen von St. Theresa's.

Sister Alison, die damals dabei war, ein groß angelegtes Aids-Projekt aufzubauen, lachte, als ich sie fragte, ob sie mit den Mädchen über Sex reden würde. »Wir leben doch nicht hinterm Mond. Traditionell geht es beim Schilfrohrtanz auch darum, mit den Mädchen über Enthaltsamkeit zu sprechen. Das erledigen die Mütter und Großmütter, und wir ziehen mit ihnen an einem Strang. Aber ob es hilft? Wir hoffen, dass sie verhüten, und raten ihnen dringend dazu.«

Klosterfrauen und Kondome? Kein Problem. Rom war weit weg. Endlose 12 500 Kilometer.

Was ist geblieben? Der Konvent in Manzini wurde 1992 geschlossen. Das Kloster an den Bischof verkauft. Die Schule dem Bistum übergeben. Thandi ist dement geworden und lebt seit 2007 im Seniorenheim der Schwestern in Oakford.

Sister Alison bekam zum Abschied für ihr Aidsprojekt einen Orden: »Pro Ecclesia et Pontifice«. Der wurde ihr von der Generalsekretärin der südafrikanischen Bischofskonferenz angesteckt.

Swasiland gilt als das Land mit der weltweit höchsten Rate an HIV-Infizierten.

Ich kehrte immer wieder nach Afrika zurück.

Das vielleicht bislang beste Jahr meines Lebens war das Jahr, in dem ich an gefühlt 360 Tagen auf Reisen gewesen bin. Ich hatte es so gewollt. Der Entwurf: viel arbeiten, dafür durch Deutschland touren und mit dem verdienten Geld in jedem Monat eine Woche lang mit einem besonders engen Freund verreisen. Freundinnen inklusive. Ich besuchte Laszlo in Washington und flog mit Diethelm nach Kuba. Ich war mit Roswita in Ägypten, mit Steffi auf Rhodos, mit Matthias in Venedig, mit Jürgen auf Mallorca, mit Anne in Namibia. Aus jedem Land brachten wir haufenweise Stoff und Gäste für Sendungen mit. Ich arbeitete, leerte die Themenspeicher, plante die nächste Reise, füllte die Speicher wieder auf. Ich war wie im Rausch und fühlte mich großartig. Begnüge dich nicht mit Kinkerlitzchen! Vertrödele nicht dein Leben! Think big! Jede Woche eine neue Richtung! Ich fühlte mich wie eine Kompassnadel zwischen wechselnden Magnetfeldern.

Besonders dankbar bin ich dafür, dieses Jahr (und all die weiteren) überlebt zu haben, denn es hätte gut möglich sein können, dass die sterblichen Überreste von Gisela Steinhauer in Afrika geblieben wären.

Wenn ein Mensch in seinem Leben die Route immer wieder geändert hat, dann ist es meine Freundin Anne. Niemand in der rheinischen Tiefebene ist öfter umgezogen als sie, niemand hat so viele Geschäftsideen gehabt und die meisten davon auch umgesetzt, niemand mit größerer Regelmäßigkeit sein Portemonnaie und den Haustürschlüssel verloren. Sie besaß kleine, geschmackvolle Einrichtungsläden und Geschäfte mit ausgefallenen Kleidern. Sie konnte blitzschnell die köstlichsten

Gerichte kochen und war jederzeit bereit, in Restaurants oder Kneipen zu kellnern. Dass sie an der Kölner Sporthochschule studiert hat, sieht man ihr heute noch an; dass sie drei Kinder zur Welt gebracht hat, nicht. Wenn man Anne fragt: »Hast du spontan Lust, auf den Mars zu fliegen?«, sagt sie sofort »ja«.

Den Mars hatte ich nicht zu bieten, aber ich lud sie ein, mit mir nach Namibia zu reisen, um dort unter anderem Naita Hishoono zu treffen.

In den 1970er Jahren kämpften Naita Hishoonos Eltern in der SWAPO, der marxistischen Befreiungsbewegung Namibias, gegen die Soldaten des südafrikanischen Apartheidregimes, die ihr Land besetzt hatten. Naita lebte mit Hunderten anderen Kindern in Cassinga, einem Flüchtlingslager in Angola. Als die südafrikanische Luftwaffe im Mai 1978 das Flüchtlingslager bombardierte, beschloss die SWAPO, die Kinder ins sozialistische Ausland auszufliegen, um sie in Sicherheit zu bringen. Die Wahl fiel auf das Bruderland DDR. Das Jagdschloss Bellin nahe Rostock war zu einem Kinderheim umgebaut worden, in dem Naita mit 400 weiteren namibischen Mädchen und Jungen aufwuchs, die für ihre Rolle als künftige Elite in Namibia ausgebildet wurden. Nach dem Mauerfall musste Naita die sich auflösende DDR so schnell verlassen, wie sie damals eingereist war. Förmlich über Nacht musste sie ihre Sachen packen und wurde nach Windhoek zurückgebracht – in eine Heimat, die ihr fremd geworden war. Und 1990 gerade erst unabhängig.

»Nach Namibia?«, fragte Anne und überlegte kurz: »Wann denn?«

»Übernächste Woche.«

»Ah, das ist gut, nächste Woche werde ich nämlich am Darm operiert. Dann bin ich bis dahin ja wieder auf den Beinen.«

»Bist du sicher? Ist das nicht zu gefährlich, mit einer frischen OP-Narbe zu reisen?«

»Nee. Das passt schon.«

Wir buchten die Flüge.

Wer mit Anne reist, braucht kein Navi. Nachdem wir am Flughafen von Windhoek gelandet waren, lotste sie mich mit einer touristischen Ministraßenkarte so souverän durch die Stadt, als kenne sie jeden Winkel. Den ersten Abend verbrachten wir im N.I.C.E., dem (für mich) zauberhaftesten Restaurant der Stadt (No 2 Mozart Street), bestellten Oryx-Steak mit Raukesalat und stießen mit Windhoeker Bier auf die kommenden Tage an. »Auf das Leben.«

Das Radiointerview mit Naita Hishoono (Wuschelhaare, offenes Gesicht, warmherziges Lachen) fand im Funkhaus von NBC Namibia in Windhoek statt. »Die erste Zeit nach meiner Rückkehr«, sagte Naita, »ist mir schwergefallen. Ich war so deutsch, fühlte mich wie eine Kokosnuss: außen schwarz und innen weiß!« Es dauerte, bis sie Fuß fasste und sich auch in Namibia heimisch fühlte. Ihre Arbeit für das »Namibia Institute for Democracy«, dessen Direktorin sie inzwischen ist, führt sie bis heute immer wieder nach Deutschland. Ihr Leben in zwei Welten hat nie geendet.

Nachdem wir das Interview mit Naita Hishoono im Kasten hatten, brachen wir auf Richtung Swapokmund, 370 Kilometer entfernt an der Küste gelegen. Es gibt eine gut ausgebaute Straße dorthin. Und es gibt die Offroadpiste. Wir entschieden uns für die gut ausgebaute Asphaltroute, weil die schön und klar in Blau in die Karte eingezeichnet war. Mit vollem Tank, aber leider ohne Reservekanister und ohne Wasser (Ich: »Och, das können wir ja zwischendurch am Büdchen kaufen«) fuhren wir am Morgen los und ließen die Erlebnisse der letzten Tage Revue passieren. Wir quatschten und quatschten, lachten und waren bester Laune, bis die Strecke plötzlich arg holperig wurde. Der Wagen ruckelte und schaukelte über die Straßenbuckel. Anne presste beide Hände auf ihre OP-Narbe. »Kannst du bitte mal auf die Karte gucken?«, sagte ich.

Nach einem Blick war klar: Wir hatten vor lauter Quasseln die Abfahrt verpasst. Seit einer Stunde fuhren wir bereits auf der Ruckelstrecke. Inzwischen war Mittagszeit. »Ach, ist jetzt auch egal«, meinte ich. »Wir werden da schon irgendwie hinkommen.« Die Fahrt ging weiter. Wir redeten wieder. Anne erzählte von den abgewrackten Häusern, die sie gekauft und renoviert hatte, von den Handwerkerarbeiten, die sie fröhlich und hochschwanger erledigt hatte, von den Ferien mit ihrer Familie. Unser Weg führte schnurstracks geradeaus über die Waschbrettpiste, aber wir kamen erstaunlich gut voran. Die Tankanzeige auch. Sie neigte sich dem letzten Drittel zu. Es wurde Nachmittag. Wir rumpelten weiter, sprachen über Namibia als ehemalige deutsche Kolonie, den Aufstand der Herero und Nama, den Völkermord, die Entschädigungsforderungen.

Dabei blickten wir die ganze Zeit aus dem Fenster. Kein Lebewesen weit und breit. Doch! Da vorne war eine Aussichtsplattform! Ein junges Paar stieg aus dem Wagen, um sich zu strecken und die Landschaft zu genießen. Genießen? Na ja. Bisschen wenig Landschaft, eigentlich vor allem Sand. Wir rollten weiter. Viel Sand. Sehr viel Sand. Richtig viel Sand. »Da hinten kommt ein ausgetrocknetes Flussbett, versuch mal, drum rum zu fahren«, empfahl mir Anne. »Aber vielleicht geht's besser mit Karacho mitten durch«, antwortete ich und gab Gas. Mit Vollspeed in die Senke. Rums. Der Wagen blieb stehen. Rückwärtsgang. Die Reifen drehten durch. Vorwärtsgang. Die Reifen gruben sich ein. Rückwärtsgang. Der Wagen hing fest.

»Mist!« Ich stieg aus, kniete mich an den linken Hinterreifen und begann zu buddeln. Mit den Händen. Denn außer Benzin und Wasser hatten wir auch keine Schaufel dabei. Nach einer Viertelstunde war ich komplett durchgeschwitzt. Die helle Hose mit den feinen Burberry-Karos am Saum klebte an den Beinen, die beige Bluse war zum Auswringen, die Haare hingen im Gesicht. Ich buddelte weiter. »Das bringt doch nichts«, sagte Anne, der ich wegen ihrer Narbe strenges Buddelverbot erteilt hatte. »Da kommen jetzt höchstens die Schlangen aus dem Sand«. Wir sahen uns mit großen Augen an, denn wir haben beide Angst vor Schlangen. Ich gab auf und zückte zum hundertsten Mal mein Handy. Immer noch kein Netz. Allmählich brach die Dämmerung an. Wir bekamen Muffe. Und wir hatten allergrößten Durst. Wie bescheuert kann man eigentlich sein? Ohne Sprit, ohne Wasser, ohne Proviant, ohne Schaufel loszufahren?

»Oh, Anne, was machen wir denn jetzt bloß?« Anne kramte einen Kaugummi aus ihrer Tasche und bot mir die Hälfte an. »Warte mal ab. Das Paar von der Aussichtsplattform war ja hinter uns. Die müssen doch irgendwann vorbeikommen.« Wir stiegen in den Wagen und warteten. Die Tankanzeige stand auf Reserve. »Wie weit es wohl noch bis Swakopmund ist?« Natürlich hatte ich den Kilometerstand bei der Abfahrt nicht notiert. War ja am Morgen alles so easy und lustig gewesen.

»Mensch, Gisela, stell dir mal vor, wenn hier keiner mehr kommt. Heute nicht und in den nächsten Tagen auch nicht.« Wir malten uns aus, in welcher Haltung sie uns finden würden. Verdurstet und verhungert? Das Gepäck von wilden Tieren zerfetzt? Nur noch unsere zerschlissenen »Lindenstraßen«-T-Shirts im Kofferraum? (Kurz vor der Reise hatte ich ein Jubiläumsfest der Lindenstraße moderiert, die von Anne leidenschaftlich jeden Sonntagabend verfolgt wurde, und bei der Gelegenheit mehrere T-Shirts geschenkt bekommen, die seither als Schlafanzug dienten.)

Irgendwann stellten wir das Sprechen ein. Und warteten. Wie so oft in brenzligen Situationen bemühte ich den lieben Gott und bat meine Schutzengel um Hilfe.

»Anne! Ich werd' verrückt! Hinter uns sind Scheinwerfer!« Blitzartig sprang ich aus dem Wagen, rannte durch die Senke, winkte hektisch mit beiden Armen und warf mich vor den Kühler des Autos, bevor der Fahrer denselben Fehler wie ich machen und bis zur Achse im Sand versinken würde. Es war das Pärchen von der Plattform. »We got stuck!«, rief ich dem Mann am Steuer zu. Der stieg aus und sagte auf Deutsch: »Das sehe ich!« Wäre ich meinem ersten Impuls gefolgt, hätte ich ihn sofort umarmt. Stattdessen ging ich zur Beifahrertür und versicherte der Frau: »Euch schickt der Allmächtige!«

Wie peinlich für uns. Die beiden waren perfekt ausgerüstet: Abschleppseil, Schaufel, Bretter zum Unterlegen, Wasservorräte, Werkzeug. Zu viert machten wir uns an die Arbeit, schoben Gitterbleche unter die Reifen, zogen die Karre aus dem Sand. Als es endgültig dunkel war, stand unser Wagen wie eine Eins auf der Schotterpiste. Wir hatten uns darauf verständigt, die letzte Strecke – noch eine Dreiviertelstunde – im Konvoi zu fahren. Das erwies sich als schlau, denn wenige Minuten nach der Weiterfahrt blieb das Retter-Paar im Sand stecken. Vorwärtsgang. Rückwärtsgang. Ende. Wir konnten uns revanchieren, buddelten, legten das Abschleppseil an und zogen ihn aus der Steppe. Befreit und leicht hysterisch begann ich wieder zu plappern. Dann kamen die Abendlichter von Swakopmund in Sicht. Ich schwieg. Und dankte dem Himmel. Swakopmund hatte eine Tankstelle. Mit dem allerletzten Tropfen Benzin rollten wir an die Zapfsäule.

Es gibt von dieser Reise mit Anne nur wenige Bilder. Ich habe sowieso viel zu selten fotografiert, weil ich mir einbildete, die wirklich wichtigen Momente und Begegnungen im Gedächtnis zu behalten. Das stimmt leider nur bedingt. Andererseits konnte ich für dieses Buch alle Augenblicke wieder abrufen, die mich bisher im Leben weitergebracht haben. Ich hoffe, dass noch ein paar neue hinzukommen.

Wie es in Namibia weiterging? Anne und ich kauften bei einem Outdoor-Ausrüster einen veritablen, olivgrünen Klappspaten, den wir am Flughafen aufgeben mussten, weil er nicht ins Handgepäck durfte. Ich reise ja nur mit Handgepäck.

Als ein paar Monate später Deutschland einen so strengen und eisigen Winter erlebte, dass die Krankenwagen der Berliner Feuerwehr Patrouille fuhren, um eventuell gestürzte Passanten aufzusammeln, musste unser Freund Paul sein komplett zugeschneites Auto freischaufeln. Er hatte aber kein passendes Werkzeug. Also schenkte ihm Anne den Wüstenspaten. Freunde bewahren die Erinnerung.

Die wirklich wichtigen Sonntagsfragen

Das Interview mit Naita Hishoono wurde in meinen *Sonntags-fragen* ausgestrahlt, die ich zu den großen Glücksfällen meines Lebens rechne. Im Sommer 2007 kam mir bei einer Wande-rung die Idee zu einer Sendung am Sonntagmorgen. Kurz da-vor war wieder die »Sonntagsfrage« gestellt worden, also die Frage: »Wen würden Sie bei der nächsten Bundestagswahl wählen«? Mein Freund und ich hatten gerade Triest verlassen und stiefelten durchs Friaul, als ich darüber nachdachte, dass mich sonntagsmorgens viele Fragen beschäftigten, aber höchst selten die nach der nächsten Bundestagswahl. So erfand ich die *Sonntagsfragen*, meine eigene Sendung beim WDR.

Mein Konzept: Ein Gast an jedem Sonntag. Zu einem Thema. Sieben Gesprächsrunden von jeweils drei bis vier Minuten. Keine Promis, sondern unbekannte Menschen mit außerge-wöhnlichen Begabungen, ausgefallenen Ideen, bemerkenswer-ten Plänen und Projekten. Menschen, die durchdrungen sind von einer Vision, einer Weltanschauung, einer besonderen Art zu leben. Meine Überzeugung dahinter: Zuhören und Nach-denken können ein Vergnügen sein und uns weiterbringen.

Ich reichte die Idee bei meiner Chefin ein und schnell war klar: Wir machen das! Im November 2007 war die Premiere. Mit dem Diplom-Psychologen Ingo Bögner sprach ich über das Phänomen der Angst. Dass er ins Studio kommen würde, war klar. Dass er eine Vogelspinne mitbringen würde, nicht. Er wollte mit ihrer Hilfe an meiner Spinnenphobie arbeiten. Das hat nicht ganz geklappt. Ich bekomme noch heute Gänsehaut, wenn ich an das widerliche Viech denke, aber die Sendung war trotzdem klasse!

Seither lade ich mir Sonntagsgäste ein, die von sich erzählen: vom Scheitern und Wiederaufstehen; vom Kampf gegen den Hunger in der Welt, vom Himmel, von Alltagshelden. Unternehmerinnen und Pioniere kommen. Bauchredner, Schmerzforscher, Schrebergärtner, Weltenbummler. Wissenschaftler berichten und Zauberer, Liebeskummer-Trösterinnen und Hellseherinnen; Fußballmanager, Konzeptkünstler, Köche, Kirchenleute; Umweltaktivisten, Philosophen, Sterndeuter.

Sonntag für Sonntag ein neuer Gast. Woche für Woche. Jahr für Jahr.

2012 habe ich für ein Interview aus dieser Reihe den Deutschen Radiopreis verliehen bekommen; die renommierteste Auszeichnung für uns Hörfunker. Hallo, Bas! Danke dafür! Der Wissenschaftsjournalist Bas Kast hatte in der Sendung, die mit der Auszeichnung bedacht worden war, mit mir über die ewige Qual der Wahl gesprochen. Die hatte er erforscht und seine Ergebnisse in dem wunderbaren Buch *Ich weiß nicht, was ich wollen soll* zusammengetragen. Für mich ist es *das* Buch für alle, die Probleme mit Entscheidungen haben. Und durchdachte Entscheidungen zu fällen ist immer die Voraussetzung dafür, die eigene Route neu zu berechnen.

Bei den *Sonntagsfragen* kann ich mich auf meine Hörerschaft verlassen. Wir teilen dieselbe Neugierde. Und wir hören gerne zu. Mit den Ohren klappt es also auch. Die Quote ist spitze, das Echo nach den Sendungen enorm und die Aufregung groß, wenn es um Werte, Liebe, Glauben geht. Oder um Kunstfälscher.

Ein Original mit vielen Fälschungen

17.05.2014 10:49

Hallo Herr Schulz,

kopfschüttelnd habe ich soeben den Vorbericht über die morgigen Sonntagsfragen gehört. Unglaublich, wie Frau Steinhauer darin einen Kriminellen, einen verurteilten Straftäter (Beltracchi) geradezu anhimmelt und unter Relativierung seiner Straftaten gesellschaftsfähig zu machen versucht. Wo bleibt dabei die professionelle Distanz und die journalistische Objektivität? Dass sie ihn als tollen Mann empfindet, ist ihre Privatsache und für uns Hörer irrelevant. Peinlich, dieser Beitrag. Und bedenklich.

Gruß aus Essen

Ich schätze es sehr, wenn sich Hörer zu Wort melden, die nicht nur beim Quiz mitraten wollen, sondern sich auch mit unserem Programm auseinandersetzen. Selbst wenn sie uns dabei kritisieren. Der Herr aus Essen war so einer. Er reagierte auf ein Teaser-Gespräch, das der Moderator Uwe Schulz und ich samstags führten, um auf meine Sendung am Sonntag hinzuweisen. Wutentbrannt hatte der Mann aus Essen sein Pulver verschossen, bevor er die *Sonntagsfragen* mit dem Kunstfälscher Wolfgang Beltracchi überhaupt gehört hatte. Mein kurzes Gespräch mit Uwe hatte ihm schon gereicht, um auf den Putz zu hauen.

Ich war die Erste in der ARD, die ein langes Hörfunkinterview mit Wolfgang Beltracchi führte. Im Mai 2014. Vier Jahre nachdem der »Meisterfälscher« und seine Frau Helene aufgeflogen waren. Ihre Haftstrafe verbüßten sie in Köln-Ossendorf, inzwischen im offenen Vollzug.

Monatelang war die internationale Kunstwelt in Aufruhr gewesen: Skandal! Betrüger! Gauner! Aber nicht alle waren empört. Die weitaus größere Zahl der Menschen, mit denen ich sprach, empfand Beltracchis Delikte als eher harmlos, denn schließlich hatte er keinem Menschen ernsthaftes Leid oder physischen Schaden zugefügt, sondern allenfalls Leute, für die Kunst Geld bedeutete, um einen beträchtlichen Batzen erleichtert. Das löste viel Häme und Schadenfreude aus. Zunächst klammheimlich, dann offen. Wer nicht gerade als Kunstkritiker oder Sachverständiger unterwegs war, amüsierte sich über den Sohn eines Anstreichers und Kirchenmalers aus Höxter, der es geschafft hatte, Max Ernst, Picasso, Cézanne oder Campendonk so meisterhaft zu fälschen, dass selbst die größten Experten auf seine Nachahmungen hereingefallen waren. »Ich bin eben einfach sehr gut«, pflegte Beltracchi dann in Richtung Gutachter zu sagen.

Wenn ich einen Alt-Hippie malen müsste, sähe er aus wie Wolfgang Beltracchi, dieses Original mit vielen Fälschungen. Ein Mittelscheitel teilt die langen gewellten Haare, deren Farbe zwischen Weizengelb und Taxibeige changiert, zu keiner wirklichen Frisur. Sein gezwirbelter Schnurr- und spitzer Ziegenbart sieht aus wie der Bart von d'Artagnan, Dumas' schneidigstem Musketier. Und in seinen Augen, die Abertausende Bilder und Gesichter gesehen haben, blitzt ein prüfender Blick mit einem Hauch von Spott.

Als ich ihn (er hatte ja Freigang und durfte sich unter strengen Auflagen frei bewegen) im WDR zur Aufzeichnung der *Sonntagsfragen* beim Pförtner abholte, kam es mir vor, als würde ich in die 1970er-Jahre springen: mitten rein in eine

Flowerpower-Inszenierung mit Dope, Sinalco und einem lässigen: Hey, Leute, alles easy!

Beltracchi ging nicht, er schlenderte eher. Er sprach nicht klar und laut, sondern schleppte sich leise durch die Sätze im Geilenkirchener Singsang, wie man ihn nur aus dem Selfkant, der westlichsten Region Deutschlands, kennt. Menschen mit dieser Wortmelodie wirken auf mich immer tiefenentspannt. Auch Beltracchi. Er schien selber erstaunt darüber zu sein, dass er sich so frei bewegen konnte, stellte mir seine 20-jährige Tochter Franziska vor, schlappte langsam neben mir zum Aufzug. 30 Jahre lang hatte er fantastisch gut davon gelebt, die größten Maler der Kunstgeschichte zu imitieren. Einige Hundert seiner Bilder waren für hohe Beträge, manchmal Millionen, an Kunsthändler und Sammler in aller Welt verkauft worden, bis der Betrug im Sommer 2010 ans Licht kam und die Beltracchis zu sechs Jahren Gefängnis verurteilt wurden.

In der U-Haft hatten sie einander Briefe geschrieben. Am Ende waren es 8 000 geworden. Zusammengefasst und veröffentlicht in dem Buch *Einschluss mit Engeln*. Das hatte ich gelesen und mich in den Satz verliebt: »Es kann kein größeres Kunstwerk geben als das eigene Leben.« Darüber wollten wir reden.

Dass er Fälscher geworden war, schob Wolfgang Beltracchi, geborener Wolfgang Fischer, galant seinem Vater in die Schuhe. Denn der hatte ihn jahrelang nach Schulschluss in die Kirchen der Umgebung zitiert, damit er zahllose Altäre vergoldete und künstliche Marmorsäulen malte. Zu Hause brachte ihm der Vater bei, Leinwände zu bearbeiten, Grundierungen anzulegen, alte Meister zu kopieren. Zunächst war ein winziges Dorf im Teutoburger Wald sein Zuhause. »Da habe ich immer vor der Tür gesessen und einfach nur geguckt. Das war richtig schön.«

Aber dann zog die Familie nach Geilenkirchen, und dort begann für Wolfgang das »Leiden unter der Erbärmlichkeit«, wie er es nennt. Er litt unter der Enge der Wohnung, dem Mangel an Geld, den ständigen Prügeleien mit anderen Jungs. »Ich habe damals mit 16 in einer Strip-Bar gearbeitet und in der Schule mit pornografischen Heftchen gehandelt; Schweden-Pornos.« Das reichte für den Schulverweis. 1967 flog er von der Schule.

Wolfgang wechselte auf die Werkkunstschule in Aachen, zog dann nach Holland: »Down and out in Amsterdam!« Zehn Jahre viel Músik (er sagt das mit Betonung auf dem kurzen »u«), viel Kifferei, wenig geregeltes Leben.

»Bisschen Lightshow bei Konzerten oder Veranstaltungen im Club Paradiso.« Dann war wieder genug Kohle da, um sich den nächsten Joint zu bauen. »Ich habe meine Talente wenig genutzt. Bin zehn Jahre wie ein psychedelisches Karnickel durch Europa gehoppelt. Das war eine Zeit, wo ich sehr viel erlebt habe und auch viel Spasss hatte.« Er sagte: »Spasss« – mit kurzem »a« und drei »s« am Ende.

Zum Spasss gehörten zwei Jahre in Marokko, von 1982 bis 1984; dann der Kauf eines Bauernhofs in Süchteln Anfang der 1990er-Jahre, »für einen lachhaften Betrag«. 1992 zog seine Freundin Helene auf den Hof. Helene: Blumenkind mit langen blonden Haaren, spezialisiert auf Trödel und Antiquitäten, vertraut mit Feilschen und Handel. Vier Jahre später verkaufte Wolfgang Fischer den Vierkanthof. Gewinnbringend.

Wir saßen im kleinsten aller WDR-2-Studios. Groß genug für zwei, bei dreien wäre es eng geworden. Während Beltracchi erzählte, schaute ich Franziska an, die neben dem Techniker hinter der Glasscheibe saß und versuchte, den Familienstammbaum und die Fälschungsgeschichte nachzuvollziehen: Franziska war die Tochter von Helene, die wiederum die Enkelin von Werner Jägers war. Dem hatten Helene und ihr Mann die »Sammlung Jägers« untergeschoben, indem sie behaupteten, Werner Jägers habe dem Kunsthändler Alfred Flechtheim immer mal wieder Bilder abgekauft. Die »Sammlung Jägers« war reine Erfindung.

Fakt wiederum: Werner Jägers wurde 1912 im belgischen Anderlecht geboren und hatte mit vier Frauen etliche Kinder gezeugt, unter anderem Helenes Mutter. Helene, also die Enkelin des agilen Herrn Jägers, ließ sich für die Fälschergeschichte in historischer Kostümierung als Jägers Ehefrau Josefine fotografieren. Im Hintergrund hingen an der Wand die angeblichen Originalgemälde. Das Foto sollte die Geschichte der Bilder und Werner Jägers Besitzstand dokumentieren.

Mannmannmann. Ich fuhr mir durch die Haare. Auf so eine Idee muss man erst mal kommen!

»Wie ist Ihr Selbstbild in diesem Leben: Handwerker oder Künstler?«

»Ein Maler oder Bildhauer muss natürlich über entsprechende handwerkliche Fähigkeiten verfügen, aber ich bin auch außergewöhnlich gut. Und habe mich vorher lange beschäftigt mit den Malern, ihrem Leben, dem Umfeld, der Literatur ihrer Zeit. Meistens hab ich nur ein Bild von einem Maler gemalt, manchmal in zwei bis drei Stunden.«

Beltracchi nannte seine Werke »Erfindungen im Stile von ...« Max Pechstein, Cézanne, Max Ernst, Heinrich Campendonk, Picasso.

Die »Sammlung Jägers«, der Stammbaum, die Familienchronik, die gefälschte Oma für die Provenienz, Beltracchis Stimme – das trug mich plötzlich aus dem Studio und ich landete im Jahr 1992, dem Todesjahr von Werner Jägers. Zugleich war es das Jahr der Hochzeit von Helene und Wolfgang Beltracchi beziehungsweise von Lene oder Lenchen und Muck oder Mucky, wie sie sich nannten.

In meiner Fantasie verriet der gewiefte Mucky an einem Rotweinabend auf dem Bauernhof in Süchteln dem arglosen Lenchen, womit er sein Geld verdiente. Wie mag Helene auf diese Eröffnung reagiert haben? War sie geschockt? Oder hatte sie einen Hang zur Regelverletzung bei ihrem Mucky schon vermutet? Ihr musste doch klar gewesen sein, dass Beltracchi weder äußerlich noch innerlich ein vorschriftenbeseelter Beamtentyp war. War sie vielleicht sogar geflasht? Wie auch immer: Spätestens als das Paar von November 2001 bis April 2002 auf der Karibikinsel Marie-Galante lebte, musste sich Lenchen an den Gedanken, unkonventionell an Geld zu kommen, gewöhnt haben. Eine neue Geschäftsidee wurde geboren: die Sammlung Jägers.

Helene stellte den Kontakt zu Galeristen und Auktionatoren her, während Mucky im Untergrund ein ums andere Bild malte und so gut wie nie in der Öffentlichkeit auftauchte. Zumindest nicht als Maler. Franziska und Manuel kamen auf die Welt, ohne auch nur einen Schimmer davon zu haben, wie ihre Eltern Experten und Auktionshäuser kunstvoll hinters Licht führten. Die »Sammlung Jägers« barg offenbar unendliche Schätze. 1995 wurde bei Christie's ein expressionistischer (Beltracchi-)Campendonk verkauft: 67 500 Pfund für das »Mädchen mit Schwan«.

Ich konzentrierte mich wieder auf mein Studio-Gespräch.

»Nur der Kunstmarkt kann ein Bild wertvoll machen«, erklärte Wolfgang Beltracchi gerade, »das ist ein Riesengeschäft. Letztes Jahr (2013) hat der Kunstmarkt 50 Milliarden Euro Umsatz gemacht, da wissen Se, was da los ist.«

Beltracchis kauften ein Landgut bei Mèze in Südfrankreich, inklusive Privatfluss und Weinbergen. Auch ihr Haus in Freiburger Hanglage war spektakulär. Schöne Autos, große Feste, gutes Leben. Sie ließen es krachen.

Bis zum Tag seiner Verhaftung wusste niemand, dass es ihn als Künstler gab. »Ich habe als Künstler im Verborgenen gearbeitet, was ja auch nicht unangenehm ist«, sagte Beltracchi versonnen. Ich musste schmunzeln, denn ich konnte mir gut vorstellen, wie wohl er sich in diesem gewagt-gewitzten Untergrundleben gefühlt hatte. Aber das war ja nur die eine Seite. Die andere war natürlich die ständige Sorge, irgendwann aufzufliegen.

»In welchem Moment wird ein Bild zur Fälschung?«

»Die Signatur ist die Fälschung.«

»Worüber sind Sie dann letztlich gestolpert?«

»Gestolpert bin ich über ein Titanweiß-Pigment, was sich in einer Tube mit Zinkweiß befunden hatte. Über meine Faulheit bin ich gestolpert. Ich hatte wahrscheinlich keine Pigmente mehr an dem Tag, und dann hab ich ne fertige Tube genommen, von 'ner holländischen Firma. (...) Das Bild sollte von 1914 sein und Titanweiß wurde verwendet ab 1920 ...«

Im August 2010 war das schöne Leben vorbei. Mucky und Lene wurden in Freiburg festgenommen. Die U-Haft begann. Die Kunstwelt stand Kopf. Das Publikum amüsierte sich. »Nicht mal Oma ist echt«, schrieb die *ZEIT* als Schlagzeile und veröffentlichte das Foto von Helene Beltracchi, wie sie als Josefine Jägers vor der angeblichen Kunstsammlung Jägers saß.

Journalisten ereiferten sich über den »selbstverliebten Zampano« und seine »anmaßenden Rollenwechsel« von Max Pechstein zu Max Ernst. Kunstkritiker waren aufgebracht über die »kriminelle Energie« der Beltracchis und beklagten die Reaktion der lachenden Zuschauer: »Vergessen wird, dass die Angeklagten nicht nur mit großer krimineller Energie vorgingen, sondern sich mit den ergaunerten Millionen auch jenen großspurigen Lebensstil erlaubten, den sie wohl bei den Betrogenen vermuteten.«

»Der Kunstmarkt wird noch lange darunter leiden«, schrieb etwa der *Tagesspiegel*. Aber lag es alleine in Beltracchis Verantwortung, dass selbst ausgewiesene Experten seine Fälschungen nicht erkannt hatten, sondern als wiedergefundene Originale feierten? War es allein seine Schuld, dass Gutachter blamiert wurden und Händler auf Millionenschäden sitzen blieben? Der Kunstbetrieb und der Markt machten es Beltracchi leicht. Gutachter werden bezahlt von demjenigen, der das Gutachten in Auftrag gibt. Das Honorar fällt umso höher aus, je höher der

Marktwert des begutachteten Werkes rangiert. Eine Fälschung zu entlarven ist für den Gutachter kein gutes Geschäft, einen unbekannten Campendonk zu entdecken lohnt sich da schon eher. Da ist man leicht versucht, ein Werk anzuerkennen, wenn dem nicht wirklich ernstliche Hindernisse entgegenstehen.

Natürlich war Beltracchi ein Filou. Aber offenbar litt der Kunstbetrieb ganz allgemein keinen Mangel an Schlitzohren. Das öffentliche Mitleid hielt sich deshalb in Grenzen.

»Als ich aufflog, galten meine Werke plötzlich nur noch als mittelmäßige Gurken«, sagte Beltracchi, und so wie er dabei schmunzelte, ahnte ich, wie oft er sich über Kunstkritiker ins Fäustchen gelacht hat. »Die sind an mir gescheitert.«

Ich musste lachen. Beltracchi hatte etwas unglaublich Entwaffnendes. Meine Versuche, mich über ihn oder den »bandenmäßigen Betrug«, so die Anklage, zu empören, liefen ins Leere. Mir saß ein Mann gegenüber, der ganz offensichtlich ein genialer Künstler war; ein »Meisterfälscher«, wie selbst die Kenner zugaben, und ein Mensch, der mit viel Fleiß und noch mehr Raffinesse der »Erbärmlichkeit seiner Kindheit«, wie er es genannt hatte, entkommen war.

»Stimmt es, dass die Witwe von Max Ernst über eine Ihrer Fälschungen gesagt hat: ›Das ist eins der besten Bilder, die mein Mann überhaupt gemalt hat‹?«

»Ja, das stimmt«, antwortete Beltracchi und setzte dann gutmütig hinzu: »Aber sie war ja schon sehr alt zu dem Zeitpunkt.«

Ich schaute wieder auf Franziska hinter der Glasscheibe, die ihrem Vater gebannt zuhörte. Wie musste es für die Kinder gewesen sein, die Verhaftung der Eltern mitzuerleben? Keine Ahnung von deren Lebenslüge gehabt zu haben? Verraten worden zu sein? Verraten oder verschont?

»Haben Ihre Kinder Ihnen verziehen?«

»Ja natürlich, wir lieben uns sehr, haben ein sehr enges Leben verbracht bisher. Wir waren ja immer zusammen.«

Franziska hinter der Scheibe lächelte mich an.

»Worin sind Sie Ihren Kindern ein Vorbild?«

»Außer in dieser Fälschungsgeschichte bin ich ein sehr positiver, sozialer Mensch, auch ein fröhlicher Mensch. Was mir leid tut, ist, dass meine Frau diese vier Monate U-Haft durchmachen musste, dass ich ihr das aufgebürdet habe. Ich hätte sie niemals damit reinziehen dürfen, und dass meine Kinder es so erfahren mussten, tut mir auch leid. Ich bin sehr froh, mein Geständnis abgelegt zu haben.«

Das glaubte ich ihm sofort. Denn so farbig die Lebenslüge auch war, bedeutete sie immer auch Druck und Bedrohung. Erleichterung also, nachdem er ein umfassendes Geständnis abgelegt hatte.

Der Richter verurteilte ihn zu sechs Jahren Haft und empfahl: »Lenken Sie Ihre Talente in legale Bahnen.«

In einem der 8000 Briefe aus dem Gefängnis schrieb Wolfgang Beltracchi, dass er im Gefängnis stärker geworden sei. Ich wollte von ihm wissen, worin? »Darin, meine Position zu sehen im Leben. Man kommt ganz unten an, dann muss man wieder aufstehen. Natürlich weiß ich, dass es nicht richtig war, das ist klar. Der Betrug war ein Betrug, und es war kriminell, das will ich auch nicht beschönigen. Aber wir haben keine armen Menschen übern Tisch gezogen, und alle, die mit uns Geschäfte gemacht haben, haben sehr viel Geld verdient. Das muss man auch mal betonen. Und die sitzen nicht im Gefängnis.«

Was hielt ich denn nun von ihm? War er ein Kunstfälscher oder ein Anpassungsvirtuose? Beides, würde ich sagen. Aber eins war er für mich nicht: ein Verbrecher.

Und was hatte nun mein Lieblingskollege Uwe Schulz dem schnell schießenden Hörer aus Essen (»Unglaublich, wie Frau Steinhauer einen Kriminellen anhimmelt!«) auf dessen Wutausbruch geantwortet? Ich fand Uwes Mail bildschön:

»Sehr geehrter Herr G,
vielen Dank für die mahnenden Worte.
Ich verstehe mühelos Ihre Bedenken, teile sie aber aus
folgenden Gründen nicht: Die nicht nur von mir geschätzte
und als Talkmoderatorin mit dem Deutschen Radiopreis
ausgezeichnete Kollegin Gisela Steinhauer zitierte in unserem
Gespräch selbst das Gebot journalistischer Distanz, dessen sie
sich angesichts des Charismas ihres Gastes zu erinnern hatte.
Solches Problembewusstsein schützt Menschen ihrer
beruflichen Reife vor falschem Zungenschlag.
Das deutsche Strafrecht folgt neben dem Schuldprinzip
auch dem Prinzip der Resozialisierung.
Ziel der Freiheitsstrafe ist es, den Gefangenen zu einem
rechtschaffenen Lebenswandel zu bewegen.
Wenn also die Kollegin Steinhauer in einer persönlichen
Begegnung mit einem Mann, dessen Betrug wir beide
unmissverständlich als Kunstfälschung mit Millionenschaden
gekennzeichnet haben, seine soziale Kompetenz und sein
Ziel, nach der Haftentlassung mit eigenen Werken zu
reüssieren, anerkennt, sehe ich sie im vollen Einklang mit
dem Geist unseres Rechtsstaates und mit dem christlichen
Menschenbild, das sie und mich verbindet.
In einer Talksendung ist die Haltung der Gastgeberin – anders
als in sachzentrierten Interviews – nach herrschender
Auffassung sehr wohl relevant; Sie können dies in allen
Talksendungen erkennen, die ja von polarisierenden
Persönlichkeiten erzählen. Beispiel: Einem haftentlassenen
Uli Hoeneß würde jede Talkmasterin anders begegnen als
einer haftentlassenen und aus der Türkei zurückkehrenden
deutschen Drogenschmugglerin.

Ergo: Ich finde Gisela Steinhauers Werk als Interviewerin und
Person nicht peinlich, sondern integer.«

Wie hatte Beltracchi in einem seiner Briefe geschrieben? »Es kann kein größeres Kunstwerk geben als das eigene Leben.« Er hatte ernst gemacht mit diesem Anspruch, das eigene Leben nicht einfach hinzunehmen, sondern es mit den Talenten, die ihm geschenkt worden waren, zu gestalten: als Künstlerleben auf einem Bauernhof, auf dem Landgut in Südfrankreich, schließlich im großen Haus auf einem Hügel in Freiburg. Aus der Enge heraus seine Freiheit finden. Dann allerdings landete er im Gefängnis. Besser wäre es gewesen, sein Leben nicht auf kriminelle Art zu gestalten. Aber wer will schon bei Räuber und Gendarm den braven Gendarmen spielen? Und ist nicht der anarchische Huckleberry Finn viel attraktiver als der bürgerliche Tom Sawyer?

Beltracchi erschien mir als Lebenskünstler. Und Lebenskunst macht mir »Spasss«: So oft wie möglich in der Natur sein. Stille statt Stadtlärm. Mit der Familie und Freunden im Garten, auf der Veranda oder vor dem Campingwagen sitzen; gut essen, gut trinken, großzügige Gastgeberin sein. Viel davon hatte ich von zu Hause mitbekommen. Wenn mein Vater aus dem Ausland zurückkam, brachte er exotische Rezepte und Gewürze mit, sodass wir neue Gerichte ausprobieren konnten: indonesische, irakische, ägyptische. Aufessen mussten wir nie, probieren immer. Ich habe die *try-and-error-cooking*-Tradition beibehalten, auch die der großen Feste. Was ich regelmäßig brauche – auch darin fühlte ich mich den Beltracchis nahe –, sind Aufenthalte am Meer. Nicht so rasend gerne mit Zelt. Aber Wohnwagen geht immer. Warum nicht im Zelt? Trauma!

Hochgefühle mit Haifischzähnen

Wer heute sein erstes Zelt aufbaut, bleibt nicht lange mit einem Fragezeichen auf der Stirn vor der Plane stehen, sondern klickt auf wikiHow, und schon geht Schritt für Schritt der Outdoor-Stangenspaß los. Leicht federn die wenigen Einzelteile ineinander, dünnes Nylon schiebt sich geschmeidig über Stäbe und Schlaufen, die elastischen Zugseile sorgen für perfekten Stand und ein paar lächerliche Heringe geben dem Ganzen finalen Halt.

Unser dunkelblaues Vorzelt in Cadzand, Provinz Zeeland, hingegen wog wahrscheinlich zwei Tonnen und jedes Jahr schienen die bereits angereisten Camper nur darauf zu warten, dass wir unzählige Zeltstäbe erst suchen, dann zusammenstecken und schließlich ins Tonnentuch schieben mussten. Das Spektakel war unvorstellbar. Nachdem wir jahrelang verbogene Heringe aus dunkelblauen Segelsäckchen gepfriemelt und nie! auf Anhieb die passenden Stangen gefunden hatten, hatte mein Vater jedes einzelne Teil beschriftet. Die Stangen waren mit roten Klebestreifen markiert, die mit wasserabweisenden Farben nummeriert waren. Wenn wir das Zelt aufbauten, klang es wie beim Zahnarzt. »Dritter oben links«, kommandierte Papa, und wir Kinder stoben im breitflächig ausgelegten Zeltstangen-Mikado auseinander, um das entsprechende Teil zu finden und aus dem Sammelsurium ein stabiles Stahlgerüst zu stecken. Soweit die Theorie.

Nie endete der Bau ohne Heulerei; meist erbarmten sich die Proficamper der umliegenden Wohnwagen, verließen ihre Logenplätze hinter den gerafften Rüschgardinen und halfen uns, das blaue Wunder zu errichten. Das war die Praxis.

Wir »Kleinen« durften zwischendurch auf die »Bühnen«, wie ich die Dünen nannte. Zehn Schritte bis zur Straße, schnell rüber, dann »Wer als Erster oben ist«, die Steigung hochrennen, zack, war man auf dem Kamm. Und dann lag die ganze Glückseligkeit vor mir. Die Nordsee: riesig, laut, windig und zuverlässig. Sie war einfach immer da. Eine Holztreppe führte zum Strand, und die Kunst bestand darin, auf dem obersten Treppenabsatz Anlauf zu nehmen, die acht Stufen zu überspringen, um dann im weichen Sand zu landen. Wehe, man schaffte nur sieben Stufen und krachte auf die letzte. Dann war die weitere Kunst, sich nichts anmerken zu lassen.

Unsere Ausrüstung bestand aus Schwimmreifen, grün-weiß gestreiften Badeanzügen, blauen Bademänteln und Badekappen mit Gummiband. Die ziepten derart an unseren langen Haaren, den Zöpfen und Kränzchen, dass Haarekämmen an der Nordsee eine Tortur war. Links, also Richtung Knokke, lag in der Nähe des Hotels *Noordzee* unser Piratenschiff, die *Uilenspiegel* (ein gestrandetes Schiff, von dem der Piratensender »Radio Antwerpen« sein Programm gefunkt hatte), auf das wir bei Strafe nicht klettern durften. Was auch gar nicht geklappt hätte, weil die lange rostige Ankerkette weit vom Ufer entfernt lag.

Der Wohnwagen war winzig. Das Vorzelt deshalb umso wichtiger. In ihm standen links die Stockbetten für die großen Schwestern, von Opa geschreinert, an den Pfosten unsere Namen über vier Nägeln, an die wir unsere Handtücher hängen sollten. Rechts ein Regal mit Töpfen und Vorräten, Vorhang davor. Die Kochstelle bestand aus einem zweiflammigen Campingkocher mit Gasflaschenanschluss.

Neben und unter den Etagenbetten stapelten sich Koffer, Klamotten, Strandtaschen, Schlappen, Regencapes, Gummistiefel, Handtücher, Kinderbücher, Schulbücher, Mäppchen, ein Hexenbesen, das Garnelennetz, Plastikeimer, Schaufeln, Förmchen. Wir hatten keinen Kühlschrank im Campingwagen. Was gekühlt werden musste, lag in Plastikdosen unter dem Wohnwagen. Ameisenbesuch inbegriffen.

Irgendwann – da waren wir alle aber schon längst keine Kinder mehr – gab es im Vorzelt den Luxus schlechthin: einen Kühlschrank.

Für meinen Bruder wurde im Wohnwagen durch einen heruntergeklappten Tisch eine kleine Liegefläche geschaffen, über der ich in einer Art Hängematte schlief. Blau-weiß gestreiftes Zelttuch, das zusammenrollbar war wie eine Landkarte im Erdkundeunterricht, aber straff gespannt werden konnte.

Ich habe mich später oft gefragt, wie meine Mutter, die das Campen hasste, es geschafft hat, sich Jahr für Jahr zu überwinden und mit vier Kindern auf vier Quadratmetern Miniwohnwagen Urlaub zu machen. Mit ausdauernd feiernden Biertrinkern als Nachbarn, den niederländischen Sommerhits der 1960er- und 1970er-Jahre aus ewig dudelnden Transistorradios, dem Geruch von Holzkohle und verbrannten Würstchen. Sechs Wochen lang. Der Urlaub war nur für uns Kinder erholsam. An heißen Sommertagen schmolz die Butter, bei Regen dampfte das Vorzelt. Eine Heizung gab es nicht. Gewaschen wurde sich an einer Regenrinne, wo schon zehn andere ihre Zahnpasta in die Gegend und auf die Holzablage gespritzt hatten.

Cadzand. Sieben Buchstaben mit der Verheißung auf sechs Wochen Haifischzähnesuchen. »Haaientanden«, wie der Niederländer sagt, sind fossile Haifischzähne, Millionen Jahre alt und verlangen beim Suchen gute Augen und eine starke Rückenmuskulatur, denn in devoter Haltung kriecht der Sucher über den Strand von Zeeuws Vlaanderen und hofft auf einen

Fund. Um den Rücken zu entlasten, kann man sich auch an einer Stelle mit vielen Muscheln niederlassen, zum feinen Gittersieb aus rosa Plastik greifen und den Muschelsand durchsieben. Damit hatte ich aber selten Erfolg. Die gebeugte Variante lag mir mehr, bis es mir im Laufe der Zeit gelang, mich zu voller Größe, also 1,57 Meter hoch, aufzurichten und sogar beim Joggen am Strand Fossilien zu entdecken. Gläserweise haben wir die schwarzen Zähne gesammelt und ich glaube, es liegt an unserem Eifer, dass man heute kaum noch schöne Exemplare findet. Zur Erinnerung an die »Haaientanden« von einst steht auf der Düne beim Hotel *Noordzee* ein überdimensionaler steiler Zahn im Strandgras. Fremde könnten ihn für ein Kunstobjekt halten. Eingeweihte wissen Bescheid.

Die Sommertage waren ausgefüllt mit Spielen am Meer, Burgen bauen, Sandmatsch darüber träufeln, Boule spielen, Wellenspringen, einen Minigolf-Parcours errichten, bei dem wir stundenlang brauchten, bis alle alle Stationen gespielt hatten, denn wir teilten uns mit vielen Kindern einen Schläger und ein »Schweinchen«. Manchmal konnte der Sieger nicht mehr ermittelt werden, weil die Flut kam.

Mehrmals am Tag kam die »Ponyfrau« durch den Strand gezuckelt, schon von Weitem angekündigt durch ein Glöckchen.

Das Pony zog einen Bollerwagen, über den ein kleiner Sonnenschirm gespannt war, darunter eine Kühlbox mit Eis am Stiel. Eine winzig kleine Vanillestange kostete 10 Cent, und weil wir nur einen Gulden Taschengeld in der Woche bekamen, wollte jede Ausgabe für ein Eis gut überlegt sein.

Cadzand kulinarisch? Helles, pappiges Weißbrot mit Butter und *Schoko-Hagelslag*, das man sich mit einmaligem Falten komplett in den Mund schieben konnte. Dazu Wasser. Limonade gab es nur selten.

Unser Campingwagen stand unmittelbar am Aufgang zu den Dünen. Wenn man bedächtig ging, weil man mit Strohmatten,

Kühltaschen, Handtüchern, Büchern und Sonnenmilch beladen war, brauchte man zwei Minuten bis zum Strand, meistens aber rannten wir den Weg zur Düne im Rekordtempo hoch und jedes Jahr war es aufs Neue ein erhebendes Gefühl, dem Meer nach der langen Winterpause wieder »Guten Tag!« zurufen zu können.

An den Wochenenden kam unser Vater. Dann saßen wir Kinder schon Stunden vorher auf der Lehne der morschen Holzbank auf der Düne, in die alle möglichen Namen und mit Pfeilen durchbohrte Herzchen geritzt waren, und beobachteten die Autos, die sich von der kurvigen Landstraße aus dem Vlamingpolderweg näherten. Papas dunkelblauen Benz konnten wir dank der Heckflosse immer schon von Weitem gut erkennen. Sobald sich das Auto näherte, rasten wir die Düne runter, warfen uns vor Papas Wagen, kletterten auf die Motorhaube und ließen uns im Schneckentempo über den Campingplatz fahren, beäugt von den anderen Zeltern und Campern – vier Kinder im Triumphzug. Denn wir wussten, dass dieses Auto Schätze barg: zwei Thermoskühler randvoll mit Schoko-Vanille vom »Eismännchen«.

Der hatte sein Start Up Mitte der 1960er-Jahre in einer Garage in unmittelbarer Nähe unseres Wohnhauses eröffnet. Wenn sich die beiden Flügel des Garagentors zur Seite schoben, sah man lediglich ein quer liegendes Holzbrett, in das zwei tiefe Mulden mit Eiskübeln eingelassen waren. Links Vanille, rechts Schoko. Mehr Sorten gab es nicht. Handgemacht. Cremig. Köstlich.

Zum Eis aus der Heimat brachte Papa uns eimerweise Süßkirschen aus unserem Garten mit. Außerdem gutes Graubrot vom Bäcker, Schnützereien (Öcher Idiom) zum Naschen und Briefe auf kariertem Rechenpapier von der Oma. Die Fete konnte steigen. Selig saßen wir freitagabends vor dem Zelt, löffelten genussvoll unser Eis, schlugen uns den Bauch mit Kirschen voll, spuckten die Kerne ins Gras (später mussten wir die alle wieder zusammensuchen), wurden Hedonisten. Und blieben es für immer. Was das Leben nicht unbedingt einfacher macht, wie ich immer wieder erfahren sollte.

Drei Heringe und fünf Kartoffeln – die Kunst der Bewirtung oder: Orientalischer Heringssalat

Das Interview mit dem Nahostexperten war vorbei. Und mir war immer noch eiskalt, obwohl wir uns in hitzige Rage geredet hatten über Themen wie Verschleierung, Ehrenmorde, Zwangsheiraten. Die Temperatur in der Wohnung betrug schätzungsweise fünf Grad, optimal für einen Pinguin oder Kühlschrank, suboptimal für mich. Ich fror erbärmlich, hatte dem Experten aber versprochen, zum Abendessen zu bleiben und freute mich diebisch auf etwas Heißes. Suppe oder so. Vielleicht auch eine warme Vorspeise? Dann dampfende Köstlichkeiten aus der Küche des Orients. Und hinterher Feigencreme mit Safran. Oder für den interkulturellen Dialog einen klassischen bayrischen Kaiserschmarrn aus dem Backofen mit Zwetschgenkompott, Vanillesauce und einem Stäubchen Zimtzucker? In der Hoffnung auf einen Glühwein als Aperitif packte ich mein Aufnahmegerät ein, verstaute die Kabel.

»Wie viele Heringe möchtest du denn?«, fragte der Experte. Ich blies vor Schreck eine kleine weiße Atemwolke ins Wohnzimmer. Heringe? Meinte der ernsthaft Matjes? Kalten Fisch? »Wie sind die denn zubereitet?«, fragte ich vorsichtig zurück, während ich die Mikrofone in den gepolsterten Transportkoffer schob. »Na ja, so mit Gurken, Äpfeln, Zwiebeln und Sahne,

Hausfrauenart halt eben.« »Halt eben« waren die zwei Favoriten des Fachmanns für den arabischen Raum. Damit füllte er jede Lücke. Und wie alle Füllwörter wurden sie irgendwann nervig. Die würde ich fast alle aus dem Interview rausschneiden müssen. Hausfrauenart halt eben. Ich wurde sauer. Da hatte ich mich so auf ein warmes Essen gefreut, und jetzt sollte ich kalte Heringe serviert bekommen. Womöglich vom Discounter aus dem Plastikpöttchen-Sortiment, heute im Angebot für 1,35. Aber es half ja nichts. Ich schob Kohldampf. Also sagte ich »Drei!« Der Experte: »Wie viele Kartoffeln dazu?« Ich: »Fünf!«, und haute den Kofferdeckel zu.

Wir gingen in die klitzekleine, ungemütliche Küche. Mein Gastgeber wohnte in einem der schnell hochgezogenen und sich überall vermehrenden Klötzchenbauten, die zu barbarischen Preisen verkauft oder vermietet wurden: Quadratisch, funktionell, zwei Zimmer, KDB, Aufzug, das Fahrrad senkrecht in Steillage aufgehängt auf dem Winzbalkon. In der Diele hing ein riesiger Spiegel. Jedes Mal, wenn der Experte durch die Diele ging, was mehrfach an diesem Nachmittag der Fall gewesen war, hielt er vor dem Spiegel kurz inne, blickte prüfend auf sein Konterfei und zitierte Leonhard Cohen: »The mirror cries: Hey Prince, you need a shave!«

»Ja, dann mach doch hinne und dreh im Bad die Heizung auf!«, dachte ich. Und fror weiter.

Die Küchentemperatur betrug in etwa minus vier Grad, denn von hier aus konnte man den handtuchgroßen Balkon betreten, durch dessen Tür es leider zog. Da war halt eben schludrig gebaut und an der Dämmung gespart worden.

Mein weit gereister, die arabische Gastfreundschaft stets preisender süddeutscher Nahostexperte öffnete die Ofentür und schaltete auf 220 Grad Ober/Unterhitze. »So heize ich immer, geht halt eben schneller, als die Heizung aufzudrehen.« Der Mann, der in blumigsten Bildern von orientalischen Köstlichkeiten schwärmen konnte, setzte einen Topf mit fünf Kartoffeln auf. Ich holte meinen Mantel und den Schal von der Garderobe und überlegte, ob ich später bei mir zu Hause die Wärmeflasche einfach direkt mit in die heiße Badewanne nehmen sollte. Oder erst baden, dann die Wärmeflasche mit ins Bett, wo schon der glühende Grog warten würde.

Zu trinken gab es lauwarmes Dosenbier. Das Einzige, was hätte kalt sein dürfen, stand bei ihm im Küchenschrank. Die Kartoffeln blubberten vor sich hin, ich schob verstohlen meine Füße an die mittlere Ofenschiene, wir unterhielten uns. Sagte ich schon, dass ich auf Socken ging? Die Schuhe hatte ich am Eingang ausziehen müssen. Wohl aus Respekt vor dem Orient. Vielleicht wollte mein Gesprächspartner aber auch einfach nicht so viel staubsaugen.

Der Platz in der Küche reichte für zwei Klappstühle und einen Minitisch, leicht abwaschbar, auf den nun zwei geblümte, an den Rändern leicht verkatschte Teller gestellt wurden. Dazu ziemlich abgenutztes Besteck. Im Internet hatte ich vor Kurzem das Santa-Fu-»Knast-Gedeck« entdeckt, das als originelles und beliebtes Tischset beworben wurde. Da gab es zum Besteck natürlich keinen Teller, sondern ein Tablett mit drei getrennten Mulden. Das hätte gut hierher gepasst. Würde ich beim nächsten Mal als Gastgeschenk mitbringen. Aber ich war mir sicher: Es würde wohl kaum ein nächstes Mal geben.

Eine Kerze zur Dekoration wäre dem Fachmann für Konfliktregionen wahrscheinlich zu romantisch gewesen, hätte der Raumtemperatur aber gutgetan, obwohl ich zugeben muss: der Ofentrick funktionierte. Ich legte den Schal ab, behielt den Mantel aber vorsichtshalber an.

Aus einem Plastikpöttchen (aus dem gefürchteten Plastikpöttchen vom Discounter!) flutschten drei Sahneheringe auf meinen Teller. »Hoppla«, sagte der Experte, »das sind wohl zwei zu viel«, und bediente sich. Natürlich wurden auch die fünf Kartoffeln im Verhältnis 2:3 geteilt. Missvergnügt aß ich meine schmale Ration, hörte nur noch halb hin, als der Experte von seiner nächsten Reise erzählte, und bestellte bereits im Kopf bei meinem Thai um die Ecke die Asiabox: würzig gebratenes Hühnchen mit zartem Gemüse, dazu drei Minifrühlingsröllchen und eine doppelte Portion Reis. Es wollte keine rechte Stimmung aufkommen. Nachdem die Bierdose geleert, der Hering verputzt und die zwei Kartoffeln mit Schale in meinem Bauch verschwunden waren, bedankte ich mich für das Interview, knüpfte den Mantel zu, legte den Schal um und gab dem Islamwissenschaftler die Hand. Er führte mich an die Tür zu meinen Schuhen.

So richtig dicke Freunde sind der Experte und ich nicht geworden. Freundschaft geht halt eben auch durch den Magen.

Was habe ich begriffen? Bleibe großzügig! Umgib dich mit Leuten, die dir guttun! Traue keinem Experten, der von einer Landesküche schwärmt, aber nicht heizt! Frage vor einer Einladung vorsichtig an, was es zu essen gibt! Sag bei Interviews, die im Winter stattfinden, du seist allergisch gegen Heringe!

Die Winterzeit ist nicht so sehr meine. Zwar bewundere ich die Eleganz, mit der meine Freunde schneebedeckte Hänge hinunterwedeln oder mit Snowboards Driftschwünge absolvieren, aber Tellerliftfahren ist mir näher. Und am liebsten umgehe ich auch den Lift und setze mich sofort vor einen attraktiven Teller.

Ein einziges Mal hat meine Freundin Steffi versucht, mir elegantes Dahingleiten im Langlauf beizubringen. »Beug mal leicht das Knie und schlüpf in die Ski«, schlug sie vor. Ich stand kerzengerade neben der Loipe, wankte beträchtlich und fiel sehr langsam und sehr steif in den Schnee. Steffi wuchtete mich wieder hoch. »Mach noch mal.« Irgendwann wurden Füße und Ski eins. Ich kletterte also rein in die Loipe. Dann sollte ich die Arme federnd am Körper entlangführen und mit leichtem Schwung das Gewicht auf den vorgeschobenen Ski bringen. Fein schwingend durchs Winterweiß. In Zeitlupe kippte ich schreiend nach vorne, den für solche schweren Fälle vorgesehenen Halbgrätenschritt außer Acht lassend. Mit wenig Dynamik und Eleganz rappelte ich mich hoch.

Am Ende war Steffi nass geschwitzt, weil sie mich mehr oder weniger durch die ansteigende Loipe geschoben hatte, mir war elendig kalt, ich dachte nur noch an den ausstehenden Kuchen im Hofcafé (gedeckter Apfel mit ganz viel Sahne!) und ich wusste: Der Winter, kalte Heringe, Skilanglauf und ich werden in diesem Leben keine Freunde mehr. Aber vielleicht im nächsten Leben? Eine Wiedergeburt als Maria Höfl-Riesch zum Beispiel. Allerdings ohne Ausbildung zur Zollbeamtin, wie sie sie gemacht hatte, sondern direkt zum Gesamtweltcup, zack an die Ski-Weltspitze und wie sie mit der Mutti zu Hause

Autogrammkarten schreiben. Diese sympathische Frau hatte mir im *Montalk* von ihrer Karriere, den Sorgen, Hindernissen und Neidern auf dem Weg aufs oberste Wintersport-Treppchen erzählt. Seither liegt ihr signiertes Exemplar *Maria macht dich fit* bei mir im Karton mit den Terrabändern und den Hanteln und wartet darauf, mal so richtig zerfleddert zu werden. Noch aber steht da nur mahnend auf dem Umschlag: »Erreiche deine Bestform in 4 Wochen« und innen drin handschriftlich: »Viel Spaß beim Trainieren«, gemaltes Herz und dann ein –lichst!

So unterschrieben übrigens viele, mit denen ich zu tun hatte. Manche malten als Signatur ein Smiley, Grinsemännchen, Blümchen oder Clowns. Keine Ahnung, warum. Manche unterschrieben nur mit Kürzel. Oder nur mit ihrem Vornamen. Schwungvoll. So wie Martina Kömpel.

Mit einer Sechs in Französisch zur Nummer eins in Frankreich

Paul fuhr gemächlich Kurve um Kurve. Mir wurde schlecht und schlechter. Es nahm kein Ende. Im Schneckentempo ging es durch die Wälder. Serpentine um Serpentine. Die Wälder wurden immer dichter. »Hier kommt doch nix mehr!«, maulte ich von meinem Beifahrersitz aus. »Die Wegbeschreibung stimmt nicht.« Wir kurvten weiter. Ich kurbelte das Autofenster herunter, um mein Gesicht in den Fahrtwind zu halten.

Wir waren unterwegs zur Meisterköchin Martina Kömpel, die sich entschieden hatte, in Servières-le-Château, Département Corrèze an der Dordogne, ein Restaurant zu eröffnen: »Les Contes de Bruyères«, zu Deutsch: »Die Märchen von der Heide«. Dass man zunächst durch märchenhafte Wälder und fiese Kurven fahren muss, um nach Servières zu gelangen, steht in keinem Reiseführer. Die sind ja nicht dumm, die Franzosen. Und Martina Kömpel erst recht nicht. Zu ihrer Verteidigung muss ich sagen: Sie hatte mich gewarnt: »Wenn du das Gefühl hast, nur noch durch ausgestorbene Dörfer zu fahren und auf dem falschen Weg zu sein, bist du bald da.«

Als ich schließlich das Gefühl hatte, nur noch durch ganz und gar ausgestorbene Dörfer zu fahren und auf dem komplett falschen Weg zu sein, sagte Paul: »Da vorne ist das Ortsschild.« Zufällig kamen wir zeitgleich mit Martina Kömpel auf dem Parkplatz neben dem Restaurant an – wir aus Köln, sie vom Einkauf – und freuten uns maßlos über das Wiedersehen. Ich hatte sie mehrfach getroffen, in Köln und Paris, hatte ihr mit Vergnügen im ARD-Buffet zugesehen, war in Paris mit ihr essen gegangen, hatte aber noch nie ihre eigene Küche kennengelernt. Jetzt also sollte es endlich klappen, an einem Spätnachmittag im Sommer 2020 am Ende der Welt, genannt: »Les Contes de Bruyères«.

Wir folgten ihr ins Restaurant, und während sie sofort hinter der Theke an der Bar verschwand, um uns ein eiskaltes Bier zu zapfen, stellte ich fest: »Du hast dich überhaupt nicht verändert und siehst immer noch so aus wie vor ein paar Jahren!« Strahlend, jung, dynamisch – mit dem herzhaftesten Lachen, das ich kenne. Dabei hätte sie durchaus das Recht auf ein paar Sorgenfalten gehabt oder auf Anzeichen von Erschöpfung, denn die Frau mit den kurzen, blonden Haaren und der Topfigur, Jahrgang 1967, hat einen wahren Parforceritt durchs Leben hinter sich gebracht.

Wenn Martina Kömpels Leben einem Gericht zugeordnet werden müsste, käme so etwas wie Leipziger Allerlei dabei heraus. Von jeder guten Zutat hat sie eine gewählt und meistens alle gleichzeitig miteinander verrührt.

Wir prosteten uns zu, und ich durchlebte im Schnelldurchgang unser erstes Interview. Nach dem Abitur in Krefeld (Französisch: Ungenügend) hatte Martina Kömpel eine Schneiderlehre gemacht. »Aber weil ich auch beim Fernsehen arbeiten wollte, habe ich mich an der Uni in München für Theaterwissenschaften, Völkerkunde und Psychologie eingeschrieben.«

»Warum München?«

»Weil ich möglichst weit weg wollte von zu Hause, wo mich niemand so richtig verstand.«

Der Vater leitete als Topmanager ein Unternehmen, die Mutter betrieb in Krefeld eine kommunistische Buchhandlung.

Beiden blieb wenig Zeit, sich um die vier Kinder zu kümmern. »Ich lebte in zwei Welten, Kommunismus und Kapitalismus, und saß entsprechend zwischen zwei Stühlen.« Als Martina sieben Jahre alt war, trennten sich die Eltern. Die Stiefmutter brachte vier weitere Kinder mit ins Haus. Und eine neue Art zu essen. Denn die Stiefmutter hatte eine Weile in Indonesien und Afrika gelebt, sodass exotischere Mahlzeiten auf den Tisch kamen. »Sonntags mussten zwei von uns Kindern für alle kochen, also Essen für zehn Personen zubereiten. Das hätte mir mehr Spaß gemacht, wenn ich dazu nicht gezwungen worden wäre. Etwas tun zu *müssen* hat mir noch nie gefallen.«

Nach dem Reifezeugnis ab nach München – in die Lehre. Nebenbei jobbte Martina bei einem Edelpartyservice, (»Erster Auftritt, Champagnertablett, und ich rutsch natürlich auf einem Rosenblatt aus: Rumms!«) und bei einer Filmfirma und fand schließlich beim Privatfernsehen eine Stelle als Castingchefin für eine Fernsehshow.

Auf einem Flug von Paris nach München unterhielt sich Martina intensiv mit ihrem Sitznachbarn. Sie verliebte sich. Ein paar Monate später sagte sie dem Fernsehjob Adieu, zog zu ihrem Freund nach Paris, verbesserte ihr Französisch, heiratete, bekam zwei Kinder. Ihr Mann arbeitete als Lehrer, aber womit sollte sie jetzt ihr Geld verdienen? Die Antwort servierte sie sich selbst in Form einer Kürbissuppe, die sie eines Abends für Freunde kochte und die ihr Leben verändern sollte. Befeuert von der Begeisterung ihrer Gäste, beschloss sie kurzerhand, sich um eine Ausbildung als Köchin zu bewerben. »Drei Tage später arbeitete ich schon im ›Lucas Carton‹, einem Pariser Drei-Sterne-Restaurant unter der Leitung des legendären Alain Senderens.« Es folgte die Aufnahme an der renommierten Kochschule »École Supérieure de Cuisine Française Ferrandi«. Die Ausbildung dort schloss Martina Kömpel als erste Deutsche 2007 mit einem Diplom ab. Danach kochte sie im Pariser Ritz, als freiberufliche Köchin für die Pariser Diplomatie und startete ihre Karriere im deutschen Fernsehen. Als wir uns in Paris trafen, nahm sie mich zu einem Empfang beim deutschen Botschafter mit. Ich erinnere mich lebhaft daran, dass es Currywurst gab. »Als Gag«, wie Martina sagte. Die Mini-Currywurst war in der Tat ein Gesprächsanknüpfungspunkt, den niemand erwartet hatte; serviert in einem kleinen Papier, das mit einer Wäscheklammer verschlossen war.

Witzig. Und köstlich! So wie die gefüllten Zucchini mit Ricottäkäse und gegrillten Pinienkernen, oder der frische Lachs auf Ratatouille, oder die gefüllten Teigstangen mit Oregano und Fetakäse oder ...

Ich kam in die Gegenwart zurück. Mein Glas war leer.

Eine Restaurantgründung in Casablanca verlief im Sand. »Ein Jahr lang habe ich mit einer Geschäftsfrau das Restaurant umgebaut und eingerichtet. Dann gab es Ärger und ich wurde rausgekickt – eine Woche nach unserer Eröffnung. Das hat mich tief getroffen.«

Auch die Ehe hielt nicht.

Ich betrachtete mein leeres Glas und fragte: »Wie bist du dann hierhergekommen?« Martina zapfte frisches Bier. »Meine Mutter, die hier in der Nähe lebt, hörte, dass der Bürgermeister von Servières dieses verfallene Wirtshaus aus dem 17. Jahrhundert neu aufbauen wollte, damit der Ort wieder eine Kneipe hat. Also habe ich mich beworben.« Sie lacht, als könne sie ihre eigene Courage nicht fassen. Die deutsche Fernsehköchin einigte sich mit dem Bürgermeister des idyllischen Dorfs mit nur 660 Einwohnern auf Stil und Ausstattung des »Contes« und eröffnete 2016 ihr eigenes Lokal.

Die Tische unter den schattenspendenden Bäumen auf der Terrasse sind mit rot-weiß karierten Tafeltüchern bedeckt und werden von Sonnenschirmen aus hellen Palmfasern überspannt. Im Inneren ist alles mit allem kombiniert: »Möbel, die eine Geschichte haben, Möbel, die keine Geschichte haben«, sagt Martina. Kleine, braune, runde Holztische, an denen maximal vier Personen Platz nehmen können; große eckige, blank gescheuerte Tische mit Sitzbänken und Stühlen für zwölf oder mehr Personen. An den Wänden große Bilder in allen möglichen Rahmen, Fassungen und Farben mit Landschaftsmotiven, höfischen Szenen, Porträts. Moderne Chromleuchter mit weißen Lampenschirmen an der Decke, alte Kerzenleuchter auf den Tischen.

»Die Franzosen sagen, hier sieht es aus wie bei einem Brocante, also wie auf dem Flohmarkt. Alles bunt durcheinandergewürfelt.« Die Gäste nehmen lange kurvenreiche Anfahrten in Kauf, um unter den Sonnenschirmen auf der Terrasse stundenlang zu schwelgen. Weingenuss ist kein Problem, weil man im »Contes« idealerweise auch übernachten kann. Das Mobiliar der sieben charmanten Zimmer stammt aus dem Ritz Carlton in Berlin und bekam in Zentralfrankreich ein zweites Leben. So wie Martina. Oder ist es vielleicht schon ihr drittes? Oder viertes? Wer hat sie in all den Jahren bei all den vielen Vorhaben und Ortswechseln unterstützt? Ganz sicher die »Omi« in München! Von der hatte sie mir bei unserem ersten Interview in Paris viel erzählt. »Omi« war die Mutter ihrer Mutter und eine Frau, die sich immer für Martinas Entwicklung interessiert hatte. »Meine Großmutter war meine Bezugsperson, vor allem nach der Trennung meiner Eltern. Omi war die Einzige, die mir während meiner Internatszeit Bananenkuchen schickte. Omi war diejenige, die mich jeden Tag im Krankenhaus besuchte, als ich an einem Knochentumor operiert werden musste. Omi hat mich immer verstanden.«

Ich hob mein Glas und brachte in Gedanken einen Toast aus: »Auf Omi!« Das wiederholte sich, denn Martina erzählte von einer weiteren Unterstützerin: »Solange, 86 Jahre alt, meine

Lieblingsbäckerin hier aus dem Dorf. Die hat mir von Anfang an geholfen, kam als Erste zum Essen und hat mir viel Glück gebracht!«

Aber es war wohl vor allem Martina selbst, die an sich geglaubt und ihre Talente genutzt hat. Was ich an ihr vom ersten Augenblick an mochte, war ihre ruhige Art, kombiniert mit großer Entschlusskraft und der Bereitschaft, nichts anbrennen zu lassen, sich immer neuen Herausforderungen zu stellen und das Beste aus allem zu machen.

Und was serviert die Meisterköchin mit abgeschlossener Schneiderlehre im »Contes«?

»Es gibt zum Beispiel Brennnesselsuppe mit den Kräutern aus der Region, die von meiner Mutter gesammelt wurden. Dann *poulette aux écrevisses*, Hähnchen mit Flusskrebsen, ein Gericht aus der Tradition des Corrèze. Und als Nachtisch Apfeltarte.« Weitere Spezialitäten: Salers-Rind, »eine alte französische Rasse, dunkelbraun und ganz kuschelig«, außerdem Limousin-Rind, Schwein von der Biofarm, Eier von der Biofarm, pestizidfreies Obst und Gemüse. »Servières hat inzwischen ein Biolabel erhalten.«

»Wie kommen Theaterwissenschaften, Ethnologie und Psychologie beim Kochen zum Einsatz?«

»Essen ist immer auch Inszenierung«, erklärte Martina, »das muss man wie ein kleines Theaterstück in drei Akten aufbauen, Vorspeise, Hauptspeise, Nachtisch, und dabei die Spannung halten, damit die Gäste am Schluss glücklich nach Hause fahren. Andere Kulturen zu verstehen, mich in die Gewohnheiten oder Wünsche der Gäste hineinzuversetzen hat mich immer schon interessiert.«

Ich ging mit ihr in die Küche, wo, wie sie sagte, »junge Köche mit sämtlichen Charakteren« am Werk waren. Einer ihrer Auszubildenden war ein Flüchtling von der Elfenbeinküste, den eine Familie aus der Umgebung bei sich aufgenommen und als Lehrling vermittelt hatte. Außerdem arbeitete die Tochter des Gemüsebauern mit in der Küche sowie ein höchst talentierter Koch ohne Diplom. »Das ist unsere Mannschaft«, sagte Martina, und als ich sie und ihr Team auf engstem Raum in der Küche stehen sah, wurde mir klar, was für ein Stress das sein muss: extrem schnell zu arbeiten, mit extrem wenig Platz, bei extrem heißen Temperaturen.

Im »Contes de Bruyères« kostet ein Mittagsmenü 15 Euro. Das ist aber nur möglich, weil die Produkte aus der Region stammen. Deshalb gibt es auch keine Karte, an jedem Tag wird neu gedacht, frisch eingekauft und gekocht.

Während meines Aufenthalts konnte ich erleben, was Martina Kömpel unter Gastfreundschaft versteht, wie sie auch im größten Stress zwischen voll besetzten Tischen jongliert, souverän lächelt und jedem Gast das Gefühl gibt, am besten aller Tische zu sitzen und absolut zuvorkommend bedient zu werden.

Noch immer fährt die Schneiderin, Theaterwissenschaftlerin, Meisterköchin Martina Kömpel monatlich zur Aufzeichnung des ARD-Bufetts nach Baden-Baden, aber ihr Herd steht in einem kleinen Dorf in Frankreich. Es war ein verschlungener Weg von Krefeld nach Servières-le-Château, ein Weg mit vielen Abzweigungen und Neuentscheidungen, und ich finde, er ist genau richtig verlaufen. Beim nächsten Besuch werde ich sie übrigens fragen, ob ihre Französischlehrer eigentlich schon bei ihr essen waren.

Ach ja: Vergessen Sie nicht, nach dem Besuch eine Autogrammkarte mitzunehmen und sie signieren zu lassen. Schwungvoll! Von Martina Kömpel.

So gerne ich esse und trinke, so gut finde ich es auch, hin und wieder zu verzichten. Fastenzeiten einzuhalten und den Körper zu reinigen von allen Schlacken, Giften, Ablagerungen und Hinterlassenschaften, die der Hedonismus so mit sich bringt. Nach Karneval das Aschenkreuz abzuholen und bewusst 40 Tage keinen Alkohol zu trinken oder nichts Süßes zu essen oder den Tagesschau-Nüsschen abzuschwören ist mir zur Gewohnheit geworden. Fällt manchmal schwer, tut aber gut. Es sei denn, ich buche Adventfasten im Wellnesshotel. Das Hotel, auf das ich mich freute, nannte sich auch »Oase«. Abseits der lärmenden Stadt im wunderschönen Hügelgrün gelegen, warb es mit urgemütlichen Zimmern, mehreren Pools, einer ausgedehnten Saunalandschaft und feinster Sterneküche. Die allerdings wollte ich ignorieren, denn ich hatte mich für das Detox- und Schlankheitsprogramm entschieden. Die »Oase« war eine altgediente Einrichtung. Schon wilhelminische Bäuche unter dicken Schnurrbärten hatten sich hier aufmöbeln lassen. Angekündigt war, dass der Gast zur Entgiftung auf ungezuckerten Tee und Essenzen gesetzt würde. Verschwiegen wurde, dass solche Essenzen extrem dünne Suppen sind, die zwar jedes Mal anders heißen, aber jedes Mal gleich geschmacklos sind. Schon am ersten Abend muss der Kellner in meinem Gesicht die pure Verzweiflung gesehen haben, als ich auf meinen Teller mit warmem Nichts blickte. Denn ich bekam eine zweite Kelle voll als Nachschlag.

Natürlich lief der Versuch mit ärztlicher Begleitung. Am Ankunftstag musste ich zum Doktor. Ein hagerer Mann, offenbar ein Freund von Essenzen. Zur Anamnese hatte ich einen

Fragebogen ausgefüllt mit allerlei Angaben, die man so macht. Vor der Konsultation durch den Arzt erfolgte eine Blutdruckmessung, eine Höhenmessung meines Körpers und eine ungefähre Einordnung meines Gewichts. Was man so macht. Dann wurde ich in sein Sprechzimmer gebeten.

Wir arbeiteten den Fragebogen durch, mit einer ärztlichen Nachfrage hier und da. Ich erwartete Hinweise, wie in den kommenden Tagen mit meinem Körper umzugehen sei. Zu früh gefreut: Erst kamen drei Playmobil-Figuren auf den Tisch, die in Plastik eine Familie darstellten. Der Wellness-Doc, sichtlich vertraut mit den Methoden der Gestalttherapie, bat mich, ich möge die Kinderfigur in dem Verhältnis zu den Elternfiguren so positionieren, wie ich aus meinem Erleben empfinden würde. Ich ordnete die Figuren in einem angemessenen Verhältnis zueinander – alle drei mit leichtem Abstand zu einem »V«. Der Arzt schaute kurz auf die Männchen und meinte dann, meine Eltern hätten sicher ihr Bestes gegeben. Im gleichen Atemzug wandte er sich der Ernährung zu. Wichtig sei es, so lehrte der Liebhaber warmen Wassers, wichtig sei es, Gluten zu vermeiden. Darüber habe er ein Buch geschrieben. Und nicht nur er, erst neulich habe ein amerikanischer Kollege auf die verdummende Wirkung von Gluten hingewiesen. »Wir essen uns dumm« – sei dessen Ausruf gewesen. Gluten behindere das Gehirn, musste ich lernen.

Während ich noch darüber grübelte, welche Verbindung es zwischen der kleinen Playmobil-Familienaufstellung und dem Verzicht auf Gluten geben könnte, kam mir in den Sinn, dass ich eigentlich ein paar Bemerkungen erwartet hatte zur gesundheitlichen Vorbelastung durch extrem niedrigen Blutdruck und häufigen Schwindel, der bei mir zu verzeichnen war. Hypotonie schien aber kein passendes Thema zu sein.

Gluten war das Thema. Essen überhaupt. Morgens wie ein Kaiser, mittags wie ein König, abends wie ein Bettelmann. Das hört man an jedem Stammtisch, aber der Schlankheits-Doktor krönte diese Wissenschaft der Nahrungsaufnahme mit der Weisheit irgendeines Karpatenvolkes, das behauptet, das Abendessen solle man seinen Feinden überlassen.

Du liebes Lottchen: Morgens die Hauptmahlzeit des Tages? Wer schafft das?

Welcher Angestellte würde das mittägliche Kantinenangebot (Kassler Rippchen mit Sauerkraut, Schinkenmakkaroni mit Käse überbacken) schon zum Frühstück essen wollen? Und könnte sicher sein, danach nicht sofort wieder einzuschlafen? Und mittags dann was? Das Bauernfrühstück mit Bratkartoffeln? Spiegelei auf Speck? Müsli mit Obst? Und abends?

Das dem Gluten-Doc angeschlossene Hotel verfuhr im Übrigen konträr zu den Weisheiten der medizinischen Abteilung: Es gab ein opulentes Frühstücksbüfett und abends im großen Speisesaal das mehrgängige Menü mit Weißbrot, Weizenbier und Rotwein.

Wir Entgifter im Nebenzimmer nährten unsere schlechte Laune mit dünner Essenz. Die Karpatenvölker weiter weg freuten sich in der Zwischenzeit auf die kampflose Übernahme einer wohlhabenden Industrienation, die an ihrem Völlegefühl zugrunde gegangen war. Und was war noch mal die Wirkung von Gluten?

Die Detox-Tage waren so hart, dass mir ständig der Magen knurrte. Tapfer behaupteten meine Mit-Faster, dass es doch so arg gar nicht sei – bis auf einen. Den machte ich mir zum Verbündeten. Das Brutalste an der Sache waren die Gerüche, die durchs Haus zogen: Es duftete adventlich nach Vanille, Zimt und Glühwein. Wir konnten zwar die Augen schließen, unseren Blick abwenden von den Gebäck-Etageren und Samowaren, in denen der süße Gewürztee brodelte, aber dauerhaft die Nase zuhalten ging nicht. So zogen die Schlemmerschwaden an uns vorbei, bis ich es am dritten Tag nicht mehr aushielt.

Mein Verbündeter und ich hatten gerade die Wassergymnastik absolviert und uns in unsere flauschigen Bademäntel gehüllt, um einsam im Detox-Café einen ungesüßten Kräutertee zu trinken, als eine ganze Platte mit frischem Stollen, Miniaturapfelstreuseln und Weihnachtsplätzchen neben unseren Tisch gestellt wurde. Natürlich war das ein Versehen, aber wir dankten dem aufmerksamen Kellner, den ganz offenbar der Himmel geschickt hatte. Kaum war er draußen, wanderten in Sekundenschnelle Stollenstücke, Kipferl, Walnusstaler und Spritzgebäck in Papierservietten und verschwanden in den großen Taschen unserer Bademäntel.

Am Abend nahm ich demütig die Essenz entgegen, verzichtete auf den Nachschlag und brach die Kur am vierten Tag ab.

Röhrens-Ecken

Das Hotel im Hügelgrün spiegelt seine Besitzer: großzügig, freundlich, einladend. Die Fassade ist cremefarben gestrichen, die großen Kastenfenster lassen viel Licht in die Zimmer, überall stehen im Yin- und Yang-Prinzip üppige Pflanzen in Terrakottatöpfen, alles ist in großer Harmonie immer paarweise angeordnet: Kerzenleuchter, Stehlampen, Sofakissen, Sessel, Regale. Kaum hatte ich den Eingang betreten und die blank gewienerten belgischen Blausteinfliesen entdeckt, war ich völlig begeistert.

Spätestens jetzt muss ich es gestehen: Ich bin ein Immobilienjunkie. Mir macht es unbändige Freude, Häuser, Wohnungen, Villen, Wohnmobile, Katen, Campingwagen, Schlösser, Jurten, Höfe oder Holzhütten zu besichtigen und mir anzusehen, wie Menschen sich einrichten. Denn das erzählt so viel über die Bewohner. Es beginnt mit der Fußmatte. Wenn ich zum Beispiel meinen besten Freund in Berlin besuche, schreite ich im Laufe der 104 Stufen, die zu seiner Dachwohnung führen (Altbau, kein Aufzug) eine Galerie der Merkwürdigkeiten ab. Material und Motive der Fußmatten beflügeln meine Fantasie derart, dass ich inzwischen zu jeder Matte ein Besitzerprofil erstellt habe. Die Hobbits im Erdgeschoss rechts haben auf ihrer hellbraunen Kokosmatte einen rot-gelben Zipfelmützenzwerg, der mit einer großen grünen Gießkanne drei violette Blumen gießt. Weil er so oft getreten wird, hat der Zwerg inzwischen an Leuchtkraft verloren, aber er ist wie ein zuverlässiger Kumpel geworden, der mich nett, aber stumm empfängt. Gegenüber wohnen die lustigen Weiber von Windsor, drei Frauen, die ständig lachen und sich als Entree für drei Pinguine mit orangefarbenen Schals und dunklen Bommelmützen entschieden haben. Erster Stock rechts: Juten Tach! Der ältere Herr, der immer so freundlich grüßt, hat auf dem grauen rutschfesten PVC-Rechteck ein verschnörkeltes »Welcome« eingearbeitet. Erster Stock links: »Hier wohnen Mandy, Mama und Papa«. Auftragsarbeit! Individuell gefertigt vom Fußmattenbedrucker. Die Bewohner vom zweiten Stock links haben so viele Schuhe vor der Tür stehen, dass ich das Mattenmuster nicht erkennen kann, aber mitverfolge, wie schnell die Kinder wachsen, weil die Schuhe von Jahr zu Jahr größer werden. Zweiter Stock rechts: ebenfalls personalisierter Fußabtreter wie bei Mandy und ihren Eltern; allerdings handelt es sich hierbei um drei Paar Turnschuhe, zwei große, ein kleines, die sich die Familie gleich auf die Matte hat drucken lassen. Dritter Stock rechts: schwarzer Kunststoff mit aufgedrucktem weißen Lama, das an die Tür klopft und »Lama, Lama Ding, Dong« ruft. Ausgesprochen witzig. Dritter links: einfach nur ein Aufnehmer. So zieht es sich mal mehr, mal weniger originell bis zum Dach. Und wenn ich dann völlig außer Atem endlich oben bin, reicht die Luft gerade noch für den finalen Lacher. Links: »Hallo Nachbar, ohne Ihr Fernglas hätte ich Sie gar nicht erkannt«. Rechts: »Stehst du schon wieder auf der Matte?!«

Meine Fußmatte ist übrigens ein Restposten: Teppichfliese in violett meliert. Für 50 Cent. Wird öfter mal gewechselt.

Was es dann hinter den Wohnungstüren zu entdecken gibt, ist die reine Offenbarung. So oder so.

Vermutlich wurde der Grundstein für meine Immobilien-Sucht durch meinen Vater gelegt. Er war Bauingenieur und nahm mich, so oft es ging, in Häuser mit, die auf die Abrissbirne warteten. Vom baufälligen Keller bis zum baufälligen Dachboden kletterte ich hinter ihm durch sämtliche Räume, gruselte mich ordentlich und überlegte mir, wer hier wohl gelebt hatte. Oft genug fanden wir großartige Schätze in Form kaputter Stühle, dreibeiniger Tische oder schiefer Bilderrahmen, die wir »die sind doch noch gut!« ins Auto luden, um sie bei uns im Garten in der Röhrens-Ecke zu lagern, wo sie auf ihre weitere Bestimmung warteten. Die Familie Röhrens hatte vor dem Krieg im Dorf meiner Mutter gelebt und war für ihre grandiose Unordnung bekannt, Vorkriegs-Messies sozusagen. Röhrens wurden uns immer dann als Beispiel drohender Verwahrlosung vorgehalten, wenn das Chaos in unseren Zimmern zunahm. Oder wenn ich mit meinem Vater mit beträchtlicher Beute von einer Baustelle heimkam.

Bis heute finden sich in der Röhrens-Ecke alte Wäscheschleudern, Viehtröge, Handrasenmäher oder Gebetsbänke. Irgendwann werde ich zum Wertstoffhof fahren und dort sicher auf kunstverständige Interessenten stoßen.

Als mein Vater ein großes Kloster abbrechen musste, wurde es richtig spannend. Denn er rettete aus dem, was die Schwestern zum Sperrmüll geben wollten, einen langen Eichentisch, an dessen Seiten bei jedem Platz eine Schublade eingelassen war. Serviette und Besteck der jeweiligen Klosterfrau war darin untergebracht worden. Außerdem stellten wir Gebetsbücher sicher, allerlei Kerzenleuchter und mit offizieller Erlaubnis der Schwester Oberin eine Heiligenfigur vom heiligen Maternus. Natürlich hätten wir lieber den Heiligen Antonius abgestaubt, den Lieblingsheiligen meiner Mutter, der bei uns pausenlos im Einsatz war, weil wir andauernd etwas verloren. Aber der war schon vergeben, sodass wir mit Maternus vorliebnehmen mussten. Dessen Geschichte ist so prall nicht, eher ein Loser-Typ, denn der Legende nach wurde er von Petrus ins Elsass ausgesandt, um dort zu missionieren. Aber die Fußstrecke von Metz nach Avolsheim bekam ihm nicht gut, weshalb er bei der Ankunft am Zielort vor Erschöpfung umfiel und starb. Sechs Wochen später wurde er allerdings mithilfe von Petrus' Hirtenstab wieder zum Leben erweckt und konnte endlich losziehen, um den Glauben zu verbreiten. Aber ist das eine Legende, die so richtig zündet? Besser scheint mir allemal die Fortsetzung der Geschichte. Denn Maternus bekämpfte als Schutzheiliger auch ansteckende Krankheiten und war außerdem für das Gedeihen der Weinreben zuständig, was ihn mir als Rheinländerin besonders wertvoll macht. Unter seinem Schutz – er stand im Wohnzimmer auf der Galerie – haben wir viele gesegnete Abende erlebt.

Maternus fand also Eingang in die Familie und Platz in einem Haus, das es leider nicht mehr gibt. Es war mein Lieblingshaus. Ein kleines Fachwerkhaus in der Eifel mit angrenzender kaputter Scheune, das meine Eltern Anfang der 1970er-Jahre als Ruine gekauft hatten und dann Stein für Stein, Balken für Balken wiederaufbauten.

Mit Kreide hatte der Installateur ans Scheunentor »Mer Mot« geschrieben: Nur Mut! An fast jedem Wochenende mussten wir Kinder mitfahren und helfen. Als erwiesenermaßen schwächstes (oder faulstes?) Glied der Helferkette lag ich im Sommer mit einem Buch auf der Wiese und stand im Winter vor dem Kanonenofen in der Küche und versuchte, mich zu wärmen, während meine Geschwister im vollen Einsatz waren. Da gibt es leider nichts zu beschönigen. Ich kann nur auf Vergessen hoffen.

Das Haus hatte eine extrem niedrige Deckenhöhe, sodass alle unsere Freunde bleibende Erinnerungen davontrugen, weil sie heftigst gegen tief hängende Balken knallten, den niedrigen Türsturz falsch einschätzten oder beim Aufstehen an die massive Deckenlampe stießen. Wir polsterten die Gefahrenstellen, so gut es ging, stießen regelmäßig Warnrufe aus, aber die Zahl kalter Löffel auf dicken Beulen blieb konstant hoch. Das kleine Wochenendhaus wurde zur Partyscheune. Wir feierten Schulabschlüsse und bestandene Prüfungen, Geburtstage, Ostern und Silvester oder einfach nur so: das Leben. Wir gaben ein Riesensommerfest für alle Handwerker, die geholfen hatten, grillten Schweine, bauten Tanztennen. Wir schafften Schafe an, die den Rasen kurz hielten, und fingen sie unter viel Geschrei einmal im Jahr ein, damit sie geschoren werden konnten. Meine Mutter bekam Spinnrad und Webstuhl geschenkt und webte aus der Schafswolle dicke Teppiche und Läufer, die wir an die zugigen Türen legten. Eine alte Klöntür, bei der man die obere Hälfte des Türflügels öffnen konnte, um mit den Nachbarn einen Verzäll zu halten (während unten der Weg ins Private verschlossen blieb), wurde zu einem beliebten Fotomotiv: Alle dahinter versammeln und rauswinken! Das Haus erlebte Liebesszenen und Trennungsdramen, Frühstücksgelage und melancholische Kaminabende, Kocharien und Zechereien. Wenn ich in Grübelstimmung war und mich neu erfinden wollte, suchte ich Zuflucht im Eifeler Fachwerkhaus. Bis es eines Tages aus unbekannten Gründen abbrannte und eine Freundin von uns in den Flammen umkam. Wir haben es nie wieder aufgebaut.

»Prömma«, sagte der Pförtner vom Funkhaus. »Prömma« – im tiefsten Rheinisch auf die Frage, wie es ihm gehe. Deshalb war es nur eine Frage der Zeit gewesen, bis er seinen Spitznamen weghatte. Ich mochte ihn sehr, weil Prömma sommers wie winters und frühlings wie herbsts gute Laune hatte und voller Zufriedenheit mit seinem Beruf von seiner Loge aus die Gäste kontrollierte, die zu uns kamen. Er schien immer in Bewegung zu sein, obwohl er saß. Wenn er ging, ging er schnell; Treppenstufen nahm er im Doppelpack. So oft ich konnte, hielt ich ein Schwätzchen mit ihm. So wurde ich Zeugin eines Dialogs, der in meine persönliche Rundfunkgeschichte einging. Ein Besucher betrat das Funkhaus: »Guten Tag, mein Name ist Hoffstätter. Ich würde gerne mit Herrn Kokott sprechen.« Prömma schaute erst den Gast an, dann mich, dann schüttelte er den Kopf und überlegte: »Kokott ... Kokott?« Er nahm das Haustelefonbuch und blätterte sich rasant durchs K-Register: »Der Herr Kokott ... der Herr Kokott ... der ist zurzeit ...« Er blickte den Besucher strahlend an, weil es ihm wieder einfiel ... »nicht mehr am Leben.« Unglücklicherweise war der Kollege einige Wochen zuvor verstorben.

Prömma war von unschlagbarem Witz und steckte voller Anekdoten, die sich allerdings hinziehen konnten, weil er eine nach der anderen raushaute. Mit ihm zu reden, wenn man in Eile war, war nicht ratsam. Ein besseres Entree als ihn konnte sich das Haus nicht wünschen, denn Pförtner wie Empfangsdamen sind ja nicht nur Türöffner, sondern spiegeln das Innere eines Gebäudes beziehungsweise das Betriebsklima wider. Im optimalen Fall sind sie also höflich und gut gelaunt. Wenn ich dem Empfangspersonal aus aller Welt eine Dokumentation widmen würde, wäre Prömma mein Hauptdarsteller, dicht gefolgt von Sisyphos, der am Eingang des Drogenklosters Wat Tham Krabok saß. Und der unentwegt mit stoischer Hingabe einen riesigen Steinberg zu Kieseln klopfte, wenn er nicht die Neuankömmlinge in Empfang nahm.

Aufruhr in den Zellen

Es war Fritz' Idee gewesen, dem ARD-Hörfunk und verschiedenen Zeitschriften über das Drogenkloster Wat Tham Krabok in Thailand eine Reportage anzubieten. Denn Krabok galt damals (Anfang der 1990er) als das weltweit erfolgreichste Drogenentzugszentrum und war in Fachkreisen als »das Kotzkloster« bekannt. Ich hatte Fritz über das Hilfswerk MISSIO kennengelernt, für das ich als Journalistin gearbeitet hatte, und es gab niemanden in meinem Freundeskreis, der mehr von der Welt gesehen und möglicherweise auch verstanden hatte als er.

Fritz war für die Fotos zuständig, ich für den Text.

Wat Tham Krabok liegt rund 130 Kilometer nördlich von Bangkok in einer abgelegenen Bergregion und ist seit seiner Gründung 1957 zum Hoffnungsort für Süchtige geworden.

Auch Simone aus Bielefeld, 23 Jahre alt, davon zehn Jahre als Junkie auf der täglichen Suche nach neuem Stoff, hatte den Weg ins Kloster gefunden. Wir lernten sie am zweiten Tag ihres Aufenthalts kennen. Da hatte sie bereits am Empfang alle ihre persönlichen Sachen abgegeben: Ausweis, Geld, Papiere, Schmuck, sogar die Antibabypille. Statt ihrer Kleider trug sie ein verwaschenes helles Leinenhemd und einen ehemals roten Sarong. Auf dem Kopf verfilzte Dreadlocks. Im Kopf die Hoffnung, den Entzug zu schaffen.

Die Tempelanlage von Krabok ist weitläufig. Am Eingang – neben dem unermüdlichen Steine klopfenden Sisyphos – ragen 25 gigantische Buddhastatuen aus grauem Stein vor drei hünenhaften Obelisken und dem achtspeichigen *Rad der Lehre* empor. Im Innern der Anlage standen überall verteilt Tempelchen, die von weißen Säulen getragen wurden, und Gebetsplätze mit Kolossalbuddhas in Gold. Vor ihnen Schalen mit duftenden Blüten und Opfergaben: Reis und Obst an Räucherstäbchen. Göttliche Kulinarik.

Wir schleppten unser Gepäck (wenige T-Shirts, viel Kameraausrüstung, Mikrofone und den Sony-Rekorder) in die Gästezimmer. Dann konnten wir nach einer Schale Tee fünf Minuten die Beine hochlegen, bevor wir zum Abt aufbrachen.

Abt Luang Por Chamroon, der in einem früheren Leben als Polizist gearbeitet hatte, erwartete uns in seinem abgedunkelten Büro.

Seine Tante Luang Por Yai hatte das Kloster Ende der 1950er-Jahre gegründet und später zusammen mit ihm die strengen Regeln für die Junkies aufgestellt. Das Konzept: Drill und absoluter Gehorsam. Medizin und ein Schwur.

Die Patienten wohnen während ihres fünftägigen Aufenthalts in getrennten Baracken: ein Trakt für die Frauen, ein Trakt für die Männer. Morgens um 4.30 Uhr wecken. Waschen. Dann im Gänsemarsch zum Entgiften. Zwischen den Klos und der Krankenstation gibt es eine freie Fläche. Dort knien sich die Süchtigen vor eine Abwasserrinne und bekommen vom diensthabenden Mönch aus einem kleinen Glas einen bitteren Kräuterextrakt verabreicht. Dann werden pro Patient etwa fünf Liter Wasser aus einem Blecheimer geschöpft und so lange nachgespült, bis der Eimer leer ist: Die Junkies würgen, ihre Körper bäumen sich auf, verkrampfen sich, und schließlich schießen die Fontänen meterweit.

»Wem die Behandlung nicht passt, der kann gehen«, erklärte der freundliche Abt. »Süchtige sind unberechenbar. Wer jahrelang gestohlen und betrogen hat, wird im Kloster nicht sofort ein anderer Mensch. Der pfeift auf Sanftmut. Wir wissen, dass kalter Entzug hart ist. Aber er ist wirkungsvoll.«

Wer seinem Leben eine komplett neue Richtung geben will, wer von der Sucht und den Drogen wegkommen möchte, ist in Krabok offenbar genau richtig.

Anfangs fremdelten Fritz und ich ein wenig mit der wirkungsvollen Methode. Aber natürlich bekamen wir für unsere Reportage alles, was wir an Bildern und Tönen brauchten. Um die Magenwäsche zumindest akustisch erträglicher zu machen, hatten ein paar Exjunkies, die im Kloster geblieben waren, eine Art Hüte-dich-vor-Heroin-Song komponiert, den sie bei jeder Prozedur live sangen und dazu Trommeln und Zimbeln schlugen. Noch Monate später trug ich die Melodie als Ohrwurm bei mir und brachte sie ins Radio.

Trinken und würgen und kotzen, trinken und würgen und kotzen. Das war die Therapie von Tham Krabok, mit der sich das Kloster in der ganzen Welt einen Namen gemacht hatte. Jeder Abhängige bekam nur eine einzige Chance, sein Leben zu ändern. Auch Simone. Hennarote Dreadlocks, Sommersprossen, magere Statur, zarte Stimme. Drei Monate hatte sie in Thailand abgehangen, um sich auf Ko Samui zuzudröhnen. Von Krabok hatte ihr ein anderer Süchtiger erzählt. Einen Versuch war es ja wert.

Mit 14 hatte die Bielefelderin zum ersten Mal Rauschgift genommen. Haschisch, dann LSD, Kokain. Mit 18 setzte sie sich nach Jamaika ab. Zwei Monate später landete Simone wieder in Bielefeld. Wir begegneten ihr an ihrem zweiten Tag des Entzugs, und wenn ihr nicht gerade schlecht war vom Erbrechen, wenn sie nicht um 14.00 Uhr ins vergitterte Dampfbad musste, wenn sie nicht völlig ermattet auf ihrer Pritsche lag und die Holzlattendecke anstarrte, saßen wir mit ihr auf einer der fest gemauerten Bänke und hörten ihr zu. Geschichten vom *stoned* sein, ohne Antrieb sein, ohne Perspektive.

Wenn ich ehrlich bin, fiel es mir schwer, Mitleid mit ihr zu haben.

»Mann, Simone, wie viele Kinder müssen die Trennung der Eltern verkraften, wie viele drehen Ehrenrunden in der Schule, sind labil oder finden keinen Halt im Leben? Wieso muss das in Drogen enden? Da gibt es doch noch andere Auswege.«

»Weil es guttut, breit zu sein und einfach alles zu vergessen«, sagte Simone.

»Ist das dein erster Entzug?«

»Nein. Ich habe zwischendurch Methadon genommen, aber das hat alles nur noch schlimmer gemacht«.

»Und wie ist es hier?«

»Voll anstrengend. Ich hab gestern bei der Ankunft kein Wort verstanden. Die nehmen dir alle deine Sachen ab, geben dir die roten Klamotten, fotografieren dich, dann musst du einen Eid schwören, den du nicht kapierst, und dann bringen sie dich in die Frauenbaracke. Ist hier wie im Knast.«

»Und die Kotzerei?«

»Die ist krass. Aber ich glaube, es hilft, weil du von innen sauber wirst. Außerdem helfen sich hier alle gegenseitig und unterstützen sich mit der Singerei. Das ist gut.«

Als Ausländerin bezahlte Simone umgerechnet zehn Mark am Tag; die Thais bekamen Rabatt und zahlten zwei Mark.

Für alle aber bedeutete Wat Tham Krabok die letzte Zuflucht. An der Rinne trafen sich in verwaschenen hellen Hemden und verschlissenen Sarongs Bankangestellte, Lehrer, Polizisten, Krankenschwestern, Exsöldner. Verbrecher, Betrüger, Dealer, Diebe. Zu Beginn der fünftägigen Entziehungskur betete jeder Neuankömmling vor den versammelten Mönchen den Eid nach, nie mehr Drogen zu nehmen oder an andere weiterzugeben. Die meisten Europäer blieben still, weil sie keinen Schimmer hatten, wovon die Rede war; aber sobald ihnen der Eid übersetzt wurde, legten sie ihn in ihrer Sprache ab.

»Wer den Eid bricht, stirbt.« Das war die feste Überzeugung der Thais. Aber auch Achim glaubte das. Ihn trafen wir am dritten Abend. Man musste kein Experte sein, um festzustellen, dass dieser Mann nicht mehr lange leben würde. Hohle Wangen, ausgemergelt, schätzungsweise 40 Kilo, glatt rasierter Kopf. Aids im Endstadium? Wir hatten uns einen Eckplatz unter zwei Bäumen gesucht, auf die das fahle Neonlicht der Krankenstation fiel. Die Grillen zirpten, die Moskitos stachen, ein paar Nachtfalter umschwirrten unsere Teegläser, bis sie darin ertranken. Achim wandte sich von den CNN-Nachrichten auf dem Freilichtfernseher ab, offensichtlich froh, seine Story loszuwerden. Für die ihm aber kaum noch genug Sauerstoff blieb. Das Atmen und Sprechen strengte ihn hörbar an. Vor uns saßen mehr als 30 Jahre Drogenkarriere und schnappten nach Luft.

Nach seinem Entzug hatte Achim in Krabok bleiben dürfen; inzwischen trug er das erdfarbene Gewand und Schultertuch der Mönche. »Die Philosophie des Klosters (Atempause) ist simpel (Keuchen): Es gibt nicht die böse Gesellschaft (Ausatmer), der ich die Schuld für mein Leben in die Schuhe schieben kann (Einatmer). Jeder ist für sich selbst verantwortlich (Keuchen). Niemand darf vor der Verantwortung kneifen.«

Ich hob zur Gegenrede an: »Ja aber, es gibt doch äußere Umstände, Sachzwänge ...«

(Luftschnapper) »Nein! Die gibt es nicht! Soziale Umstände zählen nicht! (Huster) Man muss Arbeit finden. Sich durchbeißen im Leben. Rauskommen aus dem Schlamassel.« Achim war erschöpft.

Bis heute bin ich mir nicht sicher, ob das, was er uns im Laufe des Abends erzählte, wirklich alles so passiert war. Er hatte (angeblich) erlebt, wie seine Freunde im Rausch seine Schwester aus dem Fenster geworfen hatten, die diesen »Spaß« schwer verletzt überlebt hatte. Er hatte ohne Ende Prügeleien mit seinem Vater hinter sich, zahllose Nächte im Polizeigewahrsam verbracht, zig tote Junkies auf Bahnhofstoiletten gefunden. Er hatte jeden Tag beim Dealen betrogen oder war betrogen worden. Und immer wieder hatte er seine Mutter um Geld angepumpt.

»Drogensüchtige sind hundertprozentige Egoisten. (Einatmer). Die verlottern charakterlich.«

»Wie hast du die Kraft gehabt, aus dem Dilemma rauszukommen?«.

(Luftschnapper) »Die Kraft hat jeder! Wenn die Einsicht da ist, dass nur noch der Tod vor der Türe steht, ist die Kraft auch da.«

Am nächsten Morgen hatte das Elend vor der stinkenden Abwasserrinne wieder eine Reihe gebildet. Die Blecheimer schepperten, Schöpfkellen wurden eingetaucht. Diesmal schob Mönch Loang da Somchai Frühdienst und verteilte den Kräutersud wie die heilige Kommunion. Andächtig falteten alle, auch Simone, die Hände, dankten dem Mönch, tranken, spülten nach, würgten und kotzten los. Simones Halsadern schwollen zentimeterdick an, ihr lief der Sabber das Kinn hinunter, sie heulte vor Ekel und Krämpfen. Fritz fotografierte.

Diese Art der Dokumentation war ausdrücklich erwünscht. Je drastischer die Abschreckung, umso erfolgreicher der Kampf gegen die Drogen. Das Kloster lud sogar Schulklassen ein, die busseweise nach Krabok fuhren, um bei einer Kotzshow dabei zu sein. Mich als Jugendliche hätte das überzeugt.

Die Erfolgsquote von Wat Tham Krabok lag nach Auskunft des Abts bei 80 Prozent. Nahezu alle Thailänder, die sich der Tortur unterzogen, blieben sauber. Bei seiner Statistik stützte sich der Abt auf Gespräche mit Exsüchtigen oder mit deren Familien. Eine fachgerechte Bewertung, etwa mithilfe eines Evaluationsbogens, wie wir Deutschen sie gerne vornehmen, war in Krabok nicht vorgesehen.

Kurz vor unserer Abfahrt ließ ich mir vom unermüdlichen Sisyphos den Eid übersetzen:

»Ich schwöre bei der Erde, beim Himmel und der Luft,
dass ich künftig kein Heroin mehr nehmen
und auch niemanden verführen werde,
irgendeine Droge zu rauchen, zu besitzen, oder zu verkaufen
bis zu meinem Tode.«

Wenige Wochen nachdem Fritz und ich aus Thailand zurück waren, erreichte uns die Nachricht, dass Achim gestorben war.

Und Simone? Die nahmen wir nach ihrem Entzug mit nach Bangkok, schmuggelten sie in unser Hotel und schenkten ihr ein paar Stunden heiße Dusche und Schlaf auf einer weichen Matratze. Monate später telefonierten wir. Sie war wieder in Bielefeld, noch clean und hatte sich für eine Ausbildung als Altenpflegerin beworben.

»Man muss sich durchbeißen im Leben«, hatte der Ex-Dealer Achim mir im Drogenkloster erklärt. Aber wie kann man den guten Spruch umsetzen, wenn niemand da ist, der einem dabei hilft, sichtbar zu werden, sich aus der Deckung zu wagen, mitzumischen?

Darüber sprach ich mit Albert Kitzler aus Duisburg. Nach vielen Jahren Arbeit als Rechtsanwalt und Filmproduzent hatte er eine Schule für antike Lebensweisheiten aufgemacht: »Maß und Mitte«. Mein Lieblingssatz von ihm hieß: »Denken heilt!«

Seine Anleitung zur Selbsterkenntnis: sich öffnen, um etwas zu verändern. Das bedeutet, dass wir betonharte Gewohnheiten aufbrechen müssen.

»Wie soll das gehen?«

»Indem Sie gesunde, positive Überlegungen einüben. Konzentrieren, wiederholen, vertiefen.«

Den alten Mörtel weghauen, uralte Muster zur Seite räumen, das Neue freilegen. Niemand, den ich kenne, hat das so konsequent umgesetzt wie Alex Hai.

Venezianische Doppelhelix

Ich saß in Venedig vor dem »Maul des Löwen« auf *Pegaso* und wollte los. Aber *Pegaso* rührte sich nicht. Was nicht an ihm lag. Allerdings auch nicht an mir. *Pegaso* hatte keine Lust, weil Alex keine Lust hatte. Alex hieß eigentlich Alexandra, aber darauf hatte sie auch keine Lust. Inzwischen heißt sie wirklich Alex.

Alexandra Hai trug das Label: »Erste Gondoliera Venedigs«. Diese Stellung hatte sie sich hart erkämpft und hart war auch ihr Auftritt. Ich hatte mich auf eine romantische Lagunenfahrt mit ihr gefreut: vorbei an den Sehenswürdigkeiten der Stadt; hinein in den Sonnenuntergang, ein Glas Wein an Bord. Freundliche Erklärungen der ungewöhnlichen Steuerfrau mit dem weißen Anzug – Hose, Weste mit Goldknöpfen, Jacke mit goldener Bordüre – und dem unvermeidlichen Strohhut mit blauem Band auf den dunklen Locken. Dann zum Finale »O sole mio«, aber ganz leise, weil zu viel Klischee-Kitsch ja dann doch ein bisschen peinlich ist.

Die Sorgen vor zu viel Kitsch hätte ich mir auch gar nicht machen müssen, denn Alexandra Hai sprach Steno und knallte mir ihre Lesart von Gondelfahrten um die Ohren: »Meine Touren sind anders! Sehenswürdigkeiten zeigen? Ja, aber nicht die gewöhnlichen! Erklärungen? Nur wenn's sein muss! Wein? Kommt drauf an, was Sie buchen! Singen? Niemals. Nur unter der Dusche! Die meisten venezianischen Gondolieri hassen neapolitanische Lieder.«

Zack, zack, zack. Die Sätze kamen in gepresstem Stakkato, als würde Alexandra mir am liebsten nach jedem Satz mit dem Paddel auf den Kopf hauen, damit ich auch wirklich kapierte, worum es beim Gondeln geht. Paddel? Bist du wahnsinnig, ein Gondelruder nur Paddel zu nennen? Mann: Das Ding heißt *Remo* und steckt in der *Forcola!*

Es hatte mich ein paar Mails gekostet, mich mit ihr in Venedig zu verabreden, und ihre Antworten hätten mich schon hellhörig machen können, denn sie zögerte sehr, sich auf ein Interview einzulassen (»Leider ist sprechen und umso mehr in Deutsch etwas schwierig«). Dann aber wurde der Ton verbindlicher, bis ich am Ende den Eindruck hatte, Alexandra Hai würde sich auf das Gespräch so freuen wie ich. Vielleicht war das ja auch so. Vielleicht verbarg sich hinter ihrer herben Art der reine Frohsinn. Der war dann aber wirklich gut getarnt, denn als es Ende Mai 2014 zu unserem Treffen kam, schien sie der Mut und die Lust, etwas von sich preiszugeben, komplett verlassen zu haben.

Wir hatten uns für den Abend, 19.00 Uhr, verabredet. »Nach fünf Uhr sind die Tagestouristen fertig mit der Stadt, ab sechs kehrt ein bisschen Ruhe ein.«

Treffpunkt: Die Jarach Gallery, dicht beim Theatro La Fenice, in der eine Freundin von Alexandra Hai wunderschöne Schwarz-Weiß-Fotos der Gondoliera präsentierte, die »meine wahre Geschichte erzählen. Nicht die Geschichte, wie Journalisten sie erzählen wollen.« Das klang wie ein vorauseilender Vorwurf.

Wie mir im Laufe unseres Interviews klar wurde, war es die Geschichte einer ewigen Suche nach der eigenen Identität. Die Erzählung eines Menschen, der im falschen Körper steckte und sich danach sehnte, endlich die äußere Hülle dem inneren Gefühl anzupassen. Die Geschichte einer Frau, die schon als Kind mit ihrem Geschlecht rang, weil sie so viel lieber ein Junge gewesen wäre, die aber bei den Eltern auf wenig Verständnis für ihr Wesen stieß. In Alexandra Hai begegnete ich einem Menschen, der große Angst vor Nähe zu haben schien und sich dennoch öffnen wollte. Sie wirkte auf mich wie jemand, der sein Leben lang versucht hatte, Zuneigung zu bekommen, aber immer wieder abgewiesen worden war. Nichts davon erzählte sie in unserem Gespräch, aber die Art, wie sie mit mir umsprang, ließ auf ein gut eingeübtes Nähe/Distanz/Nähe/Distanz-Spiel schließen. Ich kam damit am Anfang überhaupt nicht zurecht, weil sie so patzig und lustlos wirkte.

Als sie vor der Galerie auf mich zukam, signalisierte mein Reporterauge SOS: Hardcorelesbe, ganz mies drauf! Ich hatte in dieser Maiwoche in Venedig einen Architektenkongress moderiert, war entsprechend k. o. und wollte eigentlich mit einem außergewöhnlichen Menschen über sein außergewöhnliches Leben in seiner Lieblingsstadt sprechen. Stattdessen ließ ich mich nach einem kurzen Begrüßungs-»Hallo« schon anblaffen. »Ich fahre heute nicht mehr raus.«

Am liebsten hätte ich zu Frau Pampig gesagt: »Weißt du was, du dumme Nuss? Lass deine Launen an jemand anderem aus. Ich muss das hier nicht machen.« Aber das wäre ja nur die halbe Wahrheit gewesen, denn natürlich wollte ich das Interview unbedingt führen. Und ich bin froh, durchgehalten zu haben, denn auch wenn die Gondel *Pegaso* in der Parkbucht blieb, wo sie sanft vor sich hin schaukelte, wurde Alexandra Hai von Gesprächsrunde zu Gesprächsrunde verbindlicher und erlaubte sich zwischendurch sogar ein paar kleine Raucherlacher. Männlich herb, kurz und trocken zwar, aber immerhin Lacher.

Die Frau, die ich vor der Galerie traf, war groß, breitschultrig, hatte sehr schwarze Haare und sehr weiße Zähne und wirkte nervös.

Wir gingen über eine Brücke zu ihrem Anlegeplatz. Sie reichte mir die Hand, half mir, in der schunkelnden Gondel

Platz zu nehmen, und wurde zugänglicher. Klarer Heimvorteil. Ich dagegen lag auf der Lauer, um auf ihre Wechselstimmung reagieren zu können.

Soll ich jetzt schon verraten, dass wir nach dem Interview noch richtig nett beim Prosecco versackt sind? Und uns danach nie mehr wiedergesehen haben?

Deshalb weiß ich auch bis heute nicht, ob ihr Name ein Pseudonym oder ihr wirklicher Name ist. Ich weiß nicht, aus welcher Stadt sie stammt, ob ihre Eltern (der Vater mit algerischen Wurzeln) wirklich Ärzte waren, warum sie mit 15 von zu Hause – wo auch immer das gewesen war – ausgerissen und nach Hamburg St. Pauli abgehauen war.

Was ich von ihr kenne, hat sie mir erzählt. Und wenn *ich* schon keine eifrige Genderin bin, dann ist Alexandra lausig darin. Kein einziges Mal benutzte sie die weibliche Form. Nur bei dem Begriff der *Forcola,* da ging es ja auch nicht anders ...

»Im Februar 1996 kam ich als Regisseur von San Francisco nach Venedig, um für einen Film zu recherchieren. Ein paar Monate später war ich schon auf der Gondel.«

Die Recherche hatte sie zwar noch abgeschlossen, aber dann war sie einfach in Venedig geblieben. 29 Jahre alt, begeisterungsfähig, hingerissen von »der schönsten Stadt der Welt«, wie sie sagt. Aber wie hatte sie ihre Zuneigung zu dem Beruf der Gondoliera entdeckt?

»War 'ne Schnapsidee. Nee, mehr 'ne Proseccoidee, hier trinkt man ja keinen Schnaps. Es war kein Wunsch; es war kein Ziel, es hat sich so ergeben. Ich kam hier an und hatte das Angebot, so'n Ding mal auszuprobieren. Dann hab ich das ausprobiert und dann haben die Jungs gesagt: Du solltest Gondoliere werden, du hast den Stoff dafür. So ging das los.«

Die ersten Jahre waren leicht. »Und sehr lustig«, sagt Alexandra. Sie tauchte tief ein in eine raue Gesellschaft, kannte bald alle Gondolieri mit ihren Spitznamen, riss mit

ihnen derbe Witze und ließ sich von den Söhnen der Se-
renissima in die Kunst des Gondel-Ruderns einweihen. Sie
lernte Navigationsregeln, Wasserregeln, Wetterregeln. Die
Lektion, unter der Brücke rechtzeitig den Kopf einzuziehen,
war die schmerzhafteste. Aber diese Regel lernte sie dafür
auch am schnellsten.

Zunächst schauten die Jungs noch ganz amüsiert zu, wie ta-
lentiert Alexandra die Gondel führte, aber dann stieß sie auf
massive Widerstände. »Die besten Lehrer, die ich hatte, waren
meine Feinde.«

Da kommt eine Frau, auch noch eine Deutsche, und will mit
der tausend Jahre alten Tradition brechen, dass nur Männer
eine Gondel lenken dürfen!? Die Gondolieri stießen grässliche
Flüche aus »Ti va in mona.« (Die freundlichste Übersetzung
dafür heißt: »Du kannst mich mal.«) Mehrfach ließ man Alexandra durch die Fahrprüfung rasseln.

»Hier ist der Nachname wichtiger als der Fahrstil. Es gibt
eine lange Warteliste und da kommt es dann drauf an, wer mit
wem befreundet ist und je nachdem, welchen Namen man hat,
kommt man besser durch die Prüfung.«

Diese Mischung aus Vetternwirtschaft, Machismo und (Ge-
schlechter-)Diskriminierung führte Alexandra Hai schließlich
zum Anwalt. Vor Gericht erstritt sie das Recht, in einer Män-
nerdomäne als Gondoliera zu arbeiten, womit ihre Geschichte
immer absurder wurde. Eine Frau, die sich wünscht, ein Mann
zu sein, machte gegen ihren erklärten Willen Schlagzeilen.
Journalisten schrieben über sie, ohne ihre Einwilligung, weil
das Thema top war. Mehr und mehr wurde sie zur gefeierten
feministischen Galionsfigur. »Ich wollte das partout nicht, aber
ich geriet immer tiefer in den Strudel, bis das Label ›Erste Gondoliera‹ an mir haften blieb.«

So viel Neuberechnung ihrer Lebensroute hatte Alexandra
Hai nicht einkalkuliert. Andererseits half ihr die Publicity na-

türlich enorm, ihr eigenes Geschäft aufzubauen. Presse, Funk, Fernsehen. Alle kamen, um über sie zu berichten. Und weil sie keine der üblichen Gondel-Lizenzen bekam, die sie unter den Schutz der Genossenschaft gestellt hätte, wurde sie *gondoliere de casada*, eine Privatanbieterin.

»Welche Stellung haben Sie heute unter den Venezianern?« Trockenes Lachen. »Rebell! Von Admiration bis Hinterherschreien ist alles dabei!«

Mit 40 Jahren war Alexandra Hai Besitzerin der *Pegaso*, einer alten Gondel, die sie einer Frischzellenkur unterzogen hatte. 10,95 Meter schönstes schwarz lackiertes Holz – »Schwarz ist Tradition!« – mit blau-goldenen Samtsitzen. »Mein Liegeplatz hier gehört dem Conte Marcello, der hat diese Farben, die ich dann übernommen habe.« Das Angebot war enorm großzügig vom Grafen, denn natürlich hatten ihr die Jungs einen Liegeplatz verweigert. Außerdem galt ihre Fahrerlaubnis nur für die Gäste eines kleinen Hotels und für Touristen, die sie direkt buchten. Privatunternehmen Pegasus. Mit ihrem Unterstützer, dem Conte Marcello, verband Alexandra Hai die herzliche Abneigung gegen Serenaden singende Gondoliere und sie erzählte, dass er – wie andere Venezianer auch – in seinem Palazzo immer ein paar Eimer Wasser stehen hatte, um sie bei passender Gelegenheit dem singenden Gondoliere über den Kopf zu kippen.

Den Conte hatte sie besonders gerne chauffiert.

»Wie funktioniert eine Gondel?«

»Sie ist asymmetrisch gebaut. Die rechte Seite kürzer und tiefer geschnitten als die linke. Die Rudergabel wird rechts in die Forcola eingeführt; dann gibt es acht Grundpositionen, das Ruder anzulegen, um die Gondel zu bewegen. Ein absolut geniales Boot, denn mit einem Ruderschlag kann sich das Boot um 360 Grad drehen«, was in den engen Kanälen Venedigs enorm wichtig ist.

Pegaso war genau auf Alexandras Größe und Gewicht abgestimmt und reagierte auf ihren Körpereinsatz. »Letztendlich ist es wie beim Tanzen. Es kommt sehr auf Gewichtsverlagerung an. Wenn ich rückwärts gehe, geht die Gondel nach rechts; sobald ich vorwärts gehe, dreht sie nach links.«

»Und warum *Pegaso*?«

»Der Name soll mich jeden Tag daran erinnern, dass die Gondel wichtiger ist als der Gondoliere. Die Pegasus-Sage endet ja damit, dass der Reiter runtergefallen ist vom geflügelten Pferd und dies zu einem Stern geworden ist.«

Da war plötzlich wieder die ganz andere Seite der breitschultrigen Alexandra: sensibel, etwas geheimnisvoll. Sie schwieg. Und rauchte. Ich war ebenfalls still. Froh darüber, dass sie offenbar Vertrauen gefasst hatte. Ich verglich die Frau auf dem Boot mit der, die ich in der Galerie gesehen hatte. Die Boot-Alex: wettergegerbte Haut, Hände wie ein Handwerker. Die Foto-Alex: nachts, mit geschlossenen Augen, wie schlafend, ganz entspannt auf ihrer Gondel.

»Was erzählt die Fotoausstellung Ihrer Freundin Claudia Rossini über Sie und *Pegaso*?«

»Auf den Bildern sehen Sie mich, wie ich zum Beispiel den Bug des Boots umarme. Unsere Beziehung ist ja sehr intim, wir sind überall angeeckt (herber Lacher) und mussten uns durchsetzen. Da baut man ein Verhältnis auf. Und im Bug ist die Seele des Boots versteckt.«

Heute glaube ich, dass die Seele von Alexandra Hai oft verletzt worden ist. Ein Kind, das sich im falschen Körper gefangen fühlt und mit Aggression auf das Unverständnis und die Ablehnung seiner Umwelt reagiert, weil es sich nicht anders zu helfen weiß; eine junge Frau, die ein Mann sein möchte und ihre Traumstadt findet, die wiederum selbst in ihrer Existenz uneindeutig ist: ein Landwesen auf dem Meer, eine Stadt, ins Wasser gestellt. Alexandra musste sich das Leben in dieser Traumstadt hart erkämpfen. Auf mich wirkte sie wie ein Mensch, der gewunden wird wie eine Doppelhelix und niemandem erklären kann oder erklären möchte, was ihn wirklich bewegt.

Sie erzählte, dass im Jargon der Gondolieri die Gondel »der Prinz von Venedig« genannt wird, der die Stadt beschützen soll. Sie nahm diese Aufgabe sehr ernst und versuchte, sich mit vielen anderen Bewohnern der Stadt gegen die Stadtverwaltung aufzulehnen, »die aus Venedig ein großes Museum machen will. Das möchte ich verhindern. Ich bin so glücklich hier. Der Himmel mit den netten rosa Wölkchen macht mich glücklich, der langsame Rhythmus der Stadt, die etwas antike Art zu leben.«

Als wir nach der Aufzeichnung später in einer Bar saßen, löste sich ihre Anspannung spürbar. Immer wieder grüßte sie Freunde und Bekannte, die auf ein schnelles Glas einkehrten. Ihr Lachen wurde immer wärmer. Wir sprachen darüber, wie schwer die Jungs ihr das Leben gemacht hatten. »Es war wirklich die Hölle.«

Eine von uns beiden ahnte damals nicht, dass die andere drei Jahre später Testosteronhormone nehmen, sich einer Geschlechtsangleichung unterziehen und Alex nennen würde. Aus »Venedigs erster Gondoliera«, die sie nie sein wollte, ist der erste deutsche Gondoliere geworden. Alex' Kommentar dazu: »Ich werde, wer ich bin.«

Auf einem der ausdrucksstarken Fotos, die Claudia Rossini von Alex Hai gemacht hat, hockt er, damals noch sie, neben einem steinernen, venezianischen Löwen, der herrisch seine linke Tatze auf die Erdkugel gelegt hat. In einer ähnlichen Pose verharrt Alex in ihrem weißen Anzug mit der blau-goldenen Bordüre, allerdings lässt sie die Linke leger baumeln. Beide schauen auf das Wasser des Kanals. Der Löwe wachsam, Alex nachdenklich. Ich bin damals nicht mehr dazu gekommen, sie zu fragen, ob sie sich mit dem venezianischen Löwen identifiziert, diesem Symbol der Stärke, das sich kämpferische Naturen gerne mal einritzen lassen.

Für gewöhnlich bin ich kein großer Fan von Tattoos, es sei denn, sie gehen ganz diskret unter die Haut. Das, was in sonnigen Sommern an Körperbildern flächendeckend zur Schau getragen wird, empfinde ich meistens als eine Beleidigung für die Augen, vor allem, wenn aus der ehemals stolzen Rose eine verkrumpelte Rosine geworden ist.

Der Tätowierer Andy Schmidt aus Willich-Neersen, der auch in der Schweiz zur Nadel greift, erzählte mir in meinen *Sonntagsfragen*, dass Tierporträts zu den Favoriten seiner Kunden zählen. Wobei die Bildträger wohl drauf hoffen, dass die Eigenschaften ihres Totemtieres zeitgleich mit der Farbe in sie eindringen. Der Löwe ist ein besonders beliebtes Motiv. Kaj Binder trug einen unter der Haut. Und als ich Kaj kennenlernte, fand ich Tattoos plötzlich ganz schön.

Der Sattmacher

Ich sah Kaj Binder zum ersten Mal im Fernsehen. Meine Kollegin Nadine Minger hatte ein knackiges Kurzporträt über ihn gedreht, das mich so elektrisierte, dass ich ihm am Tag nach der Sendung schrieb. Motto: Ich muss Sie sofort sprechen!

Alles an Kaj (allein schon das »j« in seinem Namen ließ auf einen besonderen Kaj schließen) war schwarz: Bart, Haare, Augenbrauen, ja sogar die Augen – geheimnisvoll dunkel.

Kaj war Anfang 30 und arbeitete als landwirtschaftlicher Helfer auf einem Biobauernhof in Kaarst. Nebenher aber, und das war die eigentliche Sensation, hatte er eine Privatinitiative gegründet: »Die Sattmacher«, eine Aktion, die Bäuche füllt und Gemüter bewegt. Die One-Man-Show bedeutete: Kaj Binder sammelt Obst und Gemüse, das aus den unterschiedlichsten Gründen nicht geerntet wird, stapelt es in roten oder grünen Euronorm-Transportkisten und verteilt es an Bedürftige. Obst und Gemüse, das auf den Feldern verrotten würde, wenn Kaj es nicht für gemeinnützige Tafeln rettete. Auf diese Weise werden tonnenweise Kartoffeln, Möhren, Kohlsorten durchs Umland gekarrt und bei den Hilfsstellen abgeliefert. Alles nach Dienstschluss. Also erst nach Feierabend. Vom einen Feld runter aufs andere Feld.

Ich konnte es nicht fassen. Da postet einer mal keine Poolfotos mit Caipi vom Urlaub, sondern Bilder vom Gemüsebeet und der Arbeit auf dem Acker. Und das, obwohl der Mann auf

Instagram auch Tanznummern hätte zeigen können. Denn Kaj Binder ist ausgebildeter Musicaldarsteller. Gegen knapp 8 000 Konkurrenten hatte er sich durchgesetzt und war bei der Castingshow *Musical Showstar* in die Endrunde gekommen. Auftritt also in der ersten Finalrunde, moderiert von Thomas Gottschalk. Live. Und auch wenn er in genau dieser ersten Runde schon rausflog, hatte er geschafft, was er sich vorgenommen hatte. Damals war Kaj 19. Ein Junge, der sich durchbeißt. Ein Mann, der später im Corona-Jahr auf dem rechten Unterarm das Bild eines Löwen trug, den ich aber nicht auf Anhieb erkannte.

»Der Löwe spiegelt meine Unaufhaltbar-Mentalität«, erzählte Kaj, als wir uns im Oktober 2020 trafen. Interessantes Geschöpf, dachte ich und schaute auf das grünliche Tattoo, das ein Wesen mit explodierter Mähne zeigte und das laut Kaj einige für einen Hasen hielten. Ich hatte immerhin auf Wolf getippt. Aber weder Löwe noch Hase noch Wolf sind naturgrün. Der Stecher war offensichtlich kein Profi gewesen oder er hatte Rabatt gewährt und sich weniger Mühe gegeben. Schade um den schönen Arm, aber dafür hatte ich schnell keinen Blick mehr, weil ich nach wenigen Minuten gebannt war von Kajs Bereitschaft, über sich selbst zu staunen und zu lachen.

Als Kind war er in Solingen zum Gesangs- und Ballettunterricht geschickt worden. Wer zu den Millionen Zuschauern gehört, die im Essener Colosseum das Musical »Elisabeth« gesehen haben, kennt Kaj Binder als Elfjährigen in der Rolle des Kronprinzen Rudolf. Später hatte er dann eine Ausbildung zum Musicaldarsteller gemacht, als Tanzpädagoge gearbeitet und schließlich ein Fitnessstudio eröffnet.

Ich fand bemerkenswert, wie vorsichtig er seine persönliche Geschichte erzählte und wie sorgsam er dabei die Worte wählte, um niemanden zu verletzen. »Ein bisschen war ich so ein Karrierekind: beim Ballett und im Gesang sehr begabt, habe auch internationale Wettbewerbe gewonnen. Aber im Grunde wurde ich zwei Jahrzehnte lang zu etwas gedrängt, was nie wirklich meins war.«

»Warum hast du es dann gemacht?«

»Weil ich den Traum eines Familienmitglieds verwirklichen sollte.«

Ich fragte nicht weiter nach. Denn es war deutlich zu spüren, dass Kaj aus Respekt vor seiner Familie nicht mehr über diese Zeit sagen wollte.

Alle Achtung. Dass es im Befindlichkeits-Zeitalter, wo Menschen tagtäglich am Handy ihren Gefühlen freien Lauf lassen und so bereitwillig wie aufdringlich ihr Innerstes nach außen kehren (in der festen Überzeugung, dass alle anderen ihre Seelenquälchen mitkriegen müssen), also dass es in dieser »Rufen-Sie-uns-an-und-erzählen-Sie-uns-was-der-holzige-Spargel-dieser-Saison-mit-Ihnen-gemacht-hat-Welt« Typen wie Kaj Binder gibt, die ihre privaten Regungen nicht offenbaren wollen, nötigte mir eine Verbeugung ab. Szenenapplaus für den 31-Jährigen, der sich von seinen Bühnenjahren verabschiedet und eine komplett neue Rolle gesucht hatte. Weg von der »sehr schnellen, oberflächlichen Branche« hin zum Gemüsebeet, wo er seine neue Bestimmung fand. Und die Muskeln auf eine andere Art trainierte. »Mein Opa sagt immer: Das ist echte Maloche. Recht hat er!«

Der Alltag als landwirtschaftlicher Helfer war anstrengend, aber auch erfüllend. »Ich bin schwer ins Nachdenken über mich und unsere Gesellschaft gekommen«, sagte Kaj. »Ich habe Demut vor dem Produkt gewonnen. Ich glaube, viele haben nicht auf dem Schirm, was es bedeutet, wenn man bei sengender Sonne, bei heftigem Regen oder im Eisblizzard auf offenem Feld arbeitet und sich das ganze Jahr über um die Ernte sorgt.«

Im April 2020, also mitten im Corona-Lockdown, der sich nicht so anfühlte, weil ganz Deutschland bei schönem Wetter spazieren gehen konnte, hatte Kaj seine »Sattmacher«-Aktion gestartet. Euphorisch zu Beginn, dann aber zunehmend mit nüchternem Realismus, weil zwar alle das Projekt toll fanden, aber die wenigsten bereit waren, mit anzupacken. Er war enttäuscht. Als wir das Interview für meine *Sonntagsfragen* machten, war aus der Solonummer immerhin ein Quintett geworden. Ein paar Leute halfen ihm bei der Ernte und dem Transport. Aber das reichte natürlich bei Weitem nicht.

»Was hat dir der Berufswechsel gebracht?«

Kaj überlegte eine Weile und lächelte dann leicht verlegen. »Ein bisschen seelischen Frieden. Ich glaube, dass es beim Thema Lebensmittelverschwendung bei vielen noch nicht Klick gemacht hat. Und deshalb möchte ich Leute anstecken, mitzumachen. Es gibt bei uns so eine Grundunzufriedenheit. Ich fände es schön, wenn sich das ändern würde.«

Sein Wunsch wurde erfüllt. Die Reaktion auf unsere Sendung war sensationell. Von vielen Seiten wurde Kaj Hilfe zugesichert. Ein Hörer bot ihm ein Auto für den Gemüsetransport an, andere wollten auf dem Feld helfen, wieder andere ihn logistisch und finanziell unterstützen. Große überregionale Tageszeitungen berichteten über Kaj Binder. Außerdem kamen noch mehr Fernsehteams. Auch Nadine Minger drehte wieder, diesmal nahm sie das Wintergemüse ins Visier.

Wir freuten uns unbändig über den Erfolg und begannen eine Brieffreundschaft, wie wir das nannten, obwohl es ein Mailwechsel war. In der letzten Mail stand, dass sich Kaj nun komplett selbstständig gemacht und einen Verein gegründet hat. Wer mit ihm aufs Feld will: www.sattmacher.nrw. Und greifen Sie dem grünen Löwen bitte kräftig unter die Arme. Oder unters Fell?

Einem Anpacker wie Kaj Binder, der den Applaus gegen Seelenfrieden getauscht hatte, wünsche ich Millionen Follower. Er gehört aber (noch) nicht zu den Influencern, die mit Food-, Fitness- oder Beauty-Tipps plus Zwinkersmiley Wellen von Nachläufern in Bewegung setzen. Kohlrabiernte als Businessprofil zieht nicht so richtig. »Hashtag Helfen« klingt nicht sexy. Aber womit überzeugen all die Vorturner, Bäckerinnen, Köche und Stylistinnen? Auf der Suche nach neuen Gästen und Klickhits durchkämmte ich zuweilen das weltweite Netz und fühlte mich ein bisschen verloren. Na gut, ich war natürlich auch nicht die Zielgruppe der Teenager-Zwillinge Lea und Lina Mantler, 15 Millionen Follower, die mit ihnen sogar durch die Zeit ihrer silbernen Zahnspangen gegangen waren. Die Spangen hatten sich voll gelohnt. Tadellose Gebisse mit 64 Zähnen (Minimum!) strahlten im Doppelpack, egal welches Video oder Foto ich anklickte. Nette Mädchen, die famos tanzen konnten.

Aber worüber würden sie gerne mit mir reden? Und worüber ich mit ihnen?

Ich suchte weiter. Ah! Vielleicht die Beauty Bibi? Sie hatte zum Glück Julian Claßen geheiratet und zwei Kinder mit ihm bekommen, weshalb man beiden bei ihrem Vater-Mutter-Kinder-Dasein zuschauen durfte: »Unsere erste Woche zu viert«. Ein 12-Minuten-53-Sekunden-Video, in dem sich Bibi darauf freute, uns ihr neu entdecktes Megarezept für gesunde Pancakes mit Bananen und Haferflocken zeigen zu können. Leider hatte sie aber keine Bananen und Haferflocken mehr, sodass es nun leider ungesunde Pancakes wurden. Drei Millionen Aufrufe. Weiter.

Pia Wurtzbach! Yes! So unschlagbar schön wie ihr Name! Ex-Miss-Universe. Aber die hebe ich mir für das Jahr 2029 auf. Da wird sie 40. Ich suchte und suchte.

Den endgültigen Treffer landete ich in Shanghai.

Lost in Beijing – Glückskeks in Shanghai

Diese Stadt möchte ich mir ansehen, seit mir der Architekt Albert Speer jr. von den einzigartigen alten Häusern, den historischen Teegeschäften und den originellen Kuriositätensammlungen vorgeschwärmt hatte. Speer war von der Stadt Köln eingeladen worden, um über seine Bauprojekte in China und die Bedeutung von Städtepartnerschaften zu diskutieren. Ich durfte die Veranstaltung mit Lokalpolitikern, Wirtschaftsvertretern, Bürgern der Stadt und Gästen aus China moderieren und war regelrecht gebannt von Speers Ausstrahlung. Er konnte so plastisch von seinen Plänen erzählen, dass wir Zuhörer gar keine Bilder oder Modelle brauchten, um uns vorzustellen, was da in Speers Shanghai-Büro entstand. In der kurzen Zeit, die uns für ein Zweiergespräch blieb, erzählte Speer, dass er sich an manchen Wettbewerben anonym oder unter anderem Namen beteiligt habe, weil der Schatten seines Vaters sehr lang gewesen sei. Albert Speer sen. war zur Zeit des Nationalsozialismus nicht nur als Architekt tätig gewesen, sondern auch als Reichsminister für Bewaffnung und Munition verantwortlich für die Sklavenarbeit von Zigtausenden. Seine NS-Geschichte hatte auch die Biografie seines Sohnes verdunkelt. Ich ersparte Speer die Frage, wie er mit dieser Bürde gelebt habe, und erzählte stattdessen vom einzigen kurzen Aufenthalt in China, den ich erlebt hatte und der mir unvergesslich bleiben wird.

Ich durfte für den WDR ein Radiofeature über den Kölner Jesuiten Adam Schall von Bell produzieren, der Mitte des 17. Jahrhunderts als Astronom und wissenschaftlicher Berater am Hof des Kaisers von China gearbeitet hatte.

Johann Adam Schall von Bell war am 1. Mai 1591 entweder in Köln geboren worden oder in Lüftelberg, wobei mir persönlich der zweite Vorschlag aus den historischen Quellen lieber ist – er klingt poetischer und passt besser zu einem klangvollen Namen wie Schall von Bell. Kurz gefasst studierte Schall in Rom Theologie, Mathematik und Astronomie. 1618 segelte er mit einer Gruppe von Jesuiten nach China, um die dortigen Götzenanbeter mit angemessenem Feingefühl zum wahren Gott der Europäer zu bekehren. Die Chinesen waren in Maßen an dem fremden Gott interessiert, umso mehr aber an den wissenschaftlichen Kenntnissen, die die belesenen Jesuiten, allen voran Adam Schall, zu bieten hatten. Schall veröffentlichte in chinesischer Sprache ein *Traktat über das Fernrohr*, in dem er beiläufig den aktuellen Wissenstand der europäischen Astronomen darstellte. Der Westler reformierte den chinesischen Kalender und organisierte den Bau von 100 Kanonen. So gewann er den Respekt und das Vertrauen des chinesischen Kaisers und wurde an dessen Hof berufen, ja sogar zum Mandarin ernannt. Bedauerlicherweise geriet er in Intrigen, die im Vatikan gegen ihn gesponnen wurden, und war Verdächtigungen ausgesetzt, die am Pekinger Hof gegen ihn gestreut wurden. Wegen Hochverrats sollte er bei lebendigem Leib zerstückelt werden, aber ein Erdbeben bewahrte ihn vor der barbarischen Strafe. Die Richter und Henker hielten das Erdbeben für ein Zeichen – ob aus der konfuzianischen oder der jesuitischen Himmelswelt, ist nicht überliefert. Schall überlebte, wurde rehabilitiert und starb 1666 in Peking, wo er auch begraben liegt.

Für meine Recherche hatte ich Kontakt zu einem deutschen katholischen Priester aufgenommen, der sehr verborgen am

Rand von Peking in einer Trabantenstadt lebte. Mit ihm wollte ich über Schalls Wirken in China sprechen und dessen Grab besuchen. Als Individualtouristin einzureisen wäre unmöglich gewesen. Also schloss ich mich einer ausgelassenen Reisegruppe aus dem Westerwald an, deren Ausflüge ich teilweise mitmachte, meistens aber sausen ließ. Die Reiseleiterin wusste Bescheid und hatte mir die Wohnadresse des Geistlichen in chinesischen Zeichen auf einen Zettel geschrieben. Hausnummer und Name des Gesprächspartners hatte ich auf einem anderen Zettel stehen.

Offenbar war das alles kein Problem für den Taxifahrer, der mich an einem kalten Samstagmittag im Hotel abholte. Wir fuhren und fuhren, erst durch das Gewühl von Peking, dann raus aus dem Gewühl von Peking, vorbei an Parks, Wolkenkratzern, Lichtreklamen, bis wir zu einer gigantischen Fläche mit Hunderten identisch aussehender Häuserblöcke kamen. Der Fahrer hielt an einer Straßenecke, nickte und deutete mit der Hand auf eins der Gebäude. Sicherheitshalber zeigte ich ihm noch mal beide Zettel. Er nickte heftig. Ich zahlte, sagte das einzige chinesische Wort, das ich kannte: »Xièxiè«, danke, und stieg aus. Das Taxi fuhr weg. Samstag. Keine Menschenseele auf der Straße. Ich ging zu der Wohnwabe und konnte weder eine Hausnummer noch einen Namen ausfindig machen, die auch nur im Entferntesten etwas mit meinen Zettel-Zeichen zu tun hatten. So ging ich weiter, von Wabe zu Wabe. Ohne Handy. Mobiltelefone gab es seinerzeit noch nicht. Meine Verzweiflung wuchs mit der Anzahl der Waben um mich herum. Mannmannmann, was sollte ich nur tun? Ich fror erbärmlich, ging weiter und weiter durch die toten Straßen und verfluchte den Architekten, der für die geklonten Häuser möglicherweise sogar noch ausgezeichnet worden war: als Held des sozialistischen Wohnungsbaus. Da passten doch locker zwei- bis dreitausend Leute in eine Hochhauswabe. Aber wo waren die alle?

Wieso musste unter Milliarden Chinesen nicht ein einziger mal mit dem Hund raus? Oder Zigaretten holen? Warum war am Samstag niemand auf der Straße. Mittagessen? Sportschau? Und dann, nach einer Stunde Umherirrens, sandte mir der Astronom Adam Schall aus dem Jenseits einen Straßenfeger im grauen Drillich-Look. »Xièxiè«, sagte ich, blickte ihn flehentlich fragend an und zeigte ihm meine Zettel. Er drehte sie mehrfach, studierte sie von allen Seiten, schenkte mir ein zahnloses Lächeln und bedeutete mir, ihm und seinem Reisigbesen zu folgen. Wir latschten meinen ganzen langen Weg zurück. Ich mochte die Unisex-Häuser schon lange nicht mehr und betete still: Lieber Gott, mach, dass das Kehrmännchen mich nicht verschleppt. Aber auch nie mehr alleine lässt. Unterdessen nuschelte der Mann immer wieder ein bisschen, begeisterte sich an meinen strahlenden »Xièxiès« und stoppte schließlich nicht weit von der Stelle, an der mich das Taxi abgesetzt hatte. Gemeinsam untersuchten wir die Namen an dem Betonriegel und – Adam Schall sowie sein Gott seien gepriesen – *ein* Name stand auch in lateinischen Buchstaben auf dem Schilderwald. Ich klingelte und als aus der Gegensprechanlage ein »Hallo« mit deutschem Akzent erklang, hätte ich den Straßenfeger am liebsten geküsst. Stattdessen gab ich ihm ein üppiges Trinkgeld, das er ablehnte. Ich verbeugte mich, so tief es ging, und betrat kurz darauf die Wohnung meines Gastgebers, knapp zwei Stunden später als geplant. Er war barmherzig und bot mir einen heißen Reiswein an.

Einen Eindruck von Peking hatte ich also bekommen. Shanghai fehlte mir noch.

Der Influencer hatte rosige Wangen, blaue Augen, brachte ordentlich Lebendgewicht auf die Waage, lachte viel und war kolossal erfolgreich: zehn Millionen Fans in China. Sein Name? »Afu« für die Chinesen. Thomas Derksen für uns. Ein Bankkaufmann aus dem Oberbergischen. Alleinstellungsmerkmal: Er macht sich über seine Schwiegereltern lustig. Auf Chinesisch.

Ursprünglich wollte ich zu ihm nach Shanghai fliegen, um eine große Reportage über ihn zu machen. Aber dann kam Corona. Reisewarnung. Einreiseverbot. Das Projekt schnurrte zusammen auf die Größe eines Telefoninterviews.

»Thomas, ganz Shanghai und halb China kennt Sie als Afu. Was bedeutet das?«

»Fu heißt der Glückliche. Wenn man im Chinesischen ein A vor den Namen setzt, ist das eine Verniedlichung. So wie man bei uns Thomas in Tommy umwandeln würde. Und weil ich mit meiner Körperform die Leute an einen glücklichen kleinen Buddha erinnere, bin ich für sie Afu.«

»Wen haben Sie heute wie beeinflusst?«

»Heute war ich im deutschen Generalkonsulat hier in Shanghai und hab den deutschen Social-Media-Mitarbeitern aus ganz China erzählt, was ich so mache und wie das mit Social Media so funktioniert in China. Ich sehe mich ja so ein bisschen als Mittler zwischen den Kulturen, weil ich denke, dass das sehr notwendig ist, weil sich beide Seiten nicht so richtig kennen. Und jetzt lebe ich nun mal als deutscher Schwiegersohn in einer chinesischen Familie und versuche, das durch meine Social-Media-Plattform zu transportieren.«

Und wie funktioniert Social Media in China? Auf den Videos, die dort von Handyhand zu Handyhand gereicht wurden, trug der Bankkaufmann Thomas Derksen gerne mal eine schwarze Perücke zur rot-weiß karierten Küchenschürze und nahm seine Schwiegermutter auf den Arm. Die lag ihm schon, kaum dass er ihre Tochter kennengelernt hatte, nach zwei Monaten investigativ in den Ohren: »Wann heiratet ihr? Wann kommen die Kinder? Wollt ihr eine Tochter oder einen Sohn? Findest du mich jung? Findest du mich hübsch? Findest du mich schöner als die Tanten?«

In einem anderen Video setzte sich Thomas als selbstsicherer Selfmademan mit Zigarette und Gebetskette in Szene, um laut zu schwadronieren wie der Tigervater. »Durch und durch ein Geschäftsmann und für einen Chinesen sehr gut gebräunt.«

Afu veräppelt seine Frau, die Großfamilie, vor allem aber sich selbst – und die Chinesen lachen sich scheckig.

Die Videosketche machten ihn landesweit zum Star. »Das hat so ein bisschen das Bild von den humorlosen Deutschen verändert«, sagte Thomas Derksen.

Merkwürdig. Ich finde ja, dass wir Deutschen extrem lustig sein können und gar nicht so verkniffen sind. Aber das kommt natürlich sehr auf die Perspektive an ...

Die Geschichte des Internetstars Afu begann in Gummersbach, wo er als jüngstes von sechs Kindern 1988 geboren wurde. Ein Jahr zuvor waren seine Eltern und Geschwister aus der ehemaligen Sowjetunion nach Deutschland gekommen. »Wir haben zu Hause einen Mix aus Hochdeutsch, Plattdeutsch und Russisch gesprochen, aber seit ich Chinesisch gelernt habe, ist mein Russisch ganz, ganz schlecht.« In Marienheide machte Thomas Abi und eine Banklehre.

»Man sagt ja immer, Geld hat man nicht vom Ausgeben, sind Sie eher ein sparsamer oder großzügiger Typ?«

»Meine Eltern waren sehr sparsam. Das mussten sie mit sechs Kindern ja auch sein, und das kriegen Sie auch nie so richtig raus. Ich bin immer noch der sparsame Typ, habe kein Auto, weil alleine ein Nummernschild in Shanghai umgerechnet 20 000€ kostet. Aber dass ich in den Supermarkt gehen und mir alles kaufen kann, was ich möchte, ohne auf den Preis zu gucken, dafür bin ich schon sehr, sehr dankbar.« Ohne Auto, kein Navi. Ohne Navi keine Neuberechnung. Könnte man schlussfolgern. Falsch! Oder wie der Chinese sagt: Bù zhèngquè. Denn nachdem Thomas als Gymnasiast 2007 mit der Chinesisch-AG China besucht hatte, zog ihn das Land magisch an! »Die Gerüche, das Klima, die Menschen – alles war ganz anders.«

Jetzt wollte Thomas einfach nur noch weg aus Marienheide. »Während meiner Zeit bei der Sparkasse hab ich gemerkt, dass ich keine Lust hatte, mein ganzes Leben lang Bausparverträge zu verkaufen. Deshalb habe ich gekündigt und bin nach Bochum gegangen, um da Wirtschaft und Politik Ostasiens und Chinesisch zu studieren.«

Chinesisch ist eine Sprache mit einer sehr facettenreichen Tonmodulation. Die Schrift umfasst viele Tausend grafische Zeichen. Keins von beidem ist dem Deutschen vertraut.

Aber Thomas Derksen erzählte das mit dem Chinesischstudium so ganz nebenbei, als sei es das Normalste der Welt, sich mit der Bedeutung all der Tonhöhen und neuen gestrichelten Schriftzeichen vertraut zu machen. Dann setzte er nach: »Marienheide ist wirklich so, wie es sich anhört: sehr katholisch und viel Feld, Wald und Wiesen. Und dann kommt man in eine Stadt mit 25 Millionen Einwohnern, das ist schon herausfordernd. Damals konnte ich kaum Chinesisch, außer mich selber vorstellen und ein Getränk bestellen, aber dann habe ich gemerkt, wie neugierig und offen die Leute gegenüber Ausländern waren.« Da machten auch die falschen Töne nichts.

Mannmannmann. Ich stellte mir das höchste Gebäude in Marienheide vor, vielleicht die mittelalterliche Wallfahrtskirche St. Mariä Heimsuchung mit dem acht Meter hohen Altar und noch ein paar Metern drauf? Und verglich sie mit dem Shanghai Tower, 632 Meter. Ich schlug die Einwohnerzahl des Ortes im Oberbergischen nach, 13 522, und nahm Maß mit den 25 Millionen Menschen in Shanghai. Im Internet wurde Thomas Derksen in der Rubrik »Söhne und Töchter der Gemeinde« als einer von vier Lokalpromis aufgeführt. Er war der einzige Nichtsportler, die drei anderen stadtbekannte HandballerInnen. (Das große »I« muss jetzt mal sein.) Derksen wechselte die Spielfelder: von idyllisch, mickrig, leise zu gewaltig, riesig, laut.

Wer hatte den Anstoß gegeben? Ach klar, das war ja der Chinesischlehrer gewesen (ein heißer Reisschnaps auf alle Lehrkräfte, die eine so durchschlagende Wirkung haben!). Und natürlich half Ài. Die Liebe!

»2012 war ich zu einem Sprachkurs in Shanghai, damals noch eher ein schüchterner Stubenhocker, mit wenig Lust auf Partys. Aber eine chinesische Kommilitonin schleppte mich aus meinem Studentenheim mit auf ein Fest.« Und da wartete im schönen Kleid der letzte Impuls, der noch nötig gewesen war, um aus Thomas Afu werden zu lassen.

»Liping kommt aus ganz anderen Familienverhältnissen als ich. Einzelkind. Aufgewachsen mit einem sehr dominanten Vater, der sehr genaue Vorstellungen davon hat, wie eine Sache laufen muss.«

Die »Sache Thomas« lief zum Beispiel so, dass der Vater sofort verfügte: Du wohnst ab jetzt bei uns im Gästezimmer! Außerdem wollte er seine Tochter nicht so ohne Weiteres einem Ausländer anvertrauen. »Denn die kannte er aus dem Fernsehen. Ausländer legen den Frauen ein Ei ins Nest und hauen dann ab.« Der Tigervater wusste Bescheid! In den folgenden Wochen kostete es Thomas viel Mühe, ihn vom Gegenteil zu überzeugen (und sich nachts mit großer Geschicklichkeit heimlich in Lipings Zimmer zu schleichen).

Inzwischen schleicht nur noch die Katze durch Thomas' Wohnung. »Die liegt in einem Viertel, das ungefähr so viele Einwohner hat wie Marienheide. Ich komme zwar vom Land und hätte mir das nie vorstellen können, aber man kann auch in einem Hochhaus mit 1 000 Leuten sehr komfortabel leben.« Die Hochzeit fand zweimal statt: einmal traditionell chinesisch ganz in Rot mit allerlei glücksspendenden Drachen; dann in Thomas' Pfarrkirche von Marienheide.

Für die Kommilitonin, die ihn mit auf die Party geschleppt hatte, gab es als Dank auf der Hochzeit übrigens zwölf Schweinefüße.

Der Genießer Derksen filmt seine Frau oft beim Kochen und verwurstet auch die deutsch-chinesischen Essgewohnheiten in seinen Videosketchen. Allerdings werde sein Magen erst ab 12.00 Uhr chinesisch. »An welches Gericht können Sie sich nicht gewöhnen?«

»Entenblutsuppe am Morgen.«

Der lustige, beleibte Deutsche wurde also zum Internetpromi und so berühmt, dass er beim Staatsbesuch des deutschen Bundespräsidenten zusammen mit Frank-Walter Steinmeier, mit dem Staatsoberhaupt der Volksrepublik China, Xi Jinping, und dem Rest der Delegation in der Großen Halle des Volkes Steak essen durfte. »Da musste ich mich mehrfach kneifen.«

Auch wenn es um Wirtschaftsmessen oder um die Vermarktung deutscher Produkte in China geht, sitzt Derksen oft mit am Tisch. Übersetzt, unterstützt, vermittelt.

Immerhin gibt es beim staatlichen Steakessen offenbar noch Präsenzpflicht mit echten Gästen und Kellnern, die das Essen servieren, statt dass es über eine Smartphone-App bestellt und geliefert wird. Nachdem ich bei der Mercator-Stiftung einen Abend mit dem ehemaligen Chinakorrespondenten Kai Strittmatter moderiert hatte (»China als Herausforderung für liberale Demokratien«), stellte ich mir China als einen digitalen Komplettüberwachungsstaat vor. Und so malte ich mir jetzt aus, wie in der Großen Halle des Volkes Hunderte Kameras jede Regung aufzeichneten und sogar festhielten, wenn jemand kleckerte. Um nach dem Essen dem Unglücksraben gleich an der Garderobe die Rechnung für die Tischdeckenreinigung präsentieren zu können. Oder (ein Alptraum!) das Kameraauge erfasste einen Gast, zum Beispiel mich, beim Lachen im unpassenden Augenblick. Etwa bei der Tischrede von Xi Jinping. Ich hatte schon Tränen gelacht und mir in die Faust gebissen bei Papstaudienzen, in der Pekingoper, bei Geburtstagsständchen mit selbstgereimten Texten, in klassischen Klavierkonzerten beim sensiblen Pianissimo. Wie oft hatte ich Lachkoller in dezenten Restaurants bekommen. Kameraüberwachung wäre mein Untergang.

»Thomas, wie erlebt man in Shanghai das digitale China?«

»Tagtäglich. Alles ist hier digitalisiert. Es gibt keinen Bereich, der nicht über Apps geregelt oder online ist. Ich weiß nicht, wann ich das letzte Mal Bargeld benutzt habe. Selbst die Bettler auf der Straße haben schon keine Büchse mehr vor sich liegen, sondern einen QR-Code. Das ist kein Witz. Also keine Ausrede mehr, dass man kein Kleingeld hat.«

Das klang ja noch harmlos. Genauso harmlos wie beim Bäcker um die Ecke in Shanghai per Gesichtserkennung die Brötchen zu bezahlen. Aber wie fühlt sich landesweite virtuelle Kontrolle an? Bei Rot über die Ampel – Kamerazoom: Knolle! Den Hund auf den volkseigenen Rasen machen lassen – Kamerazoom: Strafzettel. Demonstrieren – Kamerazoom: Arrest.

»Natürlich gibt es hier Menschen, die das kritisch sehen oder sich Sorgen um ihre Daten machen«, sagte Thomas Derksen. »Aber ich glaube, an der Digitalisierung führt kein Weg vorbei. Es ist eine Revolution mit allen Pros und Contras. Überhaupt nicht mitzugehen ist ein Ding der Unmöglichkeit.«

Wir sprachen über sein Geburtsjahr 1988, das Jahr des Drachen. Thomas klärte mich darüber auf, dass es keine bessere Zahl geben könne, denn die acht sei in China eine Glückszahl, die Doppel-Acht also der Hammer. »Ich bin ein ganz besonders glücklicher Mensch.«

Nach der Sendung vereinbarten wir, uns auf jeden Fall bei seinem nächsten Deutschlandbesuch zu treffen. Solange verfolgte ich immer mal wieder im Internet, wie Derksens Followerkreis wuchs. Dabei sah ich die ausgefallensten T-Shirts made in China, die seine Fans trugen, schrill, bunt, aber erstaunlich oft auch mit dem Yin-und-Yang-Symbol.

Das ungewöhnlichste Shirt in meinem Kleiderschrank, Größe M, das ich allerdings noch nie in der Öffentlichkeit getragen habe, zeigt die Titelseite der »Denver Post« vom 13. August 1993: in Großbuchstaben »Hope and History«, darunter ein Foto mit Papst Johannes Paul II., der sich die linke Wange hält (als wolle er »au Backe« sagen) und von Präsident Bill Clinton am Stapleton Airport zum Weltjugendtag begrüßt wird. Nur wenige Stunden nachdem dieses Foto geschossen worden war, konnte ich das T-Shirt kaufen. Himmlisches Merchandising. Es war der erste Weltjugendtag in den USA. Und der erste, über den ich für den Hörfunk berichten durfte.

Weltjugendtage gehen auf eine Initiative von Papst Johannes Paul II. zurück, der die Jugendlichen der Welt miteinander ins Gespräch bringen wollte. Was als einmaliges Treffen 1984 in Rom geplant gewesen war, begeisterte die Besucher so sehr, dass diese internationalen Begegnungstage zu einer festen Institution wurden.

Nun also zum ersten Mal: der Papst in Denver/Colorado, am Fuß der Rocky Mountains. 90 000 Jugendliche, die meisten von ihnen mit einer cremefarbenen Schaumstoff-Mitra über der roten Basecap, bejubelten ihn bei strömendem Regen im Mile High Stadion und die Verlesung der Länderliste wollte überhaupt kein Ende nehmen. Traditionsgemäß grüßte Karol Wojtyla die Gäste des Weltjugendtages, indem er die Namen ihrer Herkunftsländer ins Mikrofon sprach, um dann die entsprechenden mehr oder minder lautstarken Jubelrufe abzuwarten. Bei diesem VIII. Weltjugendtag in Denver dauerte die Begrüßungszeremonie mehrere Stunden.

Trotz des Regens war die Hälfte der aus mehr als 100 Ländern angereisten 200 000 Jugendlichen in dem hoffnungslos überfüllten Stadion zusammengekommen, um das Oberhaupt der katholischen Kirche zu empfangen. Festivalstimmung mischte sich mit Frömmigkeit, wechselweise wurden rockige Songs und besinnliche Gebete vorgetragen. Wir auf unserer Pressetribüne wurden nass wie die Katzen. Die Straßen von Denver waren übervölkert mit jungen Leuten, die entweder Bischofsmützen trugen oder T-Shirts mit dem Porträt des Papstes oder beides. Johannes Paul II. gab es in Colorado in allen erdenklichen Variationen: als Sticker, auf Postern und Kugelschreibern, Krawatten, Tassen und Tellern und natürlich live.

»Where are you from?« Das war der Schlüsselsatz, der Tausende Mal am Tag fiel, ob auf Parkbänken, in den Schlangen vor den Fast-Food-Ketten oder bei den Gottesdiensten. Ein Satz, der Gespräche einleitete, die zu dauerhaften Freundschaften führen können, wie mir Jugendliche versicherten, die sich auf früheren Weltjugendtagen kennengelernt, seither den Kontakt gehalten und sich sogar besucht hatten.

Aber ich wollte ja was zu den Klamotten sagen. Einer meiner Lieblingskollegen ist behaart wie Esau, der Zwilling aus dem Alten Testament, der sein Erstgeburtsrecht für ein Linsengericht an seinen Bruder Jakob verkaufte. Während der Esau aus dem Alten Testament vermutlich Kleider aus Tierhäuten und grobem Leinen trug, wirft mein Esau meistens ein T-Shirt übers gekräuselte Körperhaar. Darauf Snoopy von den legendären Peanuts im Gespräch mit seinem besten Kumpel Woodstock: »Chicks are confusing«. Oder ganz allein: Linus mit der Schmusedecke. Es gibt allerdings neben den Comicfiguren von Charles M. Schulz auch allerlei Shirts mit Sinnsprüchen. Jedenfalls muss es bequem und bügelfrei sein. Das Beste ist, dass diese Kleidungsstücke fast immer einen Small Talk wert sind, der sich dann zum Longtalk ausweitet, bei dem mir Esau alles über die aktuell angesagten Opernstars und lohnenswerten Konzerte erzählt. Darin ist er absoluter Fachmann. Sie ahnen es: Er geht mit Snoopy sogar in die Philharmonie!

Ich finde seine Shirts meistens lustig, kenne aber einen Mann, der sich beim Anblick der Peanuts in der Philharmonie vor Graus winden würde. Obwohl – bei ihm weiß man nie. Er hat einen tiefgründigen norddeutschen Humor.

Yorn: »Tu etwas, was andere nicht tun!«

Im efeuumrankten Eingang einer ehemaligen Schmiede in der Provence standen mit weit ausgebreiteten Armen 1,90 Meter pure Lebensfreude: Yorn. Weiße Shorts, weißes Hemd, brauner Ledergürtel. Manche nennen ihn Jürgen. Aber das sind die, die Jürgen Michaelsen schon seit Kindertagen kennen. Für alle anderen ist er Yorn. Modedesigner. 85 Jahre alt. Ihn kennenzulernen bedeutete, Bekanntschaft zu machen mit der Köchin Madame Reneé; der Königin der Drapékleider Madame Grès; der Hutmacherin Suzanne Vigneron; Herrn Dahlbender von der Damenoberbekleidung bei Karstadt in Essen; dem kleinen Gatsby und: Christian Dior. Ich verliebte mich auf der Stelle in Yorn und umarmte ihn spontan. Was für ihn weitaus weniger angenehm gewesen sein muss als für mich, denn nach elf Stunden Fahrt durch den heißen Jahrhundertsommer roch ich nicht gerade nach dem Maiglöckchenduft von Miss Dior. Außerdem schämte ich mich ein wenig für mein Räuberzivil, nicht mehr ganz so weiße Shorts, die kurzärmelige Baumwollbluse, die Sandalen. Da treffe ich zum ersten Mal in meinem Leben einen erfolgreichen Modemacher und sehe selbst aus wie vom Campingplatz. Yorn würde jetzt sagen: »Aber diese erste Begegnung war doch trotzdem ganz fabelhaft!« Denn »fabelhaft« sagt er immer. Noch nie bin ich einem Menschen von solch überschäumender und ansteckender Lebensfreude begegnet. Er hat einfach ein ewiges Lachen in der Stimme. Ich war hingerissen von diesem freundlichen Empfang an diesem späten, sonnenwarmen, blumenduftenden, provençalischen Nachmittag.

Wir gingen durch das Haus in den Garten, der sich eher als kleiner Park entpuppte. Es gab viele kleine Sitzecken, eine gemütlicher als die andere, manchmal überdacht, manchmal beschattet von einem Baum. Korbstühle mit blau-weiß gepunkteten Kissen um einen eckigen Tisch auf der einen Seite; ein runder Tisch und helle Stuhlkissen auf der anderen. Überall Blumen in Schalen, Töpfen, Vasen, ein paar Lavendelsträuße an den Bruchsteinmauern, Kunst im Grünen. Und zu meiner großen Freude: eiskalten Rosé mit ein paar appetitlichen provençalischen Häppchen. »Das wird hier richtig gut!«, dachte ich im Stillen. Nein, es wurde nicht richtig gut. Es wurde fabelhaft.

Im September 1956 war Jürgen Michaelsen mit ein paar Freunden von Bremen nach Paris gefahren, auf direktem Weg in die Avenue Montaigne zum Haus von Christian Dior, wo man eigentlich nicht parken durfte. Er ging ins Atelier. Die Freunde warteten. Dann kam er nach einiger Zeit zurück, lud seinen Koffer aus und verkündete: »Ich bleibe hier.«

So begann eine Karriere, über die wir in den nächsten Tagen viel sprachen und die Yorn als »Fahrkarte ins Glück« bezeichnet. Als Sohn eines Bremer Kaufmanns hätte er der Tradition gemäß ebenfalls Kaufmann werden sollen, zumindest aber Rechtsanwalt oder Zahnarzt oder Bankier. Nichts davon interessierte Jürgen, der schon als kleiner Junge ein Faible für schöne Kleider, schicke Hüte und besondere Stoffe entwickelte. Die Eltern lebten es vor: »Meine Mutter zog sich nachmittags zum Kaffeetrinken um. Und meinen Vater habe ich nie ohne Schlips gesehen.«

Da er ein außerordentlich begabter Zeichner war, hatte Jürgen großen Spaß daran, Modelle zu skizzieren. Zu seiner täglichen Lektüre gehörten die französischen Modezeitschriften, die im Bremer »Institut français« auslagen und durch die er Pariser Mannequins wie die legendäre Alla kennenlernte. Zunächst nur auf dem Papier. Seinen Eltern gefiel die Idee »Modemacher in Paris« gar nicht, aber wenn das schon sein musste, dann wenigstens mit einer soliden Ausbildung. Ein halbes Jahr sollte er bei den Glanzstoffwerken in Köln arbeiten, dann die Textilfachschule in Krefeld besuchen. Yorn stöhnt noch heute, wenn er an die Zumutung denkt: »Jeden Tag sollte ich in Köln am Fließband stehen und aufpassen, dass der Diolenfaden nicht riss. Danach sechs Semester in Krefeld? Niemals!«

Getreu seiner Einstellung: »Tue etwas, was andere nicht tun«, entschloss er sich, nach dem Abitur nach Paris zu gehen, um bei Christian Dior die Welt der Haute Couture kennenzulernen, also die ganz hohe Schneiderkunst. Jaqueline, eine Freundin seiner Schwester, die Kontakte zu Dior hatte, verschaffte ihm die »Eintrittskarte ins Glück«. Nachdem er sich entschlossen hatte, in Paris zu bleiben, wurde er zu einer Modenschau von Dior eingeladen: Alla! Endlich leibhaftig! Inspiriert von der Modenschau, fertigte er ein paar Zeichnungen an, mit denen er am nächsten Tag bei Dior vorstellig wurde. Der gewährte ihm fünf Minuten seiner kostbaren Zeit und engagierte Jürgen Michaelsen vom Fleck weg. »Was ihn dazu gebracht hat, kann ich beim besten Willen nicht sagen. Ob es meine Chuzpe war, mein Zeichentalent oder mein ulkiger deutscher Akzent – ich weiß es nicht!«

Fakt war: Jürgen Michaelsen wurde Assistent beim damals bekanntesten Modeschöpfer der Welt und schwebte im siebten Himmel. Mit Dior entwarf er neue Kollektionen, suchte Stoffe und Accessoires aus. Wie Dior konnte er nicht einmal einen Knopf annähen. Warum eine Schneiderlehre machen, wenn andere viel besser schneidern konnten?

Dior schätzte den jungen deutschen Assistenten, der sich nicht nur um die Kreationen, sondern auch um die deutschen

Einkäufer kümmern konnte. Aber der Name störte ihn. »Wenn Sie eines Tages in Paris eine Karriere machen wollen, ist Jürgen Michaelsen nicht ideal. Das kann niemand aussprechen. Ich nenne Sie Yorn.« Damit hatte er Yorn ein fabelhaftes Geschenk gemacht, das der sich für 350 Francs schützen ließ.

Natürlich war der Anfang hart. Ein Zimmer zur Untermiete im Jahr 1956 in der Rue Caulaincourt bei Madame B., deren Mann sich aus dem Staub gemacht hatte. Ein schmales Monatsbudget, nicht jeden Tag ein Besuch im Bistro. Aber dank seiner Spontaneität und seines Gespürs für Trends konnte Jürgen Michelsen unter seinem neuen Marken-Namen am 27. Juli 1962 zum ersten Mal eine eigene Yorn-Kollektion präsentieren.

Danach war er pleite. Es waren Kleider genäht, eine Location gemietet, Catering und teure Weine bestellt worden, um die kritischen Besucher zu bewirten. Noch fehlten ihm die Kunden, die seine exklusiven teuren Kleider im großen Stil kaufen wollten. »Da kam die Rettung in Gestalt von Herrn Dahlbender, Chef der Damenoberbekleidung von Karstadt in Essen. Den rief ich an, und er heckte einen Plan mit mir aus: Ich sollte fünf weiße Blusen und fünf blaue Röcke entwerfen, die en gros in allen Karstadt-Filialen angeboten werden sollten. Fünf weiße Blusen und fünf blaue Röcke: Das war natürlich für einen aufstrebenden Couturier wie mich eigentlich unter Niveau, fürchterlich, aber ich habe es gemacht!«

Innerhalb kürzester Zeit war alles verkauft, und Yorn wurde der Modemacher für Karstadt. Exklusiv. 34 Jahre lang wurde sein Label in die Hemden und Pullover von Karstadt genäht. Fast jeder von uns hatte ihn schon einmal im Nacken sitzen.

»Yorn, was erzählt die heutige Mode über uns und unsere Gesellschaft?«

»Die Mode ist ein Spiegel und Ausdruck ihrer Zeit und häufig sogar ein Vorreiter. Wenn ich mir das Straßenbild im

Sommer anschaue, stelle ich fest, dass viele Menschen kaum bekleidet sind. Das finde ich respektlos und vulgär, denn als Couturier liebe ich die Harmonie. Und wenn jemand vulgär ausschaut, ist die Harmonie gestört. Das soll keine Kritik sein, das ist eine Feststellung.«

»Welche Gaben muss ein Modeschöpfer haben?«

»Er muss Trends erahnen und den kommenden Zeitgeist spüren können. Es ist diese Gabe der Vorausahnung, die es dem Couturier ermöglicht, Strömungen aufzugreifen und zu interpretieren.«

Die ganz große Bühne, den immensen Erfolgsdruck und Stress der Haute Couturiers hat er sich erspart. Zu viele seiner Kollegen und Konkurrenten hat Yorn gesehen, die beim Alkohol oder bei Drogen landeten. Dann lieber weniger Glamour, um das Glück auch genießen zu können!

Yorn musste sich nie Gedanken machen, ob er noch »dazu«- gehörte. Denn er gehörte nie »dazu«. Es gab keine elitären Zirkel, in die er hineindrängte. »Ich brauchte keine Schmeichler.« Wo er sein wollte, war er. Termine und Treffen, die wichtig waren, wurden erledigt. Ganz selbstverständlich und unaufgeregt. Privates blieb privat.

Er haderte nicht mit dem Leben, sondern genoss es in vollen Zügen, auch wenn sein Alltag natürlich anstrengend war. Yorn lieferte Mode für die britische Warenhauskette Marks & Spencer, für den italienischen Strickwarenhersteller Avagolf, für Schweizer Firmen. 1974 dann der Sprung ins Fernsehen: Yorn in der Nachmittagssonne leger vor dem Louvre flanierend im hellblauen Hemd, dunklem Sakko, beiger Sommerhose, mit grün-blau gestreifter Krawatte: »J. M. – unser Mann in Paris.« Ein Werbespot für Deutschlands größten Versandhandel. Neckermann machte es möglich. In millionenstarker Auflage lag Yorn auf deutschen Küchentischen. Alle blätterten im Katalog, viele Männer wollten so lässig sein wie Yorn. Vielleicht wünschten sich aber auch nur die Frauen, dass ihre Männer so lässig wären. Sei's drum: Es wurde bestellt.

Yorn bekam Aufträge aus Hongkong, Manila, Korea, USA. Er flog durch die Welt und arbeitete unermüdlich. Im Jahr 2000 verkaufte er sein Label an Karstadt, dankbar für die jahrzehntelange Zusammenarbeit.

Ich schaute zweifelnd mein Sommerkleid mit den Margeriten an, das ich trug, und fragte:

»Was sollte jeder Mann und jede Frau im Kleiderschrank haben?«

Yorn zeigte auf sein weißes Hemd. »Eine Frau kann nicht besser aussehen als in einem weißen Herrenhemd.«

»Warum keine weiße Bluse?«

»Es muss einen Kragen haben, es muss Manschetten haben, zeitlos. Audrey Hepburn sah nie besser aus als in einem Herrenhemd.«

Dann war also auch das klar. Ich notierte mir die Empfehlung mit dem Herrenhemd und nahm mir vor, es einmal zu probieren.

So wie es Frauen gibt, die selbst in einem Jutesack noch attraktiv wirken, hat auch Yorn dieses mühelose »Ich werf mir schnell etwas über« und sieht darin gut aus.

»Was hat Mode bewirkt?«

»Es gab mehrere Revolutionen in der Mode, eine der letzten war die Jeansmode, unisex. Das hat doch sehr viel verändert. Der Mode ist etwas gelungen, was der Politik leider nicht gelungen ist: Die Menschheit mit einer Hose unter einen Hut zu bringen.«

Mit Yorn und seiner Familie erlebte ich die schönste Woche des Sommers. Er konnte von einer Welt erzählen, die es nicht mehr gibt. Von der Welt der 1950er-Jahre, in der sich ein extravaganter französischer Modeschöpfer wie ein guter Patriarch um seine Angestellten und deren Familie kümmerte. In der ein

Dior offen und ohne Ressentiments gegenüber einem jungen Mann aus Deutschland war. In der einem jungen Mann aus Deutschland wenige Jahre nach Besatzung und Krieg in Paris alle Möglichkeiten offenstanden – zumindest im Hause Dior! In der eine französische Wahrsagerin einem jungen Deutschen weissagte, dass ihm die Frauen Glück bringen würden.

Ich bin mir sicher, dass der Faden zwischen uns nicht mehr reißt. Ich habe noch nie einen Menschen getroffen, der so viel Glück ausstrahlt wie Jürgen Michaelsen; der so ehrlich dankbar ist für das Glück, das er erleben darf. Und der in der Lage ist, dieses Glück auch wirklich zu genießen.

Lebensmüde

Weltkongress der Telefonseelsorge 2016 in Aachen. 1500 Teilnehmer aus 33 Ländern. Ich stand auf der Bühne im Eurogress und kündigte ihn an: »Der Lokführer hatte schon ein Tuch über ihn gelegt, da entdeckte ein Polizist, dass sich der Mann, der versucht hatte, seinem Leben ein Ende zu setzen, noch bewegte. Heute ist er hier, um uns seine Geschichte zu erzählen: Herzlich willkommen, Viktor Staudt!«

Schwungvoll (später erzählte er mir, dass sie ihn in der Rehabilitationsklinik den »Fliegenden Holländer« genannt hätten) rollte Viktor Staudt über die Bühne bis zu dem Tisch mit den Wassergläsern. Draußen flirrte die Luft über dem Rasen bei 35 Grad, im Saal war es nur einigermaßen erträglich. Viktor hatte die Ärmel seines beigen, kleingepunkteten Hemds hochgekrempelt, trug eine helle Sommerhose, die Hosenbeine waren an den Oberschenkeln kreuzweise übereinandergeschlagen. Der Rest der Beine fehlte. Er hatte nur noch seine Oberschenkel.

Viktor Staudt: Niederländer aus der Provinz Brabant, kahlköpfig, schmale, silbern eingefasste ovale Brille, Grübchen im Kinn. Star des Kongresses. Weil er seinen Suizidversuch überlebt hatte und nun den Mitarbeitern der Telefonseelsorge Ratschläge für Gespräche mit Suizidalen geben wollte. Nach dem Willkommensapplaus war es ganz still im Saal.

»My name is Victor Staudt and on November 12th 1999 I jumped in front of a train. I wanted to kill myself and as a result I lost both of my legs and now I'm confined to a wheel chair.«

Staudt nahm einen großen Schluck Wasser. Dann las er auf Englisch das erste Kapitel seines Buches vor, *Die Geschichte meines Selbstmords*.

»In this chapter I try to describe the moment I woke up in the hospital about twelve hours after I jumped in front of a train.«

Als er sich in Amsterdam vor den Zug geworfen (er sagte: »fallen gelassen«) hatte, war Viktor Staudt 30 Jahre alt. Schon als Kind überkam ihn oft die Schwermut; am liebsten hielt er sich in dunklen Räumen auf. Er konnte nicht lachen, fand keinen Spaß am Spielen, empfand die Welt eher schwarz-weiß als bunt, begann zu stottern. Seinen Erzieherinnen und Lehrern war er ein Rätsel. Natürlich hatten seine Eltern bemerkt, dass ihr Kind anders war als andere, nicht so fröhlich, eher in sich gekehrt, darauf bedacht, gute Noten zu bekommen. Natürlich wussten sie von Viktors Sorgen, kannten seine Ängste, begleiteten ihn zu Ärzten und waren verzweifelt, weil sie ihm nicht helfen konnten. Dann diagnostizierten die Ärzte: Depressionen. Die Behandlung: viele verschiedene Medikamente. Doch die Angststörungen blieben, so wie die Panikattacken, Schweißausbrüche, das Unvermögen, mit Freunden nur mal einen Kaffee trinken zu gehen, ins Kino oder ins Theater. »Der unsichtbare Feind«, wie Viktor ihn nannte, war immer in seiner Nähe. Dabei gab es durchaus Lichtblicke: Viktor hatte Jura studiert, einen guten Job bei einer Fluggesellschaft bekommen, in Amsterdam eine Wohnung gefunden. Aber egal wie sehr sich Staudt gegen den unsichtbaren Feind wehrte, er konnte ihn nicht besiegen.

»And shortly before this day in November 1999 I was sure there was nothing more that I could do, nothing more that made it go away.«

Als Staudt zwölf Stunden nach seinem Sprung vor den Zug im Krankenhaus wach wurde, dämmerte ihm erst sehr langsam, was er getan hatte, dass er sich tatsächlich auf die Gleise hatte fallen lassen, als der Zug einrollte. Vollgepumpt mit Schmerztabletten hörte er, wie die Schwester sagte: »Wir haben Sie operieren müssen. Ihr rechter Arm ist gebrochen. Ihre Beine ...«

Viktor wollte etwas erwidern, wurde aber durch den Intubationsschlauch daran gehindert. Von irgendwoher aus dem Raum trat seine Mutter ans Bett. »Viktor, kannst du mich hören? Du kannst nicht sprechen, aber Papa und ich sind hier.« Sie gab ihm einen Schreibblock und Viktor kritzelte mit der linken Hand darauf: »Beine?« Seine Mutter nahm den Block entgegen. »Kind, ich muss dir sagen, du hast keine Beine mehr.« Sein Vater weinte.

Ich versuchte, mir auszumalen, welche Gefühle da miteinander rangen: Die Eltern, einerseits froh, dass ihr Kind noch lebte, mussten ja gewusst haben, dass Viktor nicht mehr leben wollte, und hatten den Suizid nicht verhindern können. Wie verzweifelt mussten sie gewesen sein. Viktor, der mit seinem Leben abgeschlossen und den Sprung in den Tod gewagt hatte, wurde gezwungen, sich gegen seinen Willen erneut den täglichen Herausforderungen zu stellen und den Kampf gegen die Depressionen wieder aufzunehmen. Dass der Sprung vor den Zug gescheitert war, empfand er nicht als Glück, sondern als Niederlage. Er sah darin keine Chance für ein zweites, besseres Leben. Was für eine Tragödie.

Im Laufe der nächsten Jahre wurde Viktor Staudt ein Meister darin, den Leuten gute Laune vorzugaukeln und souverän zu lügen. Wann immer ihn jemand auf seine amputierten Beine ansprach, verwies er auf einen angeblichen Motorradunfall. Die Dunkelheit blieb. Die Wege zu den Therapeuten blieben auch.

Erst als ihm die Ärzte eine Borderlinestörung bescheinigten, erst als er Antidepressiva bekam, ging es ihm besser, aber selten richtig gut. Er versuchte es mit Sport, ging jeden Tag schwimmen, traf Freunde. Es gab helle Zeiten, aber die Depressionen kamen immer wieder, so wie die dunklen Schatten. Der »schwarze Hund«, wie Winston Churchill seine depressiven Phasen genannt hatte, blieb ihm auf den Fersen.

Dann der Wendepunkt: Im November 2009, zehn Jahre nach Viktors Suizidversuch, nahm sich der Torwart Robert Enke das Leben. Millionen Menschen verfolgten am Fernsehen die Trauerfeier im Stadion von Hannover 96. Das Tabuthema Suizid machte plötzlich Schlagzeilen. Fachleute kamen zu Wort, Betroffene sprachen über Depressionen und ihre Todessehnsucht.

Und auch Viktor Staudt ging an die Öffentlichkeit, entschlossen, seine wahre Geschichte zu erzählen: die Geschichte seines Selbstmords.

Der WDR drehte eine lange Dokumentation über ihn, Zeitungen brachten doppelseitige Porträts, er saß in Talkshows, wurde international als Redner gebucht, sprach vor kleinen Selbsthilfegruppen und großen Kongressen, gab Seminare. Er wurde als Mutmacher gefeiert, als engagierter Hoffnungsgeber, als Berater für Ehrenamtliche, wie sie zum Beispiel bei der Telefonseelsorge im Einsatz sind.

Während er über die Bühne im Aachener Eurogress rollte und von sich erzählte, knisterte die Luft im Saal.

Zwei Millionen Menschen rufen jedes Jahr bei der Telefonseelsorge in Deutschland an. Weltweit sind es fünf Millionen, die zum Hörer greifen, weil sie Hilfe brauchen. Sie leiden an einer Krankheit, an einer Trennung oder am Verlust eines geliebten Menschen. Sie haben ihre Arbeit verloren oder eine traumatische Erfahrung gemacht. Sie fühlen sich einsam oder überfordert und sehen keinen Ausweg mehr. So wie Viktor Staudt.

Natürlich wollte auch ich möglichst viel von ihm erfahren und war froh, dass wir vor seinem Auftritt in Aachen hinter der Bühne des Eurogresses Zeit hatten, in Ruhe miteinander zu reden. Wir saßen im Halbdunkel hinter dem dicken Vorhang, er im Rollstuhl, ich auf einem Sprudelkasten, weit genug weg vom Geschehen auf der Bühne, aber immer noch so dicht dran, dass ich notfalls hätte aufspringen können, um als Moderatorin präsent zu sein, falls es nötig war.

Viktor Staudt, 46 Jahre alt, hatte alles, was ich von einem Motivationstrainer erwarte: eine warme, tiefe Stimme, ein mitreißendes Lachen, tief blickende Augen und die Gabe, innerhalb von Sekunden seinem Gegenüber das Gefühl zu vermitteln, ausschließlich bei ihm und seinem Anliegen zu sein. Wir sprachen ganz leise, was seine Worte noch eindringlicher machte, und ich überlegte, ob er es wirklich geschafft hatte, ins Leben zurückzufinden. Denn obwohl er so aufmerksam wirkte, schien er gleichzeitig unendlich erschöpft zu sein. Den Zustand kannte ich allerdings von vielen, die sich für andere engagieren: Pfarrerinnen, Pflegekräfte, Familienhelfer, Sozialarbeiter, Polizistinnen. Da hilft auch kein Achtsamkeitstraining, um die Kräfte besser einzuteilen. Da brennt man an zwei Seiten gleichzeitig, bis die Flamme kleiner wird. Kismet.

So war es auch mit Viktor Staudt hinter der Bühne. Ich übersprang alle Fragen zu seinem Lebenslauf, den ich ja schon aus dem Buch kannte, und ging sofort in die Vollen: »Viktor, denken Suizidale eigentlich darüber nach, was sie ihren Familien und Freunden antun? Haben sie auch nur den Funken einer Idee davon, wie es ist, mit Schuldgefühlen zu leben, weil man sie von ihrem Schritt nicht abhalten konnte? Verschwenden sie einen einzigen Gedanken an die Lokführer oder diejenigen, die sie finden und ihre Reste einsammeln müssen?«

»Nein. Nein. Nein.«

Später habe er dem Lokführer einen Brief geschrieben, aber der meide den Kontakt. Was ich gut verstehen konnte.

Mit Viktors dreifachem Nein wollte ich mich nicht zufriedengeben und ließ nicht locker: »Es ist doch total egoistisch und unfair, die Eltern, Partnerin, Kinder, Freunde mit ihren Gewissensqualen zurückzulassen!«

»Das siehst du nicht mehr, wenn du so weit bist.«

Staudt versuchte mir zu erklären, wie das ist, einsam in einem Tunnel gefangen zu sein, komplett alleine und zurückgeworfen auf sich selbst. »Der Tunnel ist endlos, da gibt es kein Licht, auf das du zulaufen kannst.« Deshalb gibt es auch irgendwann keine Hoffnung mehr und schon gar nicht den Wunsch nach weiterer Unterstützung. »Da möchtest du einfach nur noch für immer schlafen.« Meinen Einwand, dass er es aber doch geschafft habe, fegte er mit einer leichten Handbewegung zur Seite.

»Ja, schon. Aber kennst du den Preis dafür? Hast du eine Ahnung, wie anstrengend das ist? Die Schatten auf der Seele bleiben.«

»Aber warum trittst du dann öffentlich auf, erzählst die persönlichsten Sachen von dir und gibst manchmal sogar Ratschläge?«

»Weil ich glaube, dass ich Leuten helfen kann, noch einmal nachzudenken, bevor sie gehen.«

Im Saal brandete Beifall auf. Staudts Vorredner war fertig. Ich legte Viktor eine Hand auf die rechte Schulter, drückte sie leicht, bedankte mich und flitzte auf die Bühne: »Der Lokführer hatte schon ein Tuch über ihn gelegt, da entdeckte ein Polizist, dass sich der Mann, der versucht hatte, seinem Leben ein Ende zu setzen, noch bewegte. Heute ist er hier, um uns seine Geschichte zu erzählen: Herzlich willkommen, Viktor Staudt!«

Durch sein Buch und seine Auftritte wollte Viktor Suizidgefährdeten die Möglichkeit geben, sich mit ihm zu identifizieren. Denn er verstand ja ihre Nöte. Er kannte die Einsamkeit. Er wusste, wie es ist, keinen Weg mehr aus der Dunkelheit zu finden. Auf dem internationalen Telefonseelsorge-Kongress in Aachen stellte er sich selbst die Frage, ob ihn ein solches Buch, geschrieben und vorgetragen von einem anderen, möglicherweise damals von seinem eigenen Suizidversuch abgehalten hätte. »I certainly would have taken the time to listen to that.«

Obwohl Viktor die »Geschichte meines Selbstmords« schon zigmal erzählt hatte, wirkte er nicht etwa abgeklärt oder routiniert, sondern schien immer noch aufgewühlt von den Erinnerungen an die Zeit vor dem Suizidversuch. Über diese Zeit sagte er: »I don't have the answers. But I'm convinced that finding a solution starts with opening up talking, being able to talk about your problems.«

Während Staudt im Rollstuhl von links nach rechts über die Bühne des Eurogresses fuhr, hatte ich Zeit, das Publikum zu beobachten: 1500 Frauen und Männer, die ehrenamtlich viel Zeit dafür opferten, am Telefon Krisengespräche zu führen. Ich teilte mit ihnen das verbindliche Interesse an anderen, die Freude am Zuhören. Aber kann Zuhören wirklich helfen? Unter Umständen sogar Leben retten? Muss man nur empathisch genug sein und die richtigen Fragen stellen? Diesmal hätte Viktor vermutlich dreimal »Ja« gesagt. Und so wie ich die fantastischen Mitarbeiterinnen und Mitarbeiter der Telefonseelsorge erlebt habe, stimme ich ihm hundertprozentig zu.

Wir kamen nicht mehr dazu, uns richtig voneinander zu verabschieden. Nach seinem Vortrag wurde er umringt von Pressekollegen und -kolleginnen. Aber ich dachte oft an ihn, weil er mich dazu ermutigt hatte, das Thema Suizid immer mal wieder in meinen Sendungen aufzugreifen.

Am 8. September 2019 nahm sich Viktor Staudt in Pianoro, seinem Wohnort in Italien, das Leben.

Zwei Tage später hätte er auf Einladung der Ökumenischen Telefonseelsorge zum »Welttag des Suizids« einen Vortrag in Hanau halten sollen.

50 Jahre lang hatte er versucht, das Leben als einmaliges Geschenk zu sehen. Es war ihm nicht gelungen.

Wann entscheidet sich, ob man ein Lebensbejaher, ein Lebensverneiner oder ein Lebensverträdler wird? Wovon hängt es ab, wie ich mit meinem Leben umgehe? Als ich von Viktors Tod hörte, hatte ich keine Antwort auf meine Fragen.

Wenn ich mich mit meiner Freundin Franziska über Männer und Partnerschaften unterhielt, kugelten wir uns jedes Mal vor Lachen, weil alle diese Gespräche mit Franziskas Spruch endeten: »Nach fünf Jahren ist in jeder Beziehung Würselen.« Würselen. Die Stadt, die den SPD- und Europapolitiker Martin Schulz groß gemacht hat. Was in der Tat auch vice versa gilt. Als Metapher für die Flaute nach fünf Jahren Ehe fand ich das Wort klanglich passend. Würselen. Sprachliches Synonym für: trostlos. Dabei ist der Ort richtig nett!

Wenn Frauen die angefangenen Sätze ihrer Männer beenden oder ihnen die Frühstückskrümel vom Mund wischen, dann ist das Würselen. Wenn Männer ihren Frauen erklären, wie sie die Spülmaschine einräumen sollen: Würselen!

Aber um im Sprachbild zu bleiben: Wie vermeidet man als Paar Würselen?

Meine Eltern waren 55 Jahre miteinander verheiratet und auch wenn diese Ehe nicht dauerharmonisch war, bewundere ich im Nachhinein, wie sie gehalten hat. Respektvoll miteinander umgehen und die Macken des anderen tolerieren – bis zum Schluss. Das fand ich bewundernswert.

Ich habe Frauen interviewt, die das Schicksal unter Dauerbeschuss setzte: ihre Ehen scheiterten, die Männer verprügelten sie, die Männer kamen ins Gefängnis, die Frauen mussten ihre Kinder alleine großziehen. Vormals wohlhabenden Paaren wurden die Autos, das Haus, das Vermögen gepfändet, weil die Männer Finanzkapriolen geschlagen, getrickst und betrogen hatten. Aber – so viel Geschlechtergerechtigkeit muss sein – auch Frauen hauten ihre einfältigen Männer übers Ohr.

Freunde von mir erkrankten an Krebs. Nicht immer blieben ihre Frauen bei ihnen. Das gab es allerdings auch anders herum: Männer, die sich von ihren kranken Frauen trennten. Zuerst war ich darüber maßlos empört, aber dann sprach ich mit allen und bekam eine Ahnung davon, warum es nicht jede(r) schaffte. Manchmal konnte ich es verstehen, nicht immer. Wie würde ich handeln? Würde ich es aushalten, meinen Partner zu pflegen? Ihn zu waschen, ihm Essen zu reichen, seine Verwirrtheit zu ertragen? Würde ich es aushalten, meinen Mann in die Demenz abdriften zu sehen, mit ihm reden zu müssen wie mit einem Kind? Ich habe darauf keine eindeutige Antwort.

Ich weiß nur, dass ich Freundinnen und Freunde bewundere, wenn sie trotz aller Tiefschläge wieder aufstehen, weiterleben, optimistisch bleiben. Wenn sie sich an schönen Erinnerungen freuen und für diese Erinnerungen dankbar sind. Und wenn sie ihre Route neu berechnen.

Filmreife Wechseljahre

Als sich die Eltern von Carolin Genreith nach 29 gemeinsamen Jahren trennten, wurde ihre Mutter Mitglied in einer Bauchtanzgruppe, und ihr Vater heiratete eine 30 Jahre jüngere Thailänderin. Über beide Neustarts drehte Carolin je einen Dokumentarfilm, durch die sie ihre Eltern noch einmal ganz neu kennenlernte. Der Film über den Vater hieß »Happy«, der über die Mutter »Die mit dem Bauch tanzen«. Beide fand ich grandios.

Carolin Genreith und ihre beiden Geschwister, Lisa und Christian, wuchsen auf einem Bauernhof im Eifeldorf Steckenborn auf. 1400 Bewohner, hoch gelegen mit Blick auf den Rursee und den Nationalpark Eifel. »Dort war es wunderschön, aber auch sehr bedächtig und ein bisschen langweilig. Ich träumte mich weg von diesem Ort.«

In der Schule schämte sich Carolin, weil sie befürchtete, dass ihre Haare und Kleider nach Kuhstall riechen könnten. Zu ihrem Vater hatte sie ein eher distanziertes Verhältnis: »Er war mir sehr oft peinlich, denn man wusste nie, hat er jetzt eine Hose an oder nicht?« Große Scham, wenn ausgerechnet dann ihre Freunde kamen. Die Mutter aber fand sie »sehr schön und sehr cool«.

Nach dem Abitur hielt sie nichts mehr in der Eifel. Carolin zog nach London, dann nach Berlin, schließlich nach Hamburg, arbeitete als Regieassistentin, wurde Filmemacherin. Die Trennung der Eltern kam nicht überraschend, »weil die sich immer schon viel gestritten haben, aber natürlich gab es in diesen 29 Jahren auch gute Zeiten. Sie haben sich jedenfalls immer wieder zusammengerauft.« Bis es nicht mehr ging. Würselen.

»War der Grund für die Trennung der Eindruck, etwas verpasst zu haben?«

»Nein. Irgendwann war einfach für beide ein neuer Lebensabschnitt da.«

Die Mutter zog aus dem gemeinsamen Haus aus. Statt zum Yoga oder in einen Zeichenkurs zu gehen, schloss sie sich, mit Mitte 50, einer Bauchtanzgruppe an. »In einem Alter, in dem sich andere Frauen Bauch-Weg-Strumpfhosen und Nordic-Walking-Stöcke kaufen, zeigte meine Mutter öffentlich ihre Figur und blühte regelrecht auf.«

»Wie fanden Sie das?«

»Zunächst unangenehm, aber als ich gesehen habe, wie viel Spaß die Frauen miteinander hatten, habe ich mich gefreut.«

Weniger groß war die Freude, als Carolin von ihrem Vater Dieter eine Postkarte aus Thailand bekam. Darin stand, dass es ihm gut gehe, er Phat Thai esse, Chang-Bier trinke und eine Thailänderin, Tukta, kennengelernt habe, die 30 Jahre jünger sei als er. Carolin versank im Boden, versteckte die Karte vor ihren WG-Mitbewohnern und konnte es nicht fassen. Der ohnehin so peinliche Vater jetzt auch noch Sextourist! »Was will denn eine so junge Frau von meinem Vater? Die könnte doch jeden anderen haben! Warum ausgerechnet den?« Dabei wusste sie rein gar nichts über die Beziehung zwischen ihrem Vater und Tukta, mutmaßte aber wie alle anderen, dass es keinesfalls um Liebe, sondern nur um Versorgung und Geld gehen konnte. Und wenn Liebe im Spiel sein sollte, dann musste sie gekauft sein.

Nach längerem Nachdenken beschloss Carolin, alle ihre Vorurteile auf den Prüfstand zu stellen und die Wechseljahre ihrer Eltern auf die Kinoleinwand zu bringen. Beide willigten sofort ein. »Mein Vater mag die Bühne und findet es toll, wenn ihm jemand Aufmerksamkeit schenkt.«

Einen Monat lang begleiteten Carolin Genreith und ihr Filmteam Dieter und Tukta in Thailand. Sie war verblüfft von der Offenheit der thailändischen Familie und der Herzlichkeit, mit der ihr Vater und seine junge Freundin miteinander umgingen. Beide lernten die jeweils andere Sprache, beide bemühten sich, die andere Kultur und deren Eigenheiten zu verstehen.

»Wussten Sie, ob Ihr Vater in der Eifel einsam gewesen war?«, fragte ich Carolin Genreith.

»Ich habe es geahnt, aber die Augen davor zugemacht. Ich wollte das nicht sehen, weil es mir wehgetan hat, ihn so allein in dem Haus zu wissen. Erst später habe ich bemerkt, wie einsam er wirklich war.«

»Hatte Ihr Vater auch in Deutschland Kontakt gesucht?«

»Ja, aber da hatte er angeblich nur Katastrophen kennengelernt, die in dem Satz gipfelten: ›Hände weg von Lehrerinnen!‹«

Während der Dreharbeiten merkte Carolin, dass es ihrem Vater und Tukta ernst miteinander war. Und sie stellte fest, dass auch das letzte Lebensdrittel noch echte Überraschungen und Veränderungen bereithält.

Der Film »Die mit dem Bauch tanzen« beginnt mit dem Bild einer Kuhherde auf einer Weide in der Eifel. Von rechts schieben sich Bauchtänzerinnen ins Bild, Musik setzt ein und aus dem Off erklingt Carolins Stimme: »In 727 Tagen werde ich 30. Und schon das fühlt sich unsagbar schlecht an. Bin ich hysterisch? Oder ist das jetzt die Quarterlife-Crisis, aus der mich nur eine retten kann: Mama!«

Der Film gibt eine famose Antwort und rettet alle, die Angst vor dem Älterwerden haben, weil sie nicht wissen, was auf sie zukommt.

Wer die strahlenden Frauen in der Bauchtanzgruppe beobachtet und den knusprigen Herrn Genreith mit Tukta auf dem

Tuktuk, der ahnt: Auch nach Würselen und der gefürchteten Zahl 50 kann noch etwas kommen. Oder wie Carolin mir sagte: »Mamas Strahlen hat mich aufgeweckt und aufgewühlt.«

Was mich an dem Film begeisterte, war vor allem die Natürlichkeit und Unverstelltheit aller Beteiligten, obwohl die Kamera ihnen zusah. Sie waren ganz mit sich einverstanden und sicher, die richtigen Entscheidungen getroffen zu haben. Es war leicht, sich den Genreiths aus der Eifel nahe zu fühlen und sich mit ihnen zu solidarisieren.

»Was können Ihre Eltern allen, für die der letzte Lebensabschnitt angebrochen ist, vermitteln?«

»Die meisten Menschen stellen sich das Altwerden langweilig und gediegen vor. Meine Eltern können dazu ermutigen, nicht stehen zu bleiben und zu stagnieren, sondern sich immer zu bewegen.«

Trotz der Trennung oder gerade durch sie war den Genreiths eine Gemeinsamkeit gelungen: Sie hatten es geschafft, Menschen zum Aufbruch zu bewegen, hatten gezeigt, wie sie mit der Trennung umgegangen waren, hatten verblüfft. So viel Gemeinsamkeit muss man erst einmal schaffen, wenn man nicht mehr zusammen ist. »Würselen« lag längst hinter den beiden.

Schlusswort mit Kästner

Nun klingt das alles nach einem Reine-Sahne-Leben. Im Prinzip ist es das ja auch. Dass aber für die Sahne erst einmal die glückliche Kuh auf der Weide gefunden werden muss, die Lust hat, überhaupt Milch zu geben, dass dann der Melker kommen muss und die Frau, die den Rahm abschöpft, um den zur Sahne zu schlagen – das übersieht man gelegentlich. Will sagen: Sahne schlecken setzt viel Arbeit voraus. All die außergewöhnlichen Menschen, die ich getroffen habe, musste ich ja erst einmal ausgraben. Alle möglichen Publikationen lesen, mit allen möglichen Leuten, (gerne auch Straßenmusikern und Kneipenbesuchern!) ins Gespräch kommen, Tipps von Hörerinnen und Freunden aufgreifen. Ideen sammeln und stapeln. Dann die aufwendige Organisiererei, bevor ein Interview überhaupt zustande kommt, die anschließende Bearbeitung der Aufnahme und der Feinschnitt, der manchmal Tage dauern kann, vor allem, wenn sich ein Gast hinter jedem zweiten Wort auf einem »Ähhh« ausruht und über den weiteren Verlauf des Satzes nachdenkt.

Termine machen, Studios buchen, Reisen planen – das alles gehört zur Sahneproduktion dazu und ist manchmal einfach nur öde. Meine Lösung? Langweilige Arbeit ohne Murren flott erledigen! Mein Coach dafür? Der kleine Dienstag!

Offenbar ist der auch für andere ein Vorbild. Den Beweis dafür lieferte mir eine Veranstaltung der Stadtbibliothek Köln, meiner Lieblings-Stadtbücherei, weil sie viel mehr ist als »nur« eine öffentliche Bücherei.

Diese heimelige Hightech-Bibliothek ist immer voll, wirkt aber nie überfüllt. Gamer, die sich zum Computerspiel treffen; Jugendliche, die mit Senioren an Touchscreens stehen und ihr digitales Wissen weitergeben; Kinder, die interaktive Makerspace-Angebote ausprobieren; Mütter, die einfach mal bei einem guten Buch chillen wollen; Studenten, die kostenfrei den 3-D-Drucker und Replicator + nutzen, und Menschen wie ich, die andauernd im digitalen Lexikon nachschauen müssen, was sich hinter all den Fachbegriffen verbirgt.

Die Stadtbibliothek Köln also brachte im Februar 2020 eine weitere Staffel »Scobel & Winkels« auf die Bühne. Gert Scobel und Hubert Winkels, exzellente Literaturkenner und versierte Kritiker, waren eingeladen, ihre aktuellen Lieblingsbücher vorzustellen. Anschließend sollte ich als Überraschungsgast von den beiden zu meiner »literarischen Wiederentdeckung« befragt werden. Klasse! Da konnte ich mein Faible für Kinder- und Jugendliteratur ausleben! Eine glückliche Fügung ergab, dass Erich Kästners *Emil und die Detektive* neu aufgelegt worden war. 130 Seiten, mit vielen Bildern von Walter Trier. Kolossal! Ich las mir noch einmal Kästners Biografie durch, natürlich auch den gesamten Emil, und war gut gerüstet.

Das Publikum im ausverkauften Saal bekam reichhaltige Kost serviert: Gert Scobel stellte in wohl gesetzten Worten unter anderem den Wissenschaftsautor Matthias Glaubrecht und sein Werk *Das Ende der Evolution* vor, 1000 Seiten. Hubert Winkels präsentierte geschliffen *Allegro Pastell* von Leif Randt, 218 Seiten. Die Herren tauschten sich mit sprühend intellektuellem Witz über weitere vier Bücher aus und überzogen maßlos ihre Redezeit. Eine nette ältere Dame neben mir in der ersten Reihe machte sich auf einem sehr kleinen Zettel sehr viele winzige Notizen und überschrieb diese mit neuen Notizen, als der

Zettel voll war. Sie schien ein wenig erschöpft. Ich suchte den Blickkontakt zu Winkels, machte große Augen und zeigte auf meine Armbanduhr.

Endlich hieß es für mich: Parole Emil! Ich ging auf die Bühne. Ins Publikum kam Bewegung. Stühle wurden gerückt. Einige husteten. So wie zwischen dem dritten und vierten Satz im Kammerkonzert. Vielleicht hofften sie auch: Hach, jetzt wird es leicht. Kästner ist ja einfach! Auch Scobel & Winkels lehnten sich entspannt zurück und stellten freundliche Fragen. Das Gespräch mit dem Philosophen und dem Gastprofessor für Literatur und Medien verlief ausgesprochen munter. Wir teilten unsere ersten Leseerlebnisse, ich schwärmte von Kästners Einzigartigkeit und vom souveränen Pony-Hütchen, Emils Freundin, die für ein Mädchen der 1930er-Jahre erfreulich selbstbewusst war und den Jungs um Emil absolut ebenbürtig.

Am Schluss sollte ich meine Lieblingsstelle vorlesen. Hier ist sie. Pony Hütchen, Emil und die Detektive feiern bei Kuchen und Kakao, dass sie Herrn Grundeis, der Emils Geld gestohlen hatte, gefasst haben.

Die Großmutter hält eine Rede: »Hinter einem Dieb herschleichen und ihn mit hundert Jungen einfangen – na, das ist keine große Kunst. Aber es sitzt einer unter euch, der wäre auch gerne auf Zehenspitzen hinter Herrn Grundeis hergestiegen. Der hätte auch gerne als grüner Liftboy im Hotel rumspioniert. Aber er blieb zu Hause, weil er das einmal übernommen hatte. Ganz recht. Den kleinen Dienstag meine ich, sagte die Großmutter. Er hat zwei Tage am Telefon gesessen. Er hat gewusst, was seine Pflicht war. Und er hat sie getan, obwohl sie ihm nicht gefiel. Das war großartig, verstanden? Und nun wollen wir alle aufstehen und rufen: Der kleine Dienstag lebe hoch!«

Als ich zu Ende gelesen hatte, sagte ich: »Das wünsche ich mir öfter: Leute, die einfach mal nur ihren Job machen, ohne zu lamentieren. Mich schließe ich dabei ausdrücklich ein!«

Eine Sekunde Stille. Zwei Sekunden Stille. Drei Sekunden. Dann brach spontaner Applaus los. Der kleine Dienstag hatte sich ein großes Publikum erobert. Weil er nicht klagt. Weil er seine Arbeit tut. Und dann die Sahne abschöpft.

Dank

Einem ganzen Schwarm möchte ich herzlich danken:

Reinhold Joppich für das weit vorausschauende Suchen und Finden.

Franz Josef Baldus für die Erfindung des leicht dahinsegelnden Titels.

Diethelm Kaiser für seinen scharfsichtigen Rundflug mit punktgenauen Zwischenlandungen zur sorgfältigen Wurm-Pickerei, die das Buch auf Kurs gehalten haben.

Angelika Krebs, Johanna Trankovits und Paul Stänner für ihre federleichte Begleitung.

Dem Team vom Westend Verlag für den feinen Nestbau.

Wer fehlt noch? Ja klar: Mein größter Dank gilt all den seriös-schrägen Vögeln, die mich eingeladen haben, mit ihnen abzuheben und die Welt aus einer anderen Perspektive zu sehen.